CREAGH-OSBORNE/FISHER DAS IST REGATTASEGELN

RICHARD CREAGH-OSBORNE/BOB FISHER

DAS IST REGATTA-SEGELN

DELIUS KLASING VERLAG

Deutsche Übersetzung: Jochen Halbe

4. korrigierte Auflage

ISBN 3-7688-0676-6

Printed in Italy 1990

Danksagung

Ein Team von Mitarbeitern hat mir beim Zustandekommen dieses Buches geholfen. Ihnen allen gilt mein Dank.

Peter A. G. Milne –
für die meisten der farbigen Illustrationen

Keith Blount LSIA – für die graphische Gestaltung

Elizabeth Smith – für die Zeichnungen

Ich verwendete die Fotos folgender Fotografen:

Bill Banks 0.1, 2.5, 2.8, 6.21, 9.7, 9.12, 10.1, 11.2, 11.5, 11.15, 11.28
La Noüe/Bateaux 0.2, 0.22, 2.1, 5.36, 11.10, 11.33, 12.4
Kurt Schubert 0.3, 0.14, 0.16, 3.1, 4.1
Ragnvalds Foto 0.9
Bob Fisher 0.10, 0.11, 0.15, 0.20, 0.23, 6.14, 6.35, 7.12, 9.2, 9.23, 10.6, 11.26, 13.1, 14.2 und Titelseite
John Watney 0.19
Arthur Sidey 8.1, 11.8
Thierry Vigoureux/Bateaux 8.2
Isabelle Troublé/Bateaux 9.30, 13.5
D. Maupas/Bateaux 12.12

Die Modell-Fotos wurden von mir selbst und Keith Blount angefertigt. Mein Dank geht außerdem noch an eine große Zahl anderer Leute, die mir in vielen kleinen, aber wichtigen Dingen geholfen haben.

Richard Creagh-Osborne

K 20766
K 21405
738

Vorwort

Wettsegeln ist ein umfangreiches Thema, das nicht nur das Segeln in einer Regatta umfaßt, sondern auch alle die Dinge, die dahin führen, als da sind die Auswahl der zu segelnden Klasse, Konstruktion, Bau und Ausrüstung des Bootes, Zusammenstellen und Trainieren der Mannschaft, das Heranwachsen zum Fachmann in der Handhabung der Boots- und Segeltechnik, die Wettsegelbestimmungen, die Taktik, die Wetterkunde und sogar die psychologische Vorbereitung und körperliche Fitneß.

Wenn dieses Buch alles das berücksichtigen wollte, wäre es in jedem Teil so oberflächlich, daß es nur einen geringen Nutzen hätte. Die Grenzen werden durch das Bestreben gesetzt, praktische und nützliche Ratschläge zu geben, die auf Erfahrung beruhen.

Ich setze voraus, daß der Leser ein Regattaboot segelt, das heißt, daß er in der Lage ist, Regatten zu gewinnen. Ich setze ferner voraus, daß die Mannschaft das Boot im Griff hat, daß es gut ausgerüstet und für die jeweils vorherrschenden Bedingungen gut getrimmt ist.

Wenn das gegeben ist – wie gewinnt man dann tatsächlich eine Regatta? Was muß die erfolgreiche Mannschaft wissen? Was läßt eine Mannschaft beständig unter allen Bedingungen gewinnen? Wie, zu allererst, startet man, kommt man über den Kurs und ins Ziel, ohne mit einem anderen zu kollidieren?

Darauf gibt dieses Buch Antwort, und wenn es auch in erster Linie für den Anfänger im Regattasegeln gedacht ist, so bin ich dennoch sicher, daß ich auch einem alten Hasen noch etwas Neues zu sagen habe.

Das vorliegende Buch ist für den stolzen Eigner einer Optimist-Jolle ebenso nützlich wie für die Zwölf-Mann-Besatzung einer Hochseerennyacht, denn eines ist allen Booten gemeinsam, um welchen Typ es sich auch handelt: Alle brauchen den Wind als Antrieb, Wasser, um darauf zu schwimmen, und die Muskelkraft der Mannschaft, um das Boot zu beherrschen. Die Regeln sind für alle Bootsgrößen die gleichen und ebenso die grundlegenden taktischen Prinzipien, die von diesen Regeln abgeleitet werden.

Wie eine Regatta gefahren wird, wie die Strategie dafür geplant wird, wie man die Grundregeln des Spiels beherrschen lernt, um in der Schiff-gegen-Schiff-Taktik das meiste herauszuholen, wie man das Trimmen mit gleichwertigen Partnern durchführt – das sind die Themen dieses Buches.

95 Prozent aller Segler gewinnen nahezu niemals eine Regatta, und ich vermute, daß eine ähnlich große Zahl eine sehr vage Vorstellung nicht nur von den Regeln hat, sondern auch davon, wie der alles entscheidende Wind erzeugt wird. Für sie wurde das Buch geschrieben und für alle jene, die Regatten segeln möchten, aber nicht wissen, wie sie es anstellen sollen, ohne sich auf der Regattabahn lächerlich zu machen.

Regattasegeln soll Spaß machen. Das setzt jedoch voraus, daß man es beherrscht.

Zur Benutzung des Buches

Dieses Buch besteht aus drei Teilen. Teil 1, die Einführung, soll dem Anfänger in der Rennsegelei etwas von der Atmosphäre einer Regatta vermitteln. Der Text wird ergänzt durch Farbaufnahmen, die gewissermaßen ein Fenster darstellen, durch das der Leser mitten in diesen Sport hineinschauen kann.

Teil 2 enthält eine Reihe grundsätzlicher Informationen über verschiedene Themen. Die Wettsegelbestimmungen werden hier im Prinzip erörtert – ausführlicher befaßt sich Teil 3 damit –, ohne freilich genau analysiert zu werden. Im wesentlichen soll aufgezeigt werden, in welcher Weise die Regeln die Boot-gegen-Boot-Taktik beeinflussen. Es gibt noch viele andere Dinge, die sich auf die Taktik auswirken: der Wind, die Wellen, die psychische Verfassung der Mannschaft und selbst die geometrischen Details des Kurses. Auch das sind Themen von Teil 2.

Dem Teil 3 ist eine fiktive Dreiecksregatta zugrunde gelegt, und zwar von den Startvorbereitungen bis nach dem Zieldurchgang. Damit soll die erfolgreiche Zweikampftaktik erläutert werden, unter Berücksichtigung der wichtigen Regattaregeln, die zu mehr als 95 Prozent ein jedes Rennen bestimmen.

Die Wettsegelbestimmungen werden nur allgemein beschrieben, wie sie während der Regatta zur Geltung kommen. Es wird jedoch jeweils auf den Anhang verwiesen, wo sie nach Titel und Regel-Nummer aufgeführt sind.

Das Ziel ist es, den Regattaseglern mit diesem Buch genügend Wissen auf die Bahn mitzugeben, damit sie eine Chance haben. Diese Chance ist um so größer, je mehr sie die Ratschläge beherzigen.

Inhaltsverzeichnis

Inhaltsverzeichnis (Fortsetzung)

Teil 1

Einführung in den Regattasport

Den Rahmen abstecken

Eine Regatta ist etwas sehr Schnelles – gelegentlich segelt man auch gegen die Uhr. Ein Boot kämpft gegen das andere; meistens gleichen sie einander, und sie sind bemannt mit einer bis zehn Personen und mehr. Die Größe der Boote reicht vom 2 m langen Kinderdingi, vom Vater an wenigen Wochenenden selbst gebastelt, bis hin zur 24-m-Hochseeyacht, die ein Vermögen kostet.

Die Antriebskraft von Segelbooten ist der Wind. Der Wind jedoch ist veränderlich, eine unstete Antriebskraft also, und manch ein Segler wünschte sich, der Wind würde in Gestalt eines großen, motorgetriebenen Ventilators am Rande seines Segelreviers stehen. Für den wahren Segler indes ist es gerade die Veränderlichkeit von Wind und Wellen, die das Segeln für ihn zu einem so faszinierenden Sport macht; hinzu kommen das Fachwissen, die Erfahrung.

Zweifellos ist der Unterhalt einer Yacht teuer, und Rennyachten sind die teuersten von allen. Man sagt, eine Yacht sein ein „Loch im Wasser", in das man sein Geld schütte, und Hochseesegeln sei so, als stehe man 48 Stunden lang unter einer kalten Dusche und zerreiße Hundertmarkscheine. Darin liegt mehr als ein Körnchen Wahrheit. Viel wahrer jedoch ist, daß es egal ist, wie groß die Boote sind, solange sie nur alle gleich sind. Einige der nettesten und aufregendsten Regatten finden statt im Optimisten, im Sunfish oder Laser.

Der Propagandarummel, der mit den Klasse-I-Yachten verbunden ist, mag für den Eigner und sein Expertenteam von Bedeutung sein, denn schließlich hat er viel Geld in seinen Sport investiert, und er braucht einen Rücklauf in Publicity, wenn schon nichts anderes dabei herausspringt. Die Allgemeinheit interessiert das jedoch wenig. Auf ähnliche Weise brauchen die heutigen leistungsorientierten Klassen, in denen Fast-Profis oder Werksfahrer dominieren, publizistischen Erfolg – so bedauerlich das auch ist. Glücklicherweise hat der Sport jedoch viele Ebenen, und echten Spaß kann man auf jeder Ebene haben. Zunächst mußt du entscheiden: WER und WAS bist DU? Wohin gehörst du?

Man kann diesen Sport auf jeder Ebene betreiben, ob man reich ist oder nicht. Selbst wenn man kein Geld hat, kann man auf der ganz teuren Seite teilnehmen – man muß nur gut sein.

Wo fängt man jedoch an, wenn man gerade eben weiß, wie ein Boot gesegelt wird? Eine Möglichkeit ist, sich einzukaufen. Es hängt davon ab, wieviel man ausgeben will. Eine voll ausgerüstete internationale Zweimannjolle *(0.1)* kostet zwischen 10000 bis 15000 Mark. Hinzu kommen die Kosten für die Mannschaft, die Reisen und Meßbriefe, ferner Clubbeiträge, Meldegelder und sonstiges. Wenn man an den meisten Wochenend-Regatten teilnimmt, erhöhen sich die Kosten pro Jahr leicht um weitere 5000 Mark und mehr, fährt man mit dem Boot gar ins Ausland.

Wer das Geld dazu hat, wird sich eine hochseetüchtige Yacht *(0.2, Seite 2) anschaffen und einen Fachmann engagieren, der eine Mannschaft zusammenstellt. Diese Yachten haben eine Länge von 7 m und mehr und eine Besatzung von fünf bis 22 Mann.*

0.1 470er – eine Zweimannjollen-Klasse.

0.2 *Admiral's-Cup-Yachten im Kreuzkampf bei mittelhartem Wetter.*

Eine Yacht in einer der kleineren Klassen ist unter Umständen billiger als eine internationale Jolle, solange man nicht an Regatten im Ausland teilnimmt. So liegen die Anschaffungskosten für einen Vierteltonner zwischen 90000 und 120000 Mark.

Genausogut kann man aber auch einen Optimisten *(0.3)* an einigen Wochenenden für rund 1500 bis 2000 Mark inclusive aller Beschläge und Rigg selbst bauen, einem kleinen örtlichen Club beitreten – für einen geringen Beitrag – und in der Clubflottille mitsegeln. Dabei hat man unter Umständen mehr Spaß als bei einer internationalen Regatta – in den Regattaberichten der einschlägigen Presse wird dann freilich der eigene Name mit Sicherheit nicht auftauchen. Auch wird man nicht, selbst wenn man erfolgreich ist, weder von einem Segelmacher noch von einem Zubehörhersteller angeworben werden, zu Werbezwecken ihre Produkte zu fahren (unentgeltlich natürlich).

Dazwischen liegen viele Möglichkeiten. Neben lokalen Clubklassen in verschiedenen Größen, die meist in der Anschaffung so preiswert wie leicht zu segeln sind, gibt es nationale Klassen mit einer Organisation, an die man Beiträge zahlen muß. Die Klassenorganisationen veranstalten regionale und nationale Meisterschaften auf verschiedenen Revieren, wo man dann auf Konkurrenz mit einem hohen Niveau an Erfahrung und Fachwissen trifft. Dabei wird man auch feststellen, wie unterschiedlich hoch der Stand der Ausrüstung ist.

Wenn man jedoch in eine internationale oder international verbreitete Klasse strebt, schnellt der Aufwand an Zeit und Geld raketengleich in die Höhe. Das ist besonders der Fall in den Klassen, die von der *International Yacht Racing Union* (IYRU), dem internationalen Segelsport-Dachverband, anerkannt und kontrolliert werden. Unvermeidlich ziehen sie die öffentliche Aufmerksamkeit auf sich, vor allem die olympischen Klassen. Das wiederum lockt talentierte Mannschaften und ambitionierte Hersteller an.

Wettsegeln ist noch immer eine Kunst, wenn die Bootsgeschwindigkeit auch in hohem Maße beeinflußt werden kann durch gut geschnittene Segel, durch immer wieder verfeinerte Ausrüstung wie Winschen, Masten, Trimmkontroller und, bei Hochseeyachten, Instrumente. Es herrscht daher ein permanenter Kampf unter dem halbkommerziellen Kern der halbprofessionellen Mannschaften, bessere Boote und Ausrüstung zu entwickeln.

Viele erfolgreiche Segler, die oft aus der harten Schule der Jollensegelei kommen, schließen sich Firmen des Bootsgewerbes als die „Männer an der Front“ an. Ihre Aufgabe ist es, mit dem Sieg verheiratet zu sein. Gleichzeitig werben sie für die Segel der Firma, ihre Winschen und Segelkleidung. Einige Segelmachereien werden sogar von Gruppen von Regattaseglern geführt, die sich oft nur auf eine oder ganz wenige Klassen spezialisiert haben. Sie selbst starten dann in diesen Klassen als Amateure.

0.3 Kleine Kinder lernen das Regattasegeln im Optimisten.

Der Stand an Fachwissen und Erfahrung steigt ständig, nicht nur durch die gesunde Konkurrenz zwischen den Seglern, sondern auch als Ergebnis kommerzieller Unterstützung. Oft wird das begünstigt durch Eigner und Mannschaften, die eine Möglichkeit sehen, ihre Rivalen im nächsten großen Rennen aus dem Felde zu schlagen, indem sie einige neue Segel oder einen besonders leichtgängigen Beschlag kaufen oder gar ein vollkommen neues Boot oder den Rat eines Fachmannes bezüglich Trimm und Taktik einholen.

Das sind die nicht wegzudiskutierenden Tatsachen über den Weg, den die Spitzengruppe der Weltsegler einzunehmen gedenkt, aber es gilt dann immer noch das Motto: „Wer die Hitze nicht aushalten kann, soll die Küche verlassen.“

0.4 Auf einer Hochseerennyacht braucht man viele Hände für die Segelmanöver.

Glücklicherweise gibt es tatsächlich viele Ebenen und viele Hitzegrade in unserem Sport, und jeder muß für sich entscheiden, in welches dieser weltweiten Muster er paßt.

Vielleicht entwickelst du dich zu einem jener gefragten Menschen, die sich spezialisieren und die der Sport dann fast gar nichts kostet. Gehe zum erstbesten oder dir bekannten Club und lasse dich in die Heuerliste eintragen. Ein ständiger Job als Mannschaft in einer Jolle kann dich später einmal zu einem gefragten Segler machen, überall auf der Welt, dem häufig genug keinerlei Kosten entstehen *(0.4)*. Ein erfolgreicher Skipper hat sogar schon einmal über eine Anzeige eine Crew gesucht. Als Preis winkte dem Bewerber eine ziemlich sichere olympische Goldmedaille.

Es hängt also alles von dir selbst ab! Wir sprechen hier über Wettsegeln, nicht über Touren- und Fahrtensegeln oder gar Motorbootfahren. Du mußt dir selbst über das Ziel im klaren sein, auf welcher Ebene auch immer, und dann kann es losgehen.

Was ist eine Regatta?
Auf eine einfache Formel gebracht, wird eine Regatta von dem Boot gewonnen, das in der kürzesten Zeit vom Start zum Ziel segelt *(0.5)*. Abgesehen von den anderen Booten und von irgendwelchen Störungen

stellt sich das Problem für Skipper und Crew folgendermaßen: Wie kann das Boot unter den verschiedenen Segelbedingungen auf jedem Kurs der Regattabahn Höchstgeschwindigkeit laufen, und welches ist der schnellste Kurs zum Ziel?

Wie die Höchstgeschwindigkeit erreicht werden kann, ist nicht Thema dieses Buches; wir befassen uns vielmehr mit Theorie und Praxis einer Regatta, einschließlich der Wettsegelbestimmungen und ihrer Anwendung.

Eines muß man sich von vornherein merken: Der geometrisch kürzeste Kurs ist nicht notwendigerweise der schnellste. Es gibt da viele verschiedene Einflüsse, wie zum Beispiel die relative Windstärke in verschiedenen Teilen des Regattagebietes, vorhersehbare Winddrehungen, Strömungsunterschiede und das Wellenbild.

Auch der Typ des Bootes muß berücksichtigt werden. Wie schnell läuft es zum Beispiel? Kann Punkt A erreicht werden, bevor der Strom kentert? Ist es groß genug, um die Wellen in Gebiet B *(0.6)* mühelos zu durchsegeln, oder sollte es ihnen ausweichen? Kann man nahe unter die Küste gehen, um einen Strom auszusegeln, oder ist der Tiefgang des Bootes zu groß *(0.7)*?

▲ 0.5 *Yachten unterschiedlicher Größe am Start.*

▲ 0.6

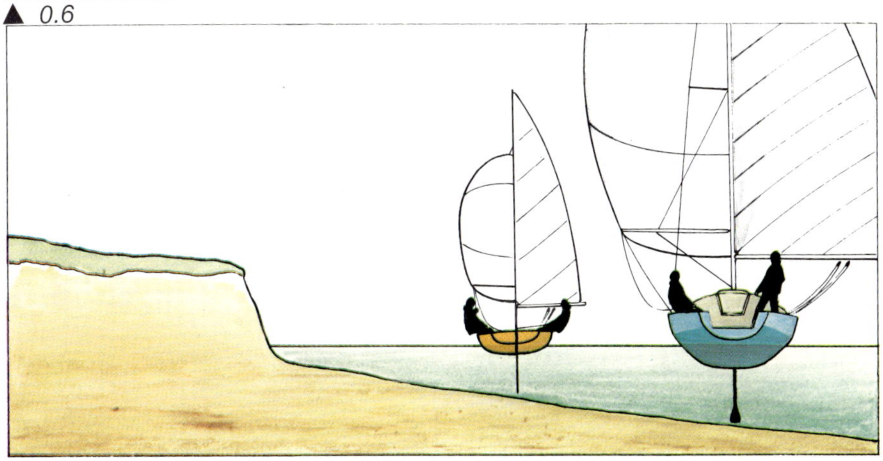

▲ 0.7

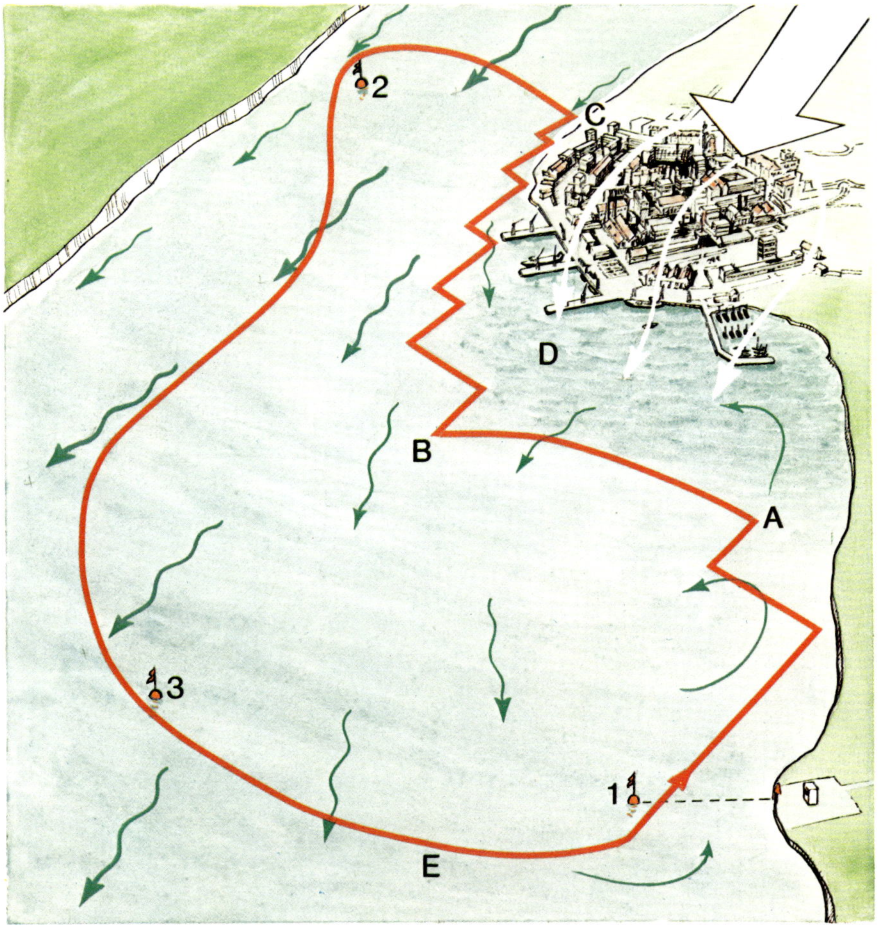

0.8 Diese Zeichnung zeigt eine Anzahl charakteristischer Merkmale, die den theoretisch schnellsten Kurs – dargestellt durch die rote Linie – beeinflussen können. Gestartet wird bei Tonne 1 gegen den Wind, und es gibt einen günstigen Stromwirbel im Innern der Bucht, nahe beim Ufer. Das Boot sollte hineinkreuzen, bis Gebiet A erreicht ist, wo der Einfluß der Gebäude in Luv sich mit gestörtem Wind, Flautenlöchern und Böen (D) bemerkbar zu machen beginnt.

Man segelt also hinüber nach B, aber nicht zu weit, sonst gerät das Boot in den stärkeren Gegenstrom. Dann kreuzt man mit kurzen Schlägen entlang der Kante des gestörten Gebietes nach C, von wo aus Tonne 2 leicht mit einem schnellen Schlag über den Strom erreicht werden kann.
Dann segelt man in die Mitte, um den stärksten Strom bis Tonne 3 zu erwischen. Von dort geht es auf dem schnellsten Kurs über den Strom nach E. Nun kann man zum Ziel hin anluven.

In jeder x-beliebigen Regatta gibt es nur einen theoretisch schnellsten Kurs *(0.8)*. Bei einwandfreier Navigation und ohne gestört zu werden muß das Boot, das diesen Kurs nimmt, gemäß Definition gewinnen. Bis hierher ist es also ein Problem der Bootsgeschwindigkeit und der Navigation.

Schon manch eine Regatta wurde gewonnen, ohne daß der Sieger jemals in eine richtige Wettkampfsituation mit einem seiner Konkurrenten geraten war. Das passiert nicht nur bei Seeregatten, sondern sehr wohl auch auf den engen Dreieckskursen der Kleinboote, insbesondere wenn es einer schnellen Mannschaft gelingt, unbehelligt vom Start wegzukommen *(0.9)*.

Die Seekreuzer-Mannschaft mag genügend Befriedigung darin finden, den Wettergott überlistet und die Probleme der maximalen Bootsgeschwindigkeit und der Navigation gelöst zu haben, aber der Start-Ziel-Sieger einer Ein-Typ-Jollenregatta wird seiner Erfolge nicht recht froh werden. Mangelt es ihnen doch an der rechten Würze und des Reizes des Bord-an-Bord-Kampfes. Wir alle wollen den Gegner ausschalten; es zu können, ist das Ziel, das wir anstreben. Aber obgleich ein großer Sieg gewöhnlich sehr ermutigend wirkt, verliert die Bedeutung der Leistung an Reiz, wenn das zu häufig vorkommt.

Die meisten Teilnehmer einer Regatta können niemals den perfekten Kurs segeln, weil zu viele dasselbe versuchen *(0.10)*. Was passiert also, wenn ein anderes Boot näher kommt, den eigenen Kurs stört oder sogar eine Kollision droht? Wer gibt Raum? Wie startet man, ohne jemanden zu berühren? Und falls eine Kol-

0.9 Der dänische Olympiasegler Poul Elvström liegt unmittelbar nach dem Start zu einer Gold-Cup-Wettfahrt klar voraus im ungestörten Wind.

0.10 Laser vor dem Start zu einem Weltmeisterschafts-Rennen. ▼

lision passiert, wer bezahlt den Schaden? Natürlich gibt es Regeln, die nahezu jede erdenkliche Situation berücksichtigen, und sei sie noch so kompliziert. Aber viel zu viele Leute meinen, die Regeln seien einzig dazu da, Kollisionen zu verhindern. Sie sind mehr als nur das. Sie sind der Rahmen eines faszinierenden Spiels: Regattasegeln.

Es liegt an einem selbst, ob man das ganze Spiel mitmacht oder nur einen Teil davon. Vieles hängt von dem Bootstyp ab und der Art der Kurse, die von der betreffenden Klasse gewöhnlich gesegelt werden. Sorge dafür, daß der Typ von Regatta, den du auswählst, auch den Sport darstellt, den du wirklich wünschst. Wenn du aber feststellst, daß das, was du tust, keinen Spaß macht, dann mache etwas anderes.

Wie für die meisten Wettrennen gilt es auch bei einer Wettfahrt, als erster

0.11 Moderne Eintonner an der Luvmarke.

0.12 420er bemühen sich um Topgeschwindigkeit.

im Ziel zu sein. Eine Einschränkung machen die Handicap-(Gegen-die-Zeit-)Regatten, bei denen man versucht, nach gesegelter und berechneter Zeit zu siegen. Aber auf dem Wasser ist das Gefühl das gleiche – Höchstgeschwindigkeit laufen und soviel Boote wie möglich überholen.

Boote überholen einander auf verschiedene Weise:

- *Höhere Bootsgeschwindigkeit*
  Gewöhnlich macht höhere Bootsgeschwindigkeit nur ein Prozent aus, und unter Ausschluß aller anderen Einflüsse kann es mitunter Minuten dauern, ehe sich ein Boot von einem anderen klar abgesetzt hat *(0.11)*.
- *Überlegene Techniken*
  Sie führen zu höherer Geschwindigkeit und können viel entscheidender sein als die Ein-Minuten-Verbesserung, die durch besseren Trimm erzielt wird. Ein Beispiel: Saubere Mannschaftsarbeit beim Einstellen der Segel gemäß Böen und Wellen kann dazu verhelfen, mit einer kurzen Woge den Windschatten eines Konkurrenten zu durchbrechen *(0.12)*. Gleiten ist ein anderes Beispiel; ein weiteres, bei frischem Wind den Spinnaker halbwinds stehenzulassen, wenn alle anderen kneifen.
- *Störung der Windzufuhr*
  Abwind, Abdecken, Unterwenden, Stören usw. sind einige der gebräuchlichen Bezeichnungen für Manöver, die dazu dienen, auf legale Weise den Wind des anderen Bootes zu stören *(0.13)*. Auch eine nur teilweise gestörte Windzufuhr beeinflußt die Geschwindigkeit drastisch. Daher sind Taktiken mit diesem Ziel sehr gebräuchlich. Für diejenigen, auf die diese Taktik abzielt, heißt es, sofort etwas dagegen zu unternehmen.

- *Taktik*
  Man kann Taktik so definieren: im Rahmen der Regeln andere in schlechte Positionen bringen oder die eigene Position verbessern. Ein Beispiel: Ein Boot zwingt auf legale Weise ein anderes, zu wenden und damit in den Windschatten eines dritten zu geraten oder hinauszugehen in eine ungünstige Strömung. Es gibt viele andere klassische Manöver; mit einigen werden wird uns später noch beschäftigen.

- *Navigation und Kursbestimmung*
  Nicht nur bessere, großräumige Navigation in Seeregatten, sondern auch in Dreiecksregatten den Kurs akkurat zur nächsten Tonne zu steuern, kann oft Plätze bringen. Dazu gehört auch die Beschäftigung mit dem Wetter im allgemeinen ebenso wie in bezug auf lokale Winddrehungen, Böen und Flautenlöcher.

- *Fairneß und Psychologie*
  Das bedeutet, die andere Mannschaft durch das eine oder andere Mittel abzulenken, nicht nur auf dem Wasser. Aber man muß immer die Grundregel C der Internationalen Wettsegelbestimmungen (IWB) im Auge behalten, die besagt, daß ausschließlich faires Segeln und seglerisches Können eingesetzt werden dürfen, um zu gewinnen (s. Anhang). Gleichwohl wäre es schwer zu beweisen, daß eine Mannschaft, die den Masttopp eines anderen Bootes anstarrt, unfaire Mittel einsetzt, weil sie den Steuermann zu der Annahme verleitet, da oben sei etwas nicht in Ordnung, so daß seine Konzentration für entscheidende Sekunden nachläßt.

0.13 Diese Solings halsen. Das gelbe Boot hat keinen Wind im Spinnaker, weil es von dem Boot mit dem blauen Spinnaker abgedeckt wird.

- *Training und Technik*
  Es gibt auch andere Mittel, mit denen eine Mannschaft eine andere nervös machen und zu Fehlern verleiten kann. Überlegenes Training und Perfektion in Technik und Beherrschung des Bootes versetzen eine Crew in die Lage, schneller zu wenden oder zu halsen, ohne daß der Spinnaker einfällt – nicht nur einmal, sondern mehrmals nacheinander, wenn erforderlich. Insbesondere Jollenmannschaften profitieren vom Konditionstraining, das es ihnen ermöglicht, ausdauernder auszuhängen (*0.14,* Seite 10). Die Mannschaften von Hochseeyachten benötigen ebenfalls Ausdauer, um ihre Konkurrenten in einem langen, zähen Rennen zu überdauern. Es gab schon viele Mannschaften, die einen sicheren Sieg verschenkten aufgrund eines psychischen oder physischen Zusammenbruchs.

Beginnen wir mit der Regatta!
Bevor man beschließt, auf welcher Ebene des Wettsegelns man teilzunehmen gedenkt, sollte man sich kurz darüber klarwerden, was tatsächlich alles mit der Regattateilnahme verbunden ist.

Man kann Boote auf dem Wasser nicht an einer Stelle halten, es sei denn, sie liegen vor Anker oder sind vertäut. Gelegentlich werden Regatten vom Strand aus gestartet (Le-Mans-Start); am gebräuchlichsten ist jedoch der fliegende Start.

Auch kann man keine Startlinie auf dem Wasser markieren. Daher müssen sich die Regattateilnehmer an eine imaginäre Startlinie halten, die gewöhnlich von zwei Tonnen oder Markierungen gebildet wird. Ein sehr großer Teil der Regattafertigkeit liegt darin, das Boot in die beste Position an der Linie zu manövrieren und mit Höchstgeschwindigkeit in die richtige Richtung zu segeln – genau dann, wenn der Startschuß fällt *(0.15)*.

Normalerweise ist für jede Regatta oder Wettfahrtserie eine besondere Ausgabe der Segelanweisungen erforderlich, die Angaben über die Start- und Ziellinien, den Kurs und viele technische Einzelheiten enthalten, die durch die Internationalen Wettsegelbestimmungen eventuell nicht abgedeckt sind. Solange man nicht mit all diesem vertraut ist, kann es verwirrend sein, mit den Segelanweisungen oder gar dem Regelbuch konfrontiert zu werden. Es ist das Ziel dieses Buches, aufzuzeigen, wie alles ineinandergreift, und die Grundlage für den ersten Sieg zu legen.

0.14 Körperliche Fitneß ist eine der Voraussetzungen für das Regattasegeln.

0.15 Der Start einer Wettfahrt in der Soling-Klasse.

Der Kurs
Der Kurs verläuft von der Startlinie um eine Serie von Tonnen *(0.16)* zu einer Ziellinie. Die Bezeichnung der Tonnen wird in den Segelanweisungen angegeben, und möglicherweise muß man in Karten oder Kursdiagrammen nachschlagen, um sie zu

0.16 *Solings halsen um eine Wendemarke.*

identifizieren. Es wird auch mitgeteilt, an welcher Seite und wie oft die Tonnen zu passieren sind. Wenn möglich, werden Starts und die erste Tonne gegen den Wind ausgelegt. Dies ist am besten, weil es vielen Booten die Chance gibt, verhältnismäßig ungestört auf dem ersten überfüllten Teil des Kurses zu segeln. Die schnelleren Boote mit den besseren Mannschaften haben die Möglichkeit, bis zu einem gewissen Grade von der Menge freizukommen, bevor die erste Wendemarke erreicht ist. Das bedeutet aber nicht, daß ein Boot, das hinten liegt, gar keine Siegeschance mehr hat. Im Gegenteil, es gibt viele Gelegenheiten, entweder von den Fehlern der führenden Mannschaften zu profitieren oder am schnellsten auf Wind- und Stromänderungen zu reagieren oder sogar durch bessere Technik und überlegene Geschwindigkeit aufzuholen und als Sieger über die Linie zu gehen. Zweifellos machen jedoch ein erstklassiger Start und eine gut gesegelte Startkreuz mehr als die Hälfte des Sieges aus.

Der Start

Die Regatta beginnt mit einer Reihe von Vorbereitungssignalen, denen das Startsignal folgt. Da Boote keine Bremsen haben und die Startlinie nicht auf dem Wasser sichtbar ist *(0.17,* Seite 12*)*, gibt es im Augenblick des Starts ein großes Gebiet, in dem Unsicherheit herrscht im Hinblick auf die jeweilige Startposition. Nur wenige Boote befinden sich beim Start innerhalb von 1 oder 2 m Abstand an der Linie.

Viele sind weiter entfernt. Auch ist der Wind niemals konstant; daher kann die eine Seite der Linie der Luvtonne näher liegen als die andere. Hier werden dann auch mehr Boote zu finden sein.

Es leuchtet ein, daß ein Boot, das zum Zeitpunkt des Starts mit voller Geschwindigkeit dicht hinter der Linie segelt, einen großen Vorteil gegenüber demjenigen hat, das etwas zu früh da war und nun langsam wenden muß, um keinen Frühstart zu machen. Zu früh über die Linie zu gehen, ist in den meisten Fällen von Übel, weil das Boot umkehren und inmitten der Boote, die alle entgegenkommen, erneut starten muß *(0.18)*. Es gehört also nicht nur sehr viel Geschicklichkeit, sondern auch ein großes Maß an Glück dazu, einen nahezu perfekten Start hinzulegen.

Angesichts des dichten Gewühls der vielen anderen Boote mit erfahrenen Mannschaften, die alle den gleichen perfekten Start anstreben, ferner des von den flappenden Segeln gestörten Windes und des vom Stampfen der Rümpfe aufgewühlten Wassers ist es verständlich, warum beim Start manch einer die Ruhe verliert.

Aber für den Anfänger besteht überhaupt kein Grund zur Aufregung. Er ist ja nicht gezwungen, dort zu starten, wo das größte Gedränge herrscht; auch muß er nicht genau oder unmittelbar nach dem Schuß starten. Warum soll man nicht erst Erfahrung sammeln und ein bißchen später losfahren – bis man Selbstvertrauen gewonnen und einige Grundregeln gelernt hat. Man beobachte die anderen und merke sich, was sie tun.

Regattasegeln ist sicherlich eine der diffizilsten Sportarten, die es gibt. Es wurde schon oft mit dem Schachspiel verglichen. Einige Weltmeister haben in der Tat ihre Erfolge aufgrund sauber ausgearbeiteter mathematischer Analysen errungen. Andere wieder sind körperlich so stark und fit, daß sie ihre Konkurrenten durch ihre Entschlossenheit und Ausdauer zermürben. Noch andere sind Fachleute

0.17 Die Startlinie wird begrenzt durch das Startschiff und die Begrenzungsboje.

0.18 Ein Boot auf der rechten Seite ist zu früh gestartet und muß zurücksegeln, um neu zu starten.

im Bootstrimm und können damit bis zu einem gewissen Grade andere Unzulänglichkeiten ausgleichen. Es gibt auch Segler, die die Gabe haben, eine Mannschaft um sich zu sammeln und sie zu einem Team auszubilden, das jede Aufgabe höchst wirksam meistert – sei es als Taktiker oder Rudergänger, Navigator oder Segeltrimmer, Vordecksmann oder Winschendreher. So ein Mann ist der Katalysator, der eine ganze Mannschaft befähigt, hervorragend zusammenzuarbeiten.

Manch ein Weltmeister hat nachweisbar auf dem einen oder anderen Gebiet Schwächen. Die einen sind nicht gut bei leichten Winden, die anderen nur dann. Wieder andere gewinnen Wettfahrten nur auf dem Heimatrevier, niemals außerhalb. Einige starten gut, andere werden erst zum Ziel hin besser. Einige können eine knappe Situation gut ausnutzen, andere werden nervös und verpfuschen sie. Einige neigen unter Druck zu Unfällen, andere sind einfach sorglos. Einige haben eine intuitive Ader, aber sie vernachlässigen die Details, und so fällt ihr Boot frühzeitig auseinander.

Der erste Schenkel
Die Vielseitigkeit dieses Spiels macht es so interessant. Man muß freilich einige Spielregeln beachten, wenn man Aussicht auf Erfolg haben will. Zum Beispiel ist der größte Verlierer einer Regatta derjenige, der unmittelbar nach einem Amwindstart im Abwind segelt *(0.19)*. Versuche freien Wind zu bekommen, was es auch koste. Segele dich so schnell wie möglich frei von dem Konkurrenten, in dessen Abwind du liegst.

Zweitens: Konzentriere dich auf die Geschwindigkeit des Bootes. Denke daran, daß auch die anderen gespannt und unruhig sind und daß sie deshalb alle langsamer segeln, als sie könnten. Aus diesem Grunde hast du eine Chance zu gewinnen.
Drittens: Denke voraus. Denke daran, in welcher Position zur nächsten Bahnmarke du dich befindest. Manch einer hat eine Wettfahrt dadurch verloren, daß er zu weite Wege gesegelt ist. Was wurde aus der Winddrehung, die du erwartet hast? Bist du auf der richtigen Seite, um davon zu profitieren?
Viertens: Vermeide Durcheinander. Halte dich von anderen Booten frei. Bestehe nicht immer auf deinem Recht, und zwinge zum Beispiel nie ein Boot zum Wenden, so daß es in Lee unter dir zu liegen kommt. Du könntest in den Abwind geraten und langsamer werden. Ebenso lege dich nicht unter ein anderes Boot, denn du kannst dann nicht wieder frei wenden. Kurz, wende nicht, wenn nicht Grund dazu besteht. Du verlierst sonst jedesmal ein bis zwei Bootslängen. Alle diese Punkte werden noch ausführlich in Teil 3 abgewandelt.

Fassen wir diese goldenen Regeln zusammen:

- Bemühe dich um freien Wind.
- Achte auf Bootsgeschwindigkeit.
- Denke voraus.
- Vermeide Störungen.

0.19 34 segelt im Abwind von 47. 78 hat sich aus der Abdeckung befreit.

Jede Wettfahrt hat ihre „Kaninchen". Wettfahrten brauchen „Kaninchen". Fünf bis zehn Prozent der Teilnehmer an einer Regatta haben die Chance zu gewinnen (von Ausnahmen abgesehen). Weitere 50 bis 70 Prozent sind gute, kompetente Segler, von denen die meisten schon Regatten von geringerem Niveau gewonnen haben. Der Rest sind die Kaninchen. Selbst in olympischen Regatten gibt es Kaninchen – vielleicht sogar zu einem höheren Prozentsatz als bei gewöhnlichen Klassenmeisterschaften, da viele Länder Teilnehmer in Klassen schicken, die zu Hause unter Umständen gar nicht regattafähig sind.

Man braucht sich aber nicht zu scheuen, ein Kaninchen zu sein. Selbst Spitzensegler lieben es, Kaninchen im Feld zu haben. Sie lassen das Feld größer und mithin „besser" aussehen. Außerdem machen Kaninchen selten Schwierigkeiten, da sie meist schon vor dem Start zurückliegen. Jeder weiß, daß man irgendwo anfangen muß, und es liegt an einem selbst, sich so schnell wie möglich vom Kaninchen zum Hasen zu mausern – das ist die erste Stufe auf dem Weg zum Erfolg.

Die erste Tonne

Nun erreichst du schließlich die Luvtonne und segelst nur noch gegen deinesgleichen. Die Experten und das Hauptfeld sind auf und davon und längst auf halbem Wege zur nächsten Tonne. Zwei oder drei andere Boote sind dabei, diese Tonne mit dir zu runden. Jetzt ist die Zeit gekommen, einige der Lektionen anzuwenden, die du aus Büchern oder als Mannschaft auf anderen Booten gelernt hast. Wir wollen die technischen Details hier nicht erläutern, aber vielleicht hast du noch genügend in Erinnerung, so daß du die Tonne mit Stb-Wind anläufst, was dir Wegerecht gibt, und daß du auch nicht zu tief liegst, damit du nicht in einem fatalen Augenblick noch einmal wenden mußt *(0.20)*. Hast du den Strom vergessen? Nein? Gut! Dann gehst du also um die Tonne und läßt einen unglücklichen Konkurrenten hinter dir, der seine Lektionen vergessen hat und überflüssigerweise nun noch einmal wenden muß. Einer weniger – und nur noch 25 vor dir!

Der zweite Schenkel

Ein anderes Boot ist gerade vor dir. Kannst du es kriegen? Du scheinst aufzukommen. Vielleicht wurde vergessen, das Schwert hochzuziehen. Nein – der Vorschoter ist am Schöpfen! Es muß das Boot sein, das nach einer Panikwende halb vollief, als es einem Boot mit Stb-Wind kurz vor der Tonne ausweichen mußte *(0.21)*.

Du greifst es in einer Wolke von Gischt an. Zwei weniger – nur noch 24 vor dir! Es fängt an, dir Spaß zu machen. Wo ist der nächste? Da ist er – und sein Vorschoter macht den Spinnaker klar. Gott! Das heißt, daß du dasselbe tun mußt. Alles klar?

Unter wahnsinniger Schaukelei prüfst du, ob Achterholer, Schot und Fall klar sind, während dein Vorschoter den Spi anschlägt und den Spi-Baum in Position bringt. Du hast das

0.20 Das Boot mit Stb-Wind kann die Luvtonne gerade anliegen.

0.21 Dieser vollgeschlagene Fireball wird weitersegeln können, aber er ist weit abgeschlagen.

0.22 Im 505er ist es schwierig, beim Setzen des Spinnakers die Balance zu halten.

viele Male selbst gemacht, aber dies ist das erste Mal unter Druck. Du kannst wegen des Kurses zur nächsten Tonne nicht abfallen, um das Manöver zu erleichtern. Es muß auf Anhieb richtig klappen *(0.22)*. Atme tief durch. Heiß auf! Beleg das Fall. Greif den Achterholer. Sag dem Vorschoter, er soll das schlagende Segel dichtnehmen. Peng! – ein perfektes Manöver. Häng dich heraus. Im Flieger gehst du auf und davon.

Jetzt hast du Zeit, nach dem anderen zu schielen. Er hat das Setzen verpfuscht, und der Spinnaker flattert noch immer. Mit etwas Glück bist du auf seiner Höhe, bevor er zu laufen anfängt. Von nun an geht es Bug an Bug zur nächsten Tonne *(0.23)*. Auf den Wellen reitend, gewinnst du eine halbe Länge und verlierst sie dann wieder, bis endlich die Tonne erreicht ist. Du kriegst die Regel mit der Überlappung und dem Zwei-Längen-Kreis nicht mehr zusammen. Geh also auf Nummer Sicher. Du liegst außen. Er halst auf deiner Innenseite und gewinnt vier Längen in ebensovielen Sekunden. Du bist wieder auf dem sicheren 25. Platz *(0.24,* Seite 16*)*.

O ja, du weißt jetzt, wie wichtig es ist, an der Halsentonne beim nächsten Mal die Innenposition zu erlangen.

0.23 Der Raumschotskurs ist der schnellste Kurs.

0.24 Dieser 470er wird mehrere Bootslängen verlieren, da er außenherum rundet.

Die Leetonne

Der zweite Raumschenkel gleicht einer Prozession. Du bist in einer ungefährdeten Position und das Boot vor dir ebenfalls. Du machst überhaupt keinen Eindruck auf ihn. Aber die Leetonne kommt näher. Was macht's, wenn du den Spinnaker länger stehen läßt und versuchst, die Lücke zu schließen *(0.25)*?

Er geht auf Nummer Sicher, und du machst zwei Längen gut, als du die Tonne rundest und mit dichten Schoten direkt hinter ihm an die Kreuz gehst *(0.26)*. Was nun? Wenden oder aus seinem Abwind abfallen? Du hast schon auf der vorigen Kreuz eine halbe Bootslänge ihm gegenüber gewonnen. Du versuchst also, noch einen halben Grad mehr an den Wind zu gehen.

Die Zielkreuz

Hoch an den Wind – Segel dicht – Boot aufrecht – laß es laufen – luv an für die nächste große Welle – jetzt abfallen, ihre Rückseite hinunter. Das war gut. Wo ist er? Er ist in Lee, immer noch voraus, doch durch die Fock verborgen. Beobachte ihn, falls er wendet!

Langsam, ganz langsam kommst du auf. Ein Test der Nerven und Muskeln, aber auch des Bootstrimms. Bald schon erhebt sich die Frage: Wann sollen wir wenden, um das Ziel anzuliegen? Gehst du zu früh raus, mußt du noch einmal wenden, und das könnte dein Gegner verhindern, da er mit Stb-Wind Wegerecht hat. Lieber ein bißchen weitersegeln, aber nicht zu weit. Denk an das Boot hinter dir, das hochziehen und vor dir ins Ziel huschen könnte.

Also versuchst du die Kurse und Geschwindigkeiten einzuschätzen, bis du schließlich „Ree!" sagst und für den letzten Schlag rumgehst.

0.25 Der Spinnaker wurde zu spät heruntergenommen.

0.26 Beim Runden der letzten Wendemarke.

Du schlaffst ab, und das andere Boot sieht in Luv gut aus. Es scheint schneller zu laufen. Du kannst seinen Bug in die Wellen hineinpatschen hören; aber du wagst nicht, dich umzusehen.

Geh höher ran – gib ihm etwas Abwind – die Linie ist nur noch rund 90 Meter entfernt. Aber was ist mit der Peilung? Liegt sie genau senkrecht zum Wind? Welche Seite ist näher? Du entschließt dich für die vom Zielschiff entfernte Seite und fierst die Schoten etwas. Er schiebt weiter Höhe, gerät aber in den Windschatten des Zielschiffes. Du gehst mit einer Länge Vorsprung über die Linie. Ein Tut empfängt dich, zwei Sekunden später ein weiterer für ihn *(0.27)*.

Du bist erschöpft, aber ihr fühlt euch wunderbar. Es war ein aufregender Kampf, und ihr habt ihn gewonnen. Du hast zwar nicht das Rennen der Experten gewonnen, aber du hast in dem anderen Rennen, dem für die Kaninchen, gesiegt. Drei Boote waren hinter dir!

Und das ist das Schönste am Regattasegeln. Selbst eine einzelne Wettfahrt läuft auf verschiedenen Ebenen ab. Es ist überraschend, wie man gegen dieselben Boote immer wieder aufholt. Eine große Kameradschaft entsteht untereinander. Vielleicht steigst du bis zur Spitze auf und von da an weiter, wenn es dein Ehrgeiz ist, eine Stufe zu erreichen, wo du auf Gleichgesinnte unter immer wieder unterschiedlichen Bedingungen triffst. Denn nicht eine Wettfahrt ist wie die andere.

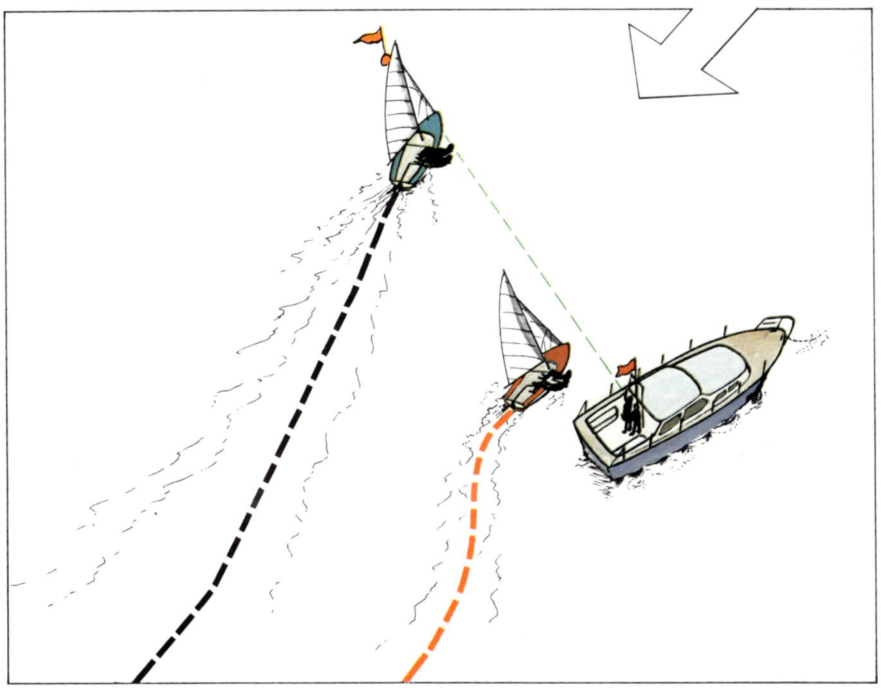

0.27 Das Ziel.

Teil 2

Der Hintergrund des Sieges

Kapitel 1

Die Psychologie des Siegens

Angesichts der Jagd nach immer neueren und immer besseren Konstruktionen, nach schnelleren Segeln und den allerneuesten Beschlägen kann man leicht vergessen, daß die Spitzenboote einer Klasse alle mit der gleichen Geschwindigkeit segeln können und daß die wahren Unterschiede in der Nutzung der Antriebskraft des wechselhaften, unbeständigen und unberechenbaren Windes liegen.

Der wirklich talentierte Segler kann besser als die anderen vorhersehen, wo und wann der Wind wehen wird. Es ist also notwendig, zu wissen, wo man sein Boot placieren muß, um aus jeder Situation einen Vorteil zu ziehen.

Natürlich darf man darüber nicht den sauberen Bootstrimm, die technische Geschicklichkeit und die unfehlbare Handhabung des Bootes vergessen; das alles ist für den Erfolg wichtig, genauso wie das Boot, das von der Konstruktion und dem Zustand her regattafähig sein muß. Aber die Spanne der Möglichkeiten, ein Rennen auch *ohne* überlegene Bootsgeschwindigkeit zu gewinnen, ist groß.

Es gibt Steuerleute, die Rennen gewinnen können, obwohl sie sich aus dem Gewühl heraushalten. Sie gehen häufig aus einem taktischen Duell als Sieger hervor, wobei der Verlierer fälschlicherweise das Gefühl hat, sein Boot sei zu langsam. Sie liegen plötzlich in Führung, nachdem sie eine erstaunliche Glückssträhne gehabt zu haben scheinen, und gehen als Sieger aus einer Meisterschaftsserie hervor, ohne vielleicht eine einzige Wettfahrt gewonnen zu haben. Solche Steuerleute genießen of ein beneidenswertes Ansehen, und das wiederum beflügelt ihren Erfolg. Denn ihre Gegner fühlen sich schon vor dem Start halb geschlagen. Es scheint, als ob sie unglaubliches Glück mit nur mäßiger Bootsgeschwindigkeit kombinierten.

Diese Sieger sind häufig ruhige und bedächtige Leute, und der wahre Grund für ihre überragenden Erfolge ist das Vorausdenken. Die Regatta als Spiel, als zu lösendes Problem, interessiert sie. Weniger der Kampf Mann gegen Mann als vielmehr Geist gegen Geist ist der Schlüssel zu ihrem Erfolg.

Auf diese Weise „Glück" zu haben, ist keine Magie, und jeder kann das lernen. Wenn man gewinnen will, ohne ein Super-Athlet zu werden, so ist auch das möglich. Man muß nur das Spiel als Ganzes erlernen, muß mit der richtigen Mentalität an die Probleme herangehen. Man lasse sich nicht von Emotionen beeinflussen. Betrachte eine untaugliche Wettfahrtleitung, die komplizierten Regeln, den instabilen Wind, die harte Konkurrenz nicht als deine Widersacher. Finde ihre schwachen Stellen heraus, wende ein bißchen Psychologie an, und vor allem hämmere dir den Wunsch und den Willen ein, zu gewinnen. Halte stets nach Wegen Ausschau, auf denen du eine Situation zu deinem Vorteil verändern kannst.

Lerne, ein Sieger zu sein

Erkennst du, wer das ist *(1.1)*? Es könnte einer von Tausenden junger Leute sein, der etwas tut, was man jeden Tag in jedem Segelclub sehen kann: Er zieht das Boot nach einer Wettfahrt den Slip hoch. Es könnte jeder von uns sein: du, ich oder Gustav. Indes, es ist einer der überlegensten Sieger aller Zeiten, der gerade seine erste olympische Goldmedaille gewonnen hat – mit 19 Jahren.

Er war ein Steuermann, der, wie jeder andere auch, seine Niederlagen hatte. Er hatte es in jenen fernen Tagen 1948 bei leichtem Wind sehr schwer, aber er war dennoch auf Sieg programmiert. Er gab nie auf, und er überwand jeden Rückschlag. Er gewann Weltmeistertitel in vielen verschiedenen internationalen Klassen, einmal sogar mit einem gebrochenen und mit einem Paddel geschienten Bein.

Poul Elvströms Geschichte ist ein Beispiel dafür, was ein jeder erreichen kann, wenn er sein ganzes Denken auf den Sieg ausrichtet. Du magst selbst nicht so alles-erobernd sein, aber es besteht kein Grund, warum du nicht innerhalb der Grenzen, die du dir selbst setzt, ebenfalls Regatten gewinnen solltest.

Der sicherste Weg, die Regattaergebnisse zu verbessern, ist also, die richtige geistige Einstellung zu diesem Sport zu finden und über jeden Aspekt des Spiels etwas zu lernen. Was folgt, ist das Wissen, das jeden in die Lage versetzt, mit einem Regattaschiff zu jeder Zeit jedes Rennen zu gewinnen. Dieses Buch geht nicht bis ins kleinste Detail, aber es zeigt aus der Erfahrung des Praktikers den Weg auf, wie man mit bewährten Mitteln den Sieg erringt.

Zunächst müssen wir einiges über die Wettsegelbestimmungen lernen. Jedermann haßt sie – aber warum? Akzeptiere sie, und du hast eine große Hilfe. Sie sind gar nicht so schwierig, und man braucht nur mit einigen gut vertraut zu sein, um die erste Wettfahrt zu gewinnen.

1.1 Einer der größten Regattasegler aller Zeiten – im Alter von 19 Jahren.

Kapitel 2

Grundlagen der Wettsegelbestimmungen

Im Dschungel der Regeln
Vielfach herrscht die Ansicht vor, die Wettsegelbestimmungen seien kompliziert und in ihrer Darstellung verwirrend. Und obgleich sie die grundlegenden Regeln sind, nach denen eine Regatta abläuft, werden sie von den meisten Regattaseglern nur teilweise verstanden. Wie oft jedoch kann die letzte Entscheidung, die über Sieg oder Niederlage befindet, davon abhängen, daß der Segler mit den Regeln vertraut ist und sie in der gegebenen Situation richtig anwendet.

Es ist nicht allzu schwierig, das Regelbuch am Tisch sitzend zu studieren und Schritt für Schritt die Einzelheiten eines Zwischenfalls –

2.1 Wer hat Wegerecht?

und selbst dabei gibt es viele Fallen – herauszuarbeiten. Aber es ist etwas ganz anderes, auf dem Wasser eine Entscheidung zu treffen, inmitten des Trubels beim Runden der Marke, eingepfercht zwischen andere Boote. Wer hat dann Wegerecht, wer kann seinen Vorteil ausnutzen, wer hat sich zurückzuhalten *(2.1,* Seite 21*)*? Die Entscheidung auch nur den Bruchteil einer Sekunde hinauszuzögern, kann ein zeitverschwendendes Ausweichmanöver bedeuten, das die Chancen auf einen guten Platz zunichte macht, oder gar eine Disqualifikation nach sich ziehen.

Was aber noch wichtiger ist: Wenn die Regeln nicht verstanden und respektiert werden, herrscht in der Regattasegelei mit Sicherheit alsbald ein Chaos. Es gibt sogar schon Reviere, für die eigene, vereinfachte Interpretationen der Regeln entwikkelt wurden. So wird eine Mannschaft, die zu auswärtigen Regatten fährt oder gar in entferntere Teile des eigenen Landes, unerwartet mit Sonderregeln konfrontiert, die dort allgemeine Praxis sind. Für denjenigen, der die Regeln immer strikt beachtet, mag sich das äußerst demoralisierend auswirken; für den, der sich leicht darüber hinwegsetzt, kann die Regatta an so einem Platz vollkommen unlohnend sein.

Wie oft schon hat man Regattasegler beleidigt weggehen sehen, weil sie ihren Fehler nicht einsehen wollten, obwohl sie es versäumt hatten, die Regeln zu befolgen, und daher gegen sie protestiert wurde. Ebenso gibt es Segler, die versuchen, sich strikt an die Regeln zu halten, sie aber nicht durchsetzen können wegen einiger Konkurrenten und sogar wegen der Wettfahrtleitung,

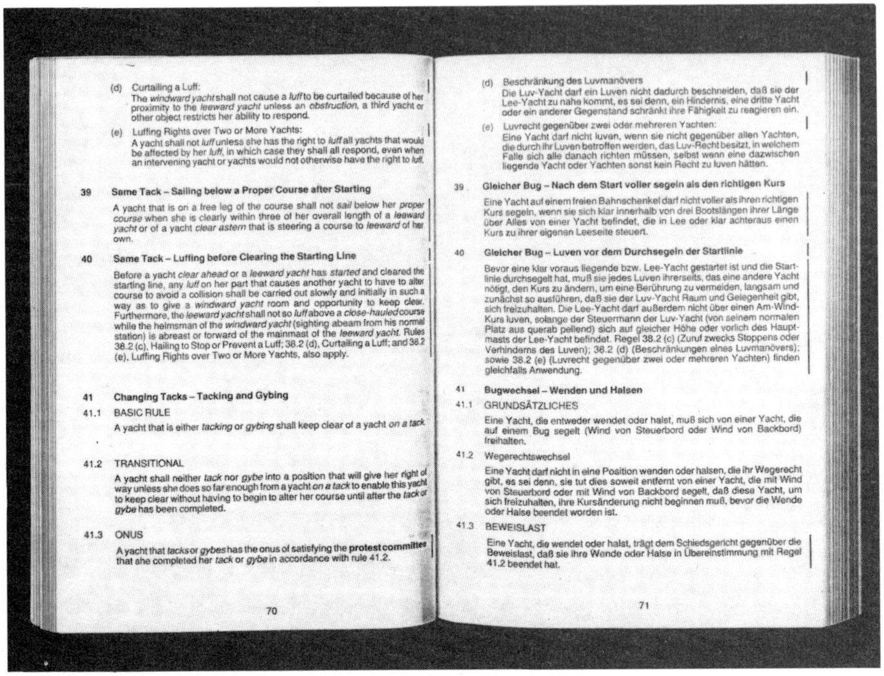

(d) Curtailing a Luff:
The windward yacht shall not cause a luff to be curtailed because of her proximity to the leeward yacht unless an obstruction, a third yacht or other object restricts her ability to respond.

(e) Luffing Rights over Two or More Yachts:
A yacht shall not luff unless she has the right to luff all yachts that would be affected by her luff, in which case they shall all respond, even when an intervening yacht or yachts would not otherwise have the right to luff.

39 **Same Tack – Sailing below a Proper Course after Starting**

A yacht that is on a free leg of the course shall not sail below her proper course when she is clearly within three of her overall length of a leeward yacht or of a yacht clear astern that is steering a course to leeward of her own.

40 **Same Tack – Luffing before Clearing the Starting Line**

Before a yacht clear ahead or a leeward yacht has started and cleared the starting line, any luff on her part that causes another yacht to have to alter course to avoid a collision shall be carried out slowly and initially in such a way as to give a windward yacht room and opportunity to keep clear. Furthermore, the leeward yacht shall not so luff above a close-hauled course while the helmsman of the windward yacht (sighting abeam from his normal station) is abreast or forward of the mainmast of the leeward yacht. Rules 38.2 (c), Hailing to Stop or Prevent a Luff; 38.2 (d), Curtailing a Luff; and 38.2 (e), Luffing Rights over Two or More Yachts, also apply.

41 **Changing Tacks – Tacking and Gybing**

41.1 BASIC RULE

A yacht that is either tacking or gybing shall keep clear of a yacht on a tack.

41.2 TRANSITIONAL

A yacht shall neither tack nor gybe into a position that will give her right of way unless she does so far enough from a yacht on a tack to enable this yacht to keep clear without having to begin to alter her course until after the tack or gybe has been completed.

41.3 ONUS

A yacht that tacks or gybes has the onus of satisfying the **protest committee** that she completed her tack or gybe in accordance with rule 41.2.

70

(d) Beschränkung des Luvmanövers
Die Luv-Yacht darf ein Luven nicht dadurch beschneiden, daß sie der Lee-Yacht zu nahe kommt, es sei denn, ein Hindernis, eine dritte Yacht oder ein anderer Gegenstand schränkt ihre Fähigkeit zu reagieren ein.

(e) Luvrecht gegenüber zwei oder mehreren Yachten:
Eine Yacht darf nicht luven, wenn sie nicht gegenüber allen Yachten, die durch ihr Luven betroffen werden, das Luv-Recht besitzt, in welchem Falle sich alle danach richten müssen, selbst wenn eine dazwischen liegende Yacht oder Yachten sonst kein Recht zu luven hätten.

39 **Gleicher Bug – Nach dem Start voller segeln als den richtigen Kurs**

Eine Yacht auf einem freien Bahnschenkel darf nicht voller als ihren richtigen Kurs segeln, wenn sie sich klar innerhalb von drei Bootslängen ihrer Länge über Alles von einer Yacht befindet, die in Lee oder klar achteraus einen Kurs zu ihrer eigenen Leeseite steuert.

40 **Gleicher Bug – Luven vor dem Durchsegeln der Startlinie**

Bevor eine klar voraus liegende bzw. Lee-Yacht gestartet ist und die Startlinie durchsegelt hat, muß sie jedes Luven ihrerseits, das eine andere Yacht nötigt, den Kurs zu ändern, um eine Berührung zu vermeiden, langsam und zunächst so ausführen, daß sie der Luv-Yacht Raum und Gelegenheit gibt, sich freizuhalten. Die Lee-Yacht darf außerdem nicht über einen Am-Wind-Kurs luven, solange der Steuermann der Luv-Yacht (von seinem normalen Platz aus querab peilend) sich auf gleicher Höhe oder vorlich des Hauptmasts der Lee-Yacht befindet. Regel 38.2 (c) (Zuruf zwecks Stoppens oder Verhinderns des Luven); 38.2 (d) (Beschränkungen eines Luvmanövers); sowie 38.2 (e) (Luvrecht gegenüber zwei oder mehreren Yachten) finden gleichfalls Anwendung.

41 **Bugwechsel – Wenden und Halsen**

41.1 GRUNDSÄTZLICHES

Eine Yacht, die entweder wendet oder halst, muß sich von einer Yacht, die auf einem Bug segelt (Wind von Steuerbord oder Wind von Backbord) freihalten.

41.2 Wegerechtswechsel

Eine Yacht darf nicht in eine Position wenden oder halsen, die ihr Wegerecht gibt, es sei denn, sie tut dies soweit entfernt von einer Yacht, die mit Wind von Steuerbord oder mit Wind von Backbord segelt, daß diese Yacht, um sich freizuhalten, ihre Kursänderung nicht beginnen muß, bevor die Wende oder Halse beendet worden ist.

41.3 BEWEISLAST

Eine Yacht, die wendet oder halst, trägt dem Schiedsgericht gegenüber die Beweislast, daß sie ihre Wende oder Halse in Übereinstimmung mit Regel 41.2 beendet hat.

71

2.2 Zwei Seiten aus den Wettsegelbestimmungen.

die sie nicht unterstützt, wenn sie protestieren. Diese Leute sind mit Recht verärgert.

Der Grund für diese zwei Extreme liegt zumindest zum Teil in der außerordentlichen Vielschichtigkeit der Wettsegelbestimmungen selbst. Für die Regelverfasser dienen die Worte der Klärung, und tatsächlich wurden die Regeln im Laufe der Jahre mehrfach überarbeitet, um auch ja jeden Anschein von Zweideutigkeit auszuschließen *(2.2)*. Dennoch ist für den Anfänger (und sagen wir ruhig: für die große Mehrheit der Regattasegler) die Anordnung der Regeln verwirrend und voller Fallen. Einige Anfänger werden zweifellos abgeschreckt, jemals eine Regatta zu segeln, während andere nur halben Herzens mitmachen und um so mehr die Regeln allesamt mißachten.

Wie aber kann man diese Regeln besser erklären, um dem Anfänger mehr Chancen zu geben und selbst dem Experten einen erheblich höheren Wirkungsgrad zu vermitteln?

2.3 *Eine Aquatinta aus dem Jahre 1842 zeigt eine kritische Situation, die sich beim Start entwickelt.*

Die Entwicklung der Regeln
Sehen wir die Regeln zunächst einmal als ein Werk der Segler und nicht der Regelmacher. Die Regeln entstanden in den Anfängen der Regattasegelei im letzten Jahrhundert aus der Notwendigkeit heraus, Kollisionen zwischen den großen Yachten zu vermeiden *(2.3)*. Sie wurden 1875 zum ersten Mal niedergeschrieben und seitdem unter dem Einfluß von Einzelfällen auf dem Wege „Versuch und Irrtum" weiterentwickelt und erweitert. Sie werden noch immer verändert und ergänzt, manchmal sogar bedeutsam, weil die ganze Einstellung zur Regattasegelei heute viel ausgeprägter und professioneller ist. Aber im Prinzip bleiben die Regeln konstant; nur im Detail werden sie immer mehr verfeinert, und zwar in dem Maße, wie neue Zwischenfälle Ergänzungen notwendig machen.

Und hier liegt unsere große Hoffnung auf Vereinfachung begründet, denn die Prinzipien sind immer noch die gleichen wie früher, und die Grundregeln haben noch immer ihre Gültigkeit. Die eigentliche Komplizierung kommt zustande durch eine Vielzahl von Ausnahmen und Sonderfällen. Einige davon sind reichlich merkwürdig und tauchen von Zeit zu Zeit immer wieder auf.

Zum zweiten stehen Reihenfolge und Anordnung der gegenwärtigen Regeln in einem besseren Verhältnis zu dem, was tatsächlich auf dem Wasser geschieht. Betrachten wir sie also logisch, nicht Paragraph für Paragraph und Fall für Fall, sondern als Teil einer Regatta, die einen Start hat, einen Mittelteil und ein Ziel.

Natürlich können wir auf diese Weise nicht jede Ausnahme und jeden Sonderfall berücksichtigen. Ebenso ist es für einen Segler durchaus möglich, über Jahre hin Regatten zu segeln und nur zwei oder drei Grundregeln zu kennen und anzuwenden. Um jedoch den größtmöglichen Spaß an dem Sport zu haben, sollten die Regeln im Detail studiert werden. Das werden wir in Teil 3 tun. Zugleich werden wir die daraus resultierenden Taktiken erörtern. Die Regeln, wie sie von der *International Yacht Racing Union* (IYRU) autorisiert worden sind, sind immer die letzte Instanz im Falle einer Auseinandersetzung.

Was ein Boot in einer bestimmten Situation tun darf und was nicht, ist in den Wegerechtsregeln festgesetzt, die man im Regelbuch der IYRU findet. Was eine ehrgeizige Crew wirklich wissen muß, ist, wie diese Regeln angewandt werden müssen, um die Position des eigenen Bootes zu verbessern mit dem Ziel, an den Booten voraus vorbeizufahren und die Wettfahrt zu gewinnen. Die Taktik Boot gegen Boot ist davon abhängig, was die Regeln aussagen. Deshalb werden wir uns in Teil 3 mit dem Ablauf einer typischen Regatta und der Taktik der einzelnen Boote befassen.

Grundlegende Prinzipien

Beim Regattasegeln gibt es einige Grundprinzipien, nach denen das Spiel gespielt wird. Sie werden oft vergessen und häufig nicht richtig verstanden. Als Wichtigstes gilt wohl, dem anderen Boot eine *faire Chance* zu geben. Die Wettsegelbestimmungen können nicht gegen jeden schäbigen Trick Vorsorge treffen. Daher gibt es die Regel über das faire Segeln, die übergreifend alle Fälle abdeckt, für die es keine speziellen Bestimmungen gibt. Sie besagt, daß Wettfahrten gewonnen werden müssen durch seglerisches Können, überlegene Geschwindigkeit und eigenes Bemühen und daß das Wettsegeln ein individueller Sport ist, in dem es nicht erlaubt ist, sich zu mehreren gegen einen Konkurrenten zu verbünden. Extra organisierte Team-Regatten stellen eine ganz andere Art von Wettkampf dar, bei dem die gleichen Regeln mit einigen Zusätzen und Ausnahmen angewandt werden.

Die Spielregeln verbieten aber auch den Antrieb des Bootes durch irgendeine andere Kraft (Hand, Muskeln, Motor oder ähnliche) als die natürliche Einwirkung von Wind und Wasser auf Segel und Rumpf. Alles andere sind unnatürliche Vortriebsmittel, und deshalb ist das Paddeln ein ganz klarer Verstoß gegen diese Regel. Ebenso auch das Wriggen mit dem Ruder, das Schaukeln vor dem Wind, das Wedeln mit den Segeln oder das Pumpen mit den Schoten. Einige dieser Maßnahmen wirken bei allen Windstärken, andere sind hauptsächlich Leichtwind-Techniken. Selbst Wenden und Halsen können manchmal das Boot schneller vorantreiben als noch so sorgfältig eingestellte und getrimmte Segel. Es ist jedoch Sache der Konkurrenten, Einspruch zu erheben, wenn sie der Meinung sind, daß eine Crew die Rollwenden übertreibt. Natürlich muß eine Mannschaft körperlich hart arbeiten, um die Schoten zu bedienen und das Boot aufrecht zu segeln und in Balance zu halten. Der Trennungsstrich zwischen korrektem und unlauterem Segeln verläuft da, wo die Aktionen der Mannschaft das Boot auch bei gar keinem Wind vorantreiben.

Die neuen Regeln, die am 1. Mai 1989 in Kraft traten, brachten einige bedeutsame Änderungen. Es darf nur noch einmal pro Welle mit jeder Schot gepumpt werden. Dabei sind bei der Großschot alle Parten zu bewegen. Das Ooching (schnelle, abrupt abgestoppte Gewichtsverlagerung nach vorn) ist generell verboten. Und für eine Rollwende oder -halse gilt, außer daß sie in ihrer extremen Form ohnehin verboten ist, daß die Yacht dadurch in der Wettfahrt keinen größeren Vorteil erlangt, als dies ohne die Wende oder Halse der Fall gewesen wäre *(2.4* und *2.5)*. Außerdem darf dabei der Mast nicht mehr als einmal aus der Senkrechten abweichen.

Diese Regeländerung wird viele Jollensegler veranlassen, ihre Kraftrollwende bei Leichtwetter zu modifizieren, denn sie werden damit rechnen müssen, daß das Schiedsgericht ein Boot wegen Verstoßes gegen diese Regel (IWB-Regel 54) ohne Protestverfahren ausschließen kann.

Das leitet über zu einem Prinzip, das selten verstanden wird und eine Menge Unannehmlichkeiten verursacht. Die Wegerechtsregeln behandeln Situationen, wo sich Boote treffen und eines davon ausweichen muß, um eine Berührung zu vermeiden. Es gibt notwendige Grenzen, innerhalb derer die Regeln funktionieren. Zum Beispiel muß sich ein Boot, das von klar achteraus aufkommt, freihalten, bis es das Boot voraus überlappt. In diesem Augenblick gelten andere Bedingungen, und das Wegerecht kann sich ändern.

Es gibt immer diesen Wechselpunkt, wenn eine Situation aufhört und eine andere beginnt. Dabei ist als Prinzip zu beachten, daß das Boot, das zum Ausweichen verpflichtet ist, damit nicht *beginnen* muß, bis dieser Wechselpunkt tatsächlich eintritt. Mit anderen Worten: Ein Boot braucht eine neue Situation nicht vorwegzunehmen, und ihm muß *Zeit für eine Reaktion* gegeben werden.

Das nächste Prinzip folgt daraus. Wenn sich ein Boot in eine Position manövriert, die ihm Wegerecht gegenüber einem anderen gewährt, dann liegt die *Beweispflicht,* daß es dieses Manöver gemäß den Regeln ausgeführt und dem anderen Boot genügend Zeit für eine Reaktion gegeben hat, bei ihm selbst. Bei einem raschen Wechsel der Bedingungen gibt es manchmal zwei Möglichkeiten der Reaktion. Dann muß derjenige, der die erste Aktion einleitete, den Beweis führen, obgleich es

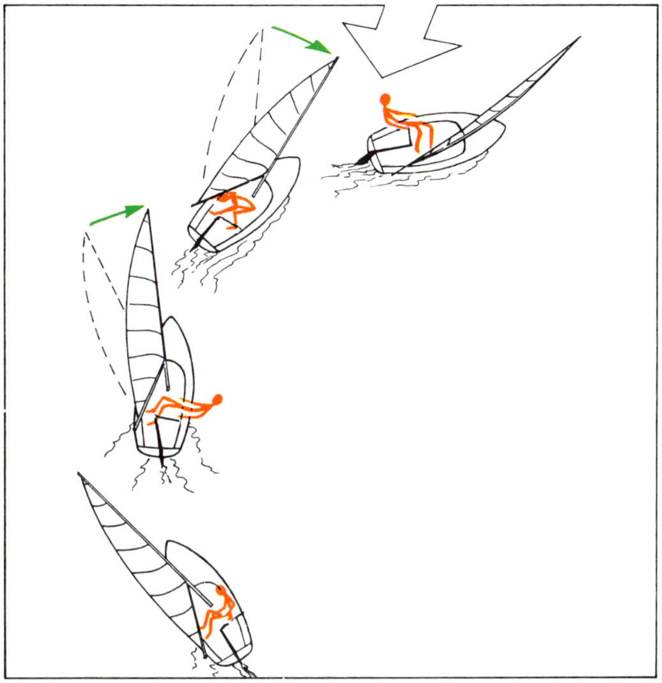

durchaus möglich sein kann, daß beide verkehrt gehandelt haben. Diese Beweispflicht ist in den Regeln zwar nicht immer ausdrücklich niedergelegt, aber sie wird so gehandhabt.

In gleicher Weise ist es fair, daß ein Boot ein anderes *anruft*, wenn es ein plötzliches Manöver zu machen gedenkt, das ihm Wegerecht gibt, zum Beispiel eine Wende, die von dem anderen Boot nicht vorausgesehen werden kann. Und dies wiederum führt zu Manövern, die eine Wegerecht-Yacht daran hindern sollen, sich freizuhalten oder den Versuch zu vereiteln. Das ist kein korrektes Segeln und fällt unter die *Einschränkung der Kursänderung*.

Daraus resultieren dann die richtigen *Kollisionen*. Ein Prinzip guter Seemannschaft jedoch ist, Gefahrensituationen zu vermeiden. Deshalb empfindet ein echter Seemann es als falsch, in unmittelbarer Nähe eines anderen zu segeln. Auch nahe einer Untiefe, Bahnmarke oder Tonne zu segeln, gilt als unseemännisch. Beim Regattasegeln geschieht das die ganze Zeit, und tatsächlich liegt es ja auch im Wesen einer Regatta, daß der geringste verschenkte Raum einen ungeheuren Verlust bedeutet. Man muß schon auf seinen Rechten bestehen und eine Wendemarke so scharf wie möglich runden *(2.6)*. Gefahrensituationen und Beschädigungen müssen dennoch möglichst vermieden und damit Kollisionen verhindert werden. Doch ist gerade die Berührung zwischen zwei Yachten manchmal der einzige Weg, die Fakten eines Zwischenfalls festzuhalten. Wenn man das aber absichtlich tut, sollte die Berührung nur leicht sein.

2.4 und 2.5 Die Rollwende. Der Steuermann lehnt sich plötzlich außenbords, trimmt das Segel nach Luv und legt gleichzeitig Ruder, um die Wende einzuleiten. Wenn das Boot nach Luv krängt – dabei wird es immer noch von dem anfänglichen Schwung vorwärtsgetrieben –, bewegt sich der Steuermann auf die andere Seite und legt das Ruder mittschiffs. Das Segel sollte während des gesamten Wendemanövers so lange voll stehen, bis das Boot auf dem neuen Am-Wind-Kurs liegt. Dann erst schwingt das Segel auf den neuen Bug.
Das Boot auf dem Foto hat gerade das Endstadium erreicht.
Oft kann man kaum unterscheiden, ob eine derartige Aktion ein faires oder unfaires Vortriebsmittel ist (s. Text auf der gegenüberliegenden Seite).

◀ *2.6 Der geringste verschenkte Raum bedeutet einen ziemlich großen Verlust.*

2.8 Durchbruch nach Lee. ▶

Gundlegende Wegerechtsregeln
Die Spielregeln bezwecken mehrere Dinge, von denen die Vermeidung drohender Kollisionen nur eines ist. Ein weiteres wesentliches Prinzip hat zum Ziel, daß das führende Boot, das überholt zu werden droht, in die Lage versetzt wird, innerhalb bestimmter Grenzen sich zu verteidigen. Wenn zwei Boote mit dem Wind von der gleichen Seite segeln (das heißt, die Bäume sind auf derselben Seite), dann kann das Führungsboot den Überholer daran hindern, in Luv zu passieren, indem es den Kurs ändert, um ihn zu berühren. Das nennt man *luven* *(2.7 A)*. Will ein Boot in Lee überholen, wird der Windschatten (Abdeckung oder Abwind) *(2.7 B)* des Luvbootes jedoch als Verteidigung für ausreichend erachtet, und es darf nicht abfallen, um den Überholer weiter zu stören, außer auf einem Amwindkurs.

Weder ist das *Anluven* immer erfolgreich, um ein anderes Boot am Überholen in Luv zu hindern, noch reicht der Windschatten aus, um eine ehrgeizige und clevere Mannschaft zu stoppen, die eine Bö oder eine Welle zeitlich richtig einschätzt und damit in Lee durchgleitet *(2.8)*. Aber das Führungsboot hat immer einen beträchtlichen Vorteil bei der Verteidigung, wenn die Boote mit dem Wind von der gleichen Seite laufen und der Wind vorlicher als querab einkommt.

Aber der Wind kommt nicht immer vorlicher als querab ein, und die Kurse sind nur selten als gerade Schenkel von A nach B ausgelegt. Nahezu immer sind sie Variationen eines geschlossenen Kreises, oft mit zwei oder mehr Runden. Das ergibt viele Gelegenheiten für Wechsel in der Placierung, denn die Bahn enthält verschiedene Möglichkeiten des Segelns. Es gibt eine Reihe von Bahnmarken zu runden, und die Wind-, Wellen- und Strombedingungen differieren ebenfalls sehr stark. Die Chance, daß Boote sich treffen, kreuzen oder überschneiden, ist also erheblich größer, als daß sie sich überholen. Darum sind auch die Regeln, die bestimmen, was jedes Boot zu tun hat, um einiges komplizierter.

In der Praxis wird die Regel über das führende, sich verteidigende Boot

▼ *2.7*

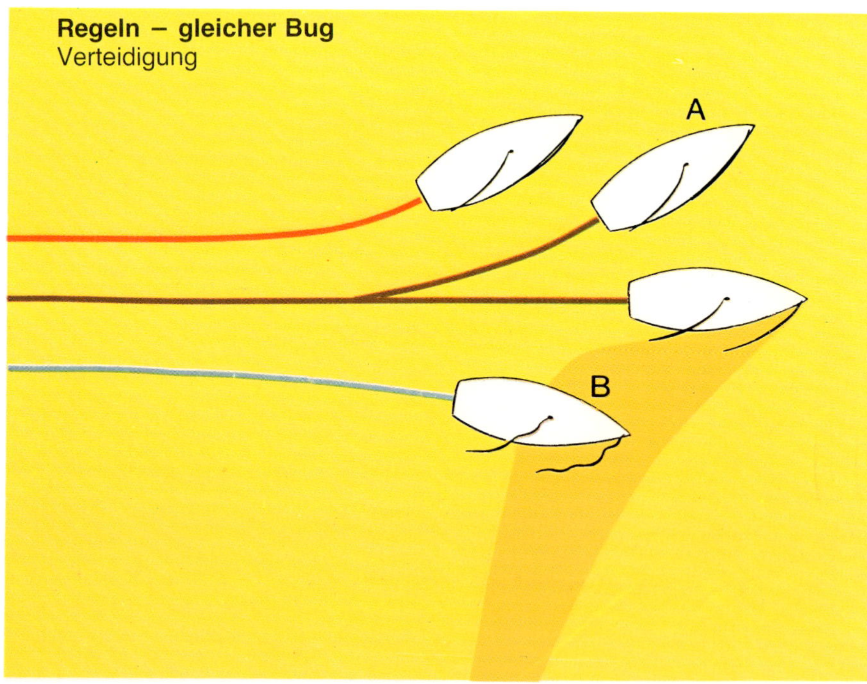

nur angewandt, wenn beide Boote (fast) parallel segeln. Die Grundregel für Boote auf dem gleichen Bug heißt also *(2.9)*:

- *Eine Luvyacht (rot) muß sich von einer Leeyacht freihalten.*

Segelt das eine Boot am Wind und das andere raumer und besteht die Gefahr einer Kollision, wird das raumer segelnde Boot als das Luvboot angesehen, um dieser Regel zu genügen (untere Zeichnung).

Für Boote auf entgegengesetztem Bug (Großbaum auf verschiedenen Seiten) gibt es eine andere Grundregel *(2.10)*:

- *Eine Yacht mit Wind von Bb (rot) muß sich von einer Yacht mit Wind von Stb freihalten.*

Auf der *Kreuz* (das heißt, an irgendeinem Punkt dieses Schenkels müssen die Boote den Bug wechseln, um die nächste Bahnmarke zu erreichen) hat das führende Boot ebenfalls einen Vorteil. Es kann alle Bewegungen eines angreifenden Bootes abdecken und seine Geschwindigkeit herabsetzen, indem es die Windzufuhr stört. Es kann anluven, wenn der andere in Luv passieren will, und ihn sogar berühren. Aber die Lee-vor-Luv-Regel hindert es daran, abzufallen und ein anderes Boot, das in Lee überholen will, zu berühren. Nur auf entgegengesetztem Bug hat der Herausforderer die gleichen Rechte wie das Führungsboot. Wer auch immer mit Wind von Bb segelt, er muß Raum geben.

Vor dem Wind hat das führende Boot keinerlei Vorteil. Im Gegenteil, jetzt kann der Überholer die Windzufuhr stören und ohne große Mühe auf gleiche Höhe aufschießen. Das Führungsboot kann zwar noch anluven, aber das entscheidende taktische Manöver auf diesem Kurs liegt darin, das führende Boot an der Leemarke zu überlappen. Dies zu verhindern, ist für das führende Boot schwierig.

▼ *2.9*

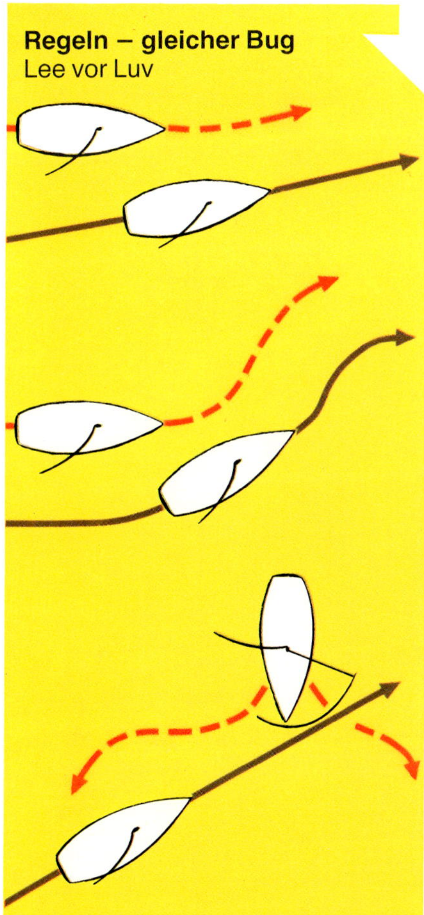

▼ *2.10*

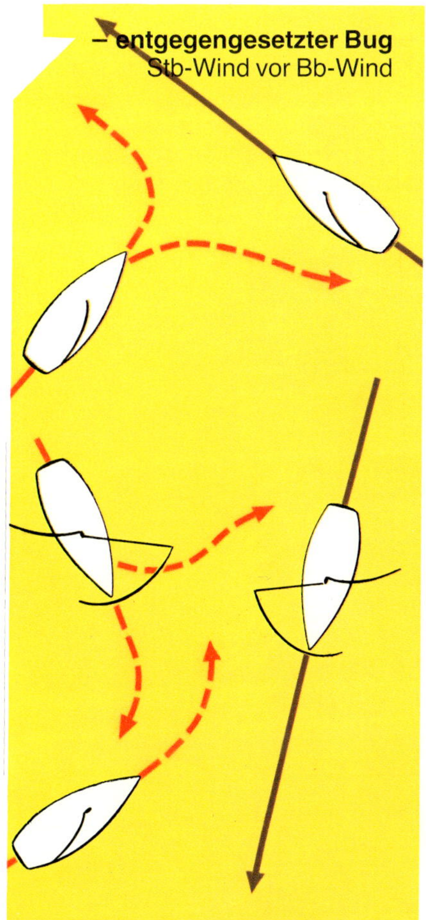

Eine *Überlappung* ist hergestellt, wenn ein Teil eines Bootes sich vor einer Linie befindet, die rechtwinklig zum hintersten Teil des vorderen Bootes verläuft – der „Hecklinie" *(2.11)*. In *A* soll die Überlappung gerade beginnen.

Wenn ein Boot ein anderes überholt, und beide sind auf demselben Bug, ist es klar, daß die Lee-vor-Luv-Regel nicht gilt, solange der Überholer nicht auf die eine oder andere Seite geht *(B* oder *C)*. Daher ist festgelegt, daß der *Überholer sich klarhalten* muß, bis die Lee-vor-Luv-Regel gilt. In *B* darf Schwarz luven, um Rot am Passieren zu hindern.

Es kann in einer Regatta jederzeit geschehen, daß ein Boot seinen Kurs ändern muß, um einem *Hindernis auszuweichen* oder eine *Bahnmarke zu runden*. Dabei gilt grundlegend, daß ein *innenliegendes* Boot (das bedeutet, daß es das andere auf der Seite überlappt, die dem Hindernis oder der Marke am nächsten liegt) Raum beanspruchen kann, um auf derselben Seite zu passieren. Es darf nicht einfach hinausgedrängt werden *(2.11 D* und *2.12)*.

Es sei daran erinnert, daß ein Hindernis nicht stationär sein muß. Es kann sich auch um ein Boot oder Schiff handeln, selbst um ein Boot in derselben Wettfahrt, besonders eines mit Wegerecht oder eines, das vorübergehend manövrierunfähig oder gekentert ist.

Diese Bestimmung erfolgte hauptsächlich aus Sicherheitsgründen. Dennoch werden mehr Plätze an Bahnmarken oder Hindernissen gewonnen und verloren als sonstwo, ausgenommen am Start. Die kompletten Regeln, die alle möglichen Variationen berücksichtigen, sind lang und verwirrend. Der Leser wird daher auf die IYRU-Wettsegelbestimmungen und die verschiedenen Spezialbücher* verwiesen.

Wer diese Grundregeln und Prinzipien verstanden hat, der wird auf lange Sicht in die Lage versetzt, erfolgreich Regatta zu segeln. Die Mannschaften sollten so weit kommen, daß sie instinktiv wissen, ob ein bestimmtes Manöver erlaubt ist oder nicht.

---

* z. B. Twiname: Die Wettsegelbestimmungen – kommentiert und illustriert (Delius Klasing Verlag, Bielefeld).

2.11 ▼

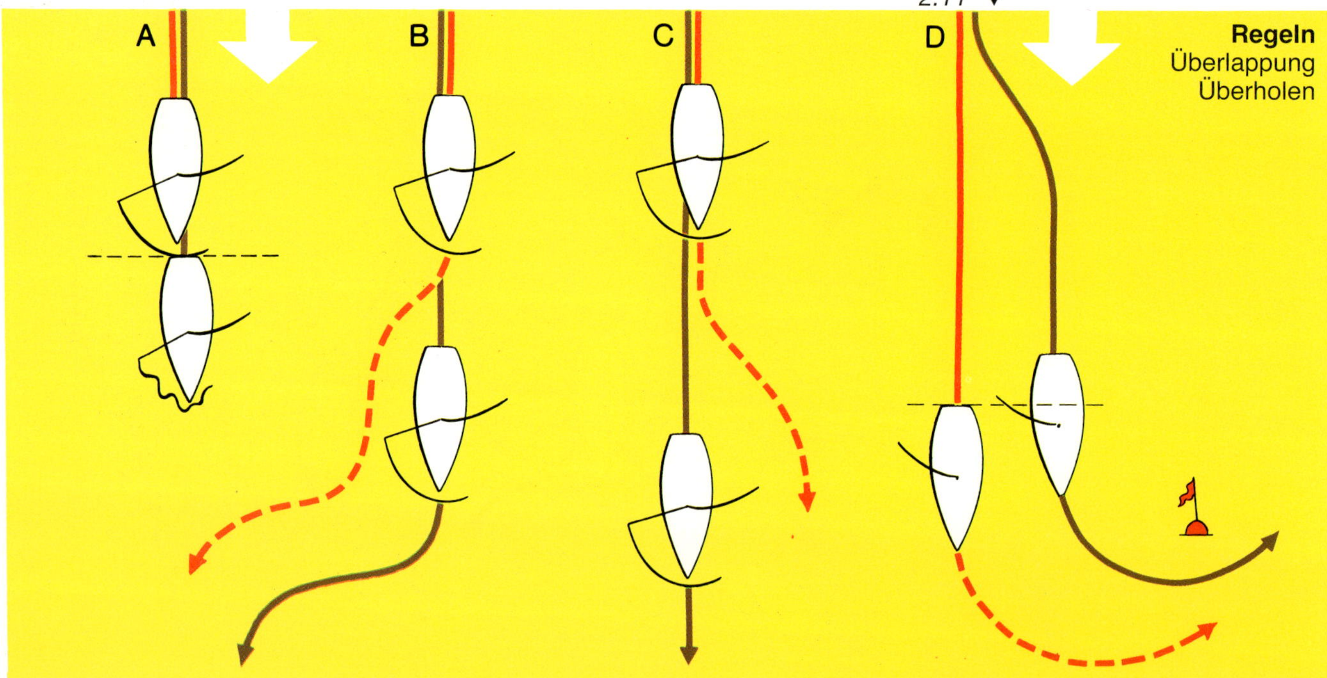

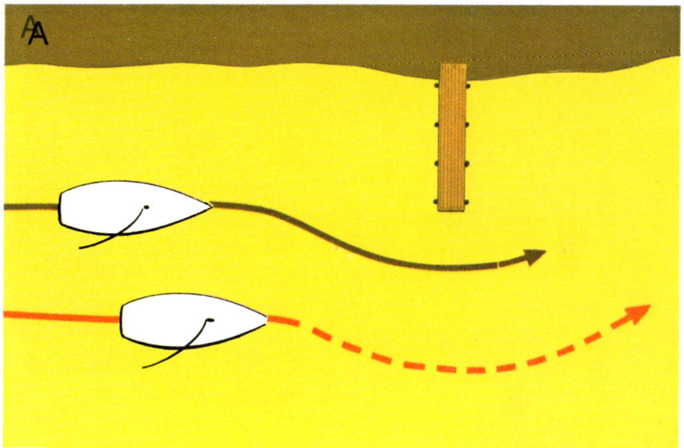

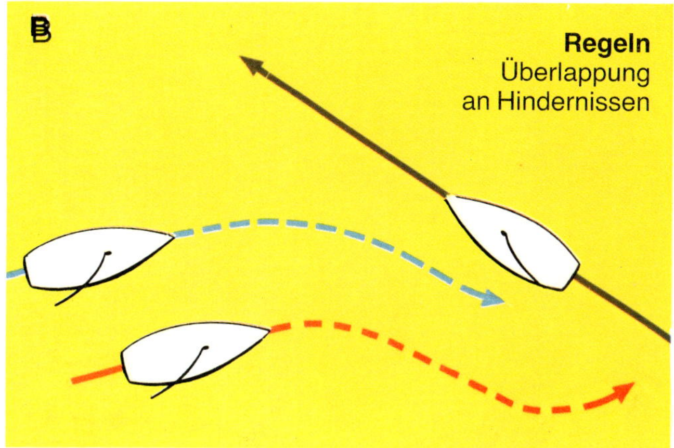

2.12 ▲

Wo die Regeln versagen

Der Grad der Beachtung der Regeln und das allgemeine *Gefühl* dafür unterscheiden sich merklich von Klasse zu Klasse. Es mag etwas mit den Leuten an der Spitze der Klasse zu tun haben und ihrer persönlichen Einstellung zum Regattasegeln.

Unter vielen Spitzenseglern hat sich eine Art ungeschriebener Codex herausgebildet, der stillschweigend bestimmte Arten von Vorfällen, die die Regeln bei strenger Auslegung verletzen, ungesühnt läßt, während wieder andere nicht akzeptiert werden. Bei den Klassen, in denen ich gesegelt habe, unterscheidet dieser Codex zwischen den zufälligen kleineren Verstößen, hervorgerufen durch ein echtes Fehlurteil (nicht Unwissenheit), und den Verstößen, die durch ein absichtliches taktisches Manöver entstehen, das danebengeht. In diesem Fall wird von dem Verursachenden erwartet, daß er die Strafe ohne Diskussion auf sich nimmt.

Dennoch führte das gelegentlich zu einem nachlassenden Respekt den Regeln gegenüber, und es konnten an den Wendemarken oder an der Startlinie recht gewaltige Zusammenballungen entstehen, bei denen nicht ein einziger umkehrte. Es genügte, wenn nur einer einen Fehler machte, um eine Kettenreaktion auszulösen, bei der viele Boote kollidierten. Niemand mehr konnte sich hinterher an die Positionen der Boote erinnern. Es wäre auch reine Zeitverschwendung gewesen, eine Protestverhandlung über einen derartigen Vorfall abzuhalten, und so wurde die Sache dann ignoriert. Eine Tatsache, die der gewissenhafte Beobachter vollkommen verkehrt fand.

Kollisionen passieren gewöhnlich an Wendemarken, und oft weiß hinterher keiner mehr, wer im Recht war und wer nicht. Man hat keine Zeit, sich um Zeugen zu bemühen, und so verläuft der Zwischenfall häufig im Sande, ohne einen Schuldigen gefunden oder gar bestraft zu haben. Dies ist oft unfair gegenüber dem Boot, das die richtige Taktik versucht hat und dem der ihm zustehende Vorteil auf diese Weise vorenthalten wurde.

◀ *2.13 Diese Massenramming kann hervorgerufen worden sein durch Unkenntnis der Regeln oder durch deren mangelnde Beachtung.*

Es ist eigentlich ganz einfach, diese anscheinend unmöglichen Situationen in den Griff zu bekommen: Erforderlich sind bei jedem Teilnehmer Grundkenntnisse der Wettsegelbestimmungen sowie *Voraussicht* und *Erfahrung*.

Voraussicht oder Vorausdenken heißt, vorherzusehen lernen, was kommen wird. Es bedeutet zum Beispiel, daß man rechtzeitig vor der Halsentonne seine Rechte wahrnimmt und sich in Position manövriert. Wenn man sich einem solchen Ballungspunkt nähert, muß man allen Booten um sich herum klarmachen, daß man Raum beanspruchen wird. Und die nächsten Nachbarn müssen dies deutlich und laut den weiter außen liegenden Booten melden. Man darf keine Angst davor haben, sicherzustellen, daß jeder in Reichweite weiß, daß man auf seinen Rechten bestehen wird.

Jetzt sollte man auch registrieren, wer einem am nächsten ist. Ein freundlicher „Meinungsaustausch“ wird dem Nachbarn auch die relative Position beider Boote zu einem gewissen Zeitpunkt einprägen. Das könnte bei der Tatsachenfeststellung sehr wertvoll sein, sollte ein Zwischenfall in einer Protestverhandlung enden (s. Kapitel 14). Man sollte mit dem Rufen nicht bis zum letzten Moment warten, wenn ein jeder aufgeregt und verwirrt ist.

Diese kurze Erörterung der Prinzipien der Regeln soll dem Leser dabei behilflich sein, das Beste aus den im Rahmen der Regeln befindlichen Taktiken zu machen.

Der Anhang auf Seite 175 gibt weitere und detailliertere Informationen über die Wettsegelbestimmungen und zeigt auf, wie man die Regeln im einzelnen studieren kann. Es wird auch jeweils auf die Erwähnung der Regeln im Text und auf die entsprechenden Illustrationen verwiesen.
Wie die Regeln angewandt werden, um die Boot-gegen-Boot-Taktik auf der Regattabahn zu entwickeln, steht in Teil 3.

Kapitel 3

Vorbereitung des Sieges

3.1 *Eine Meisterschaftswettfahrt der 470er.*

3.2 Eine clubinterne Handicap-Wettfahrt, bei der nach Yardstick vergütet werden kann.

Regatta-Strategie

Es gibt eine breite Skala von Regatten: Sie reicht von abendlichen clubinternen Handicap-Wettfahrten *(3.2)* mit einem Dutzend Booten bis hin zu Weltmeisterschaften auf offener See mit Jury- und Trainerbooten, Rettungsdiensten und Zuschauern.

Im ersten Fall wird der Club eine Standardausgabe von *Segelanweisungen* haben, die am Schwarzen Brett angeschlagen sind, und der Kurs ist festgelegt. Abweichungen sind unbekannt, und die Teilnehmer kennen die Anweisungen auswendig und befolgen sie fast automatisch.

Bei Weltmeisterschaftsregatten dagegen zahlt sich die äußerste Sorgfalt bei der Vorbereitung meist aus. Nicht nur was Boot und Mannschaft betrifft – das ist auch nicht das Thema dieses Buches –, sondern auch die Art und Weise, wie an die Sache herangegangen wird, und die Aneignung von Spezialkenntnissen für diese Serie.

Die folgenden Ratschläge beinhalten die wesentlichen Erfolgsgarantien für die Teilnehmer an großen Regatten. Einige sind nur von wenig praktischem Wert für den Segler von Clubregatten, aber ein jeder, der gewinnen will, wird eines Tages auch auswärtige Regatten besuchen, und da lohnt sich eine sorgfältige Vorbereitung.

Wir setzen in diesem Buch voraus, daß dein Boot korrekt vermessen, gut in Schuß und perfekt für alle Bedingungen getrimmt ist und daß deine Mannschaft die Manöver beherrscht und deine eigene Bootspraxis solide ist. Aber um ein Rennen zu gewinnen, braucht man mehr. Auf Taktiken, die auf den Wettsegelbestimmungen basieren, gehen wir später noch ein. In diesem Kapitel konzentrieren wir uns auf die Regatta-Strategie, eine häufig vernachlässigte, dennoch notwendige Kunst. Zuweilen überlappen sich Taktik und Strategie.

Ein Plan des Regattagebietes

Damit ist nicht die kleine Skizze in den Segelanweisungen gemeint, aus der ersichtlich ist, wie die Bahnmarken zu runden sind. Sie ist natürlich auch wichtig, aber man sollte vor allem eine Karte des gesamten Seegebietes, einschließlich des den Kurs umgebenden Landes studieren *(3.3)*. Man sollte sich gewissermaßen ein geistiges „Luftbild" des Gebietes machen. Desgleichen sollte man versuchen, sich vorzustellen, wie das Gebiet von der Wasseroberfläche aus gesehen aussieht. Versuche

3.4 Der Zahlenwimpel dient als Klassen-Signal.

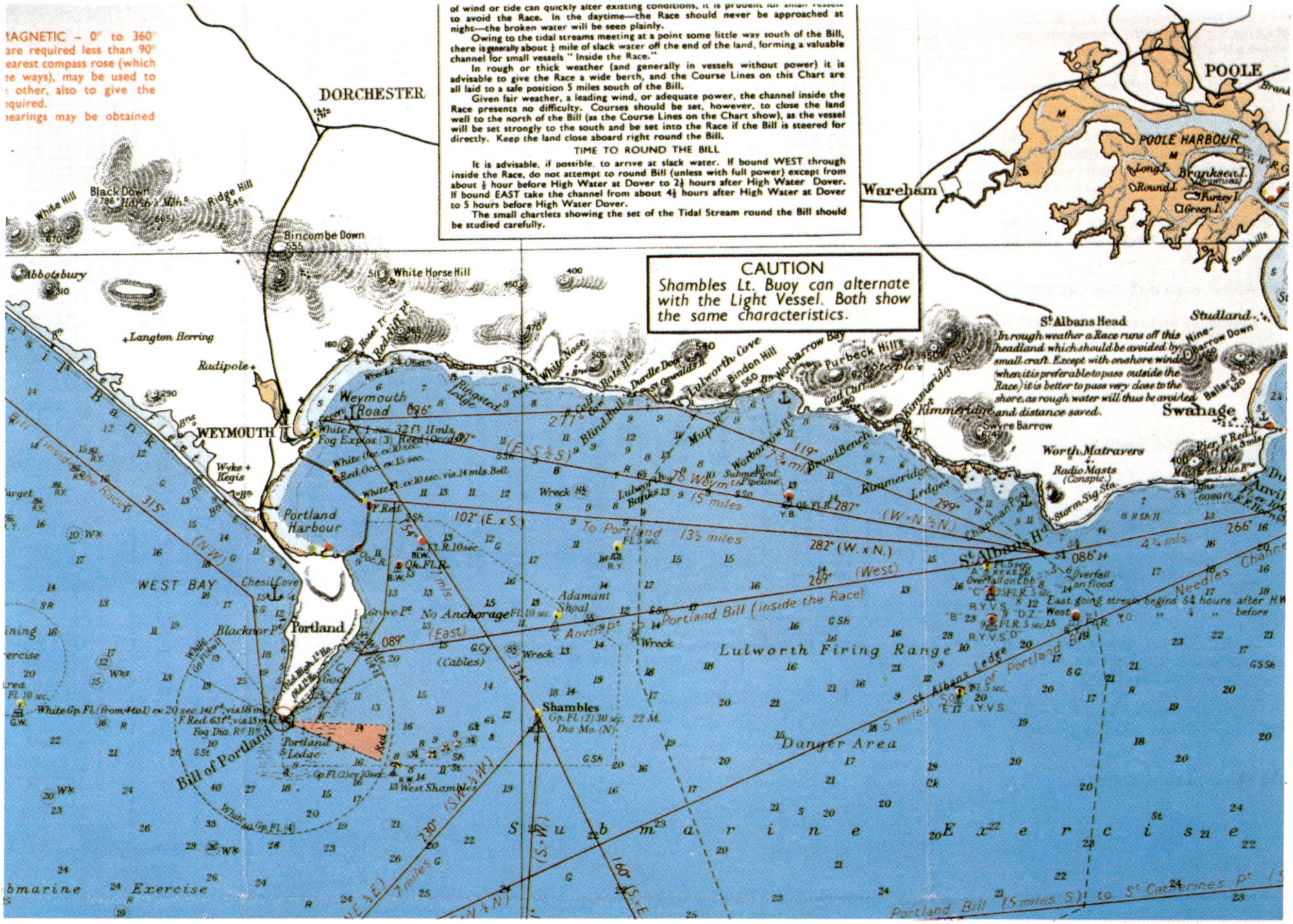

3.3 Seekarte eines Regattagebietes.

möglichst, einige Fotos von den lokalen Gegebenheiten zu erlangen.

Vertrautsein mit dem Gebiet bedeutet, daß man sich weniger leicht „verloren" vorkommt und daß man taktische Situationen ausnutzen kann, ohne befürchten zu müssen, den Kurs zu verfehlen, indem man zum Beispiel über die Luvtonne hinaussegelt. Es gibt noch weitere Gründe für das Kartenstudium, die gleich klarer werden.

Besondere Erfordernisse

Da die Segelanweisungen nicht immer im voraus erhältlich sind, ist es unerläßlich, sich Zeit zu nehmen und sie ungestört und sehr sorgfältig durchzusehen.

Oft gilt es, Besonderheiten zu beachten. Sie können von den Ersatzstrafen bis hin zum Führen von Signalflaggen zur Identifizierung reichen *(3.4)*. Es gibt eine große Spannweite von Wissenswertem, das der Wettfahrtausschuß mitteilen möchte, und das soll alles in den Segelanweisungen enthalten sein, einschließlich der Details des Kurses, Startzeiten, Tideninformationen usw. Manchmal kommt auch ein Fehler oder eine Mehrdeutigkeit in den Anweisungen vor. Kläre dies vor der Regatta, hinterher ist es meist zu spät.

Manch eine Regatta wurde verloren und nicht wenige wurden gewonnen dank der Sorgfalt, mit der die Anweisungen studiert wurden.

Taktische Ausrüstung

Wir werden in den nächsten Kapiteln erörtern, welcher Art die Kenntnisse über die örtlichen Gegebenheiten sind, die jeder Teilnehmer leicht erwerben kann, auch wenn er nicht am Platze wohnt. Doch zunächst brauchen wir eine Grundausrüstung.

Für jedes Boot ist erforderlich:
- Uhr
- Notiztafel und Wachsstifte
- Kompaß
- Segelanweisungen für die Regatta
- Protestflagge

Große Yachten können zusätzlich haben:
- Handpeilkompaß
- Seekarten und Instrumente
- Tidenkalender und Seehandbücher
- Peilstreifen oder -markierungen an Deck

Die Uhr (3.5). Es kann entweder eine Stoppuhr sein oder eine Uhr mit großem Sekundenzeiger. Falls es letztere ist, sollte man die genaue Zeit des Vorbereitungssignals auf der Notiztafel festhalten. Allzuleicht kann man sich um eine Minute versehen.

Der Steuermann kann natürlich die Zeit nehmen, aber es ist besser, wenn ein Crewmitglied das macht. Auf einer Einhandjolle sollte die Uhr am rechten Handgelenk getragen werden, wo sie besser zu sehen ist, wenn mit Wind von Stb gestartet wird.

Auf großen Yachten ist es besser, wenn einer der Mannschaft die letzten ein oder zwei Minuten im Zehn-Sekunden-Abstand auszählt. Der einzige Nachteil dabei ist, daß die Nachbarboote auf diese Weise auch die genaue Zeit erhalten.

Notiztafel und Wachsstifte (3.6). Die Tafel kann aus Plastik sein und auf einem größeren Boot in der Hand gehalten werden. Auf Jollen klebt man sie besser achtern oder auf dem Seitentank fest. Selbst die Decksoberfläche kann benutzt werden, um Informationen mit dem Wachsstift zu notieren *(5.21)*. Eine Kursberechnungsscheibe ist auch sehr wertvoll (s. Kapitel 7).

3.5 Eine Spezialuhr, die die Zeit bis zum Start anzeigt.

3.6 Eine Notiztafel mit Wachsstiften und eine Kursscheibe.

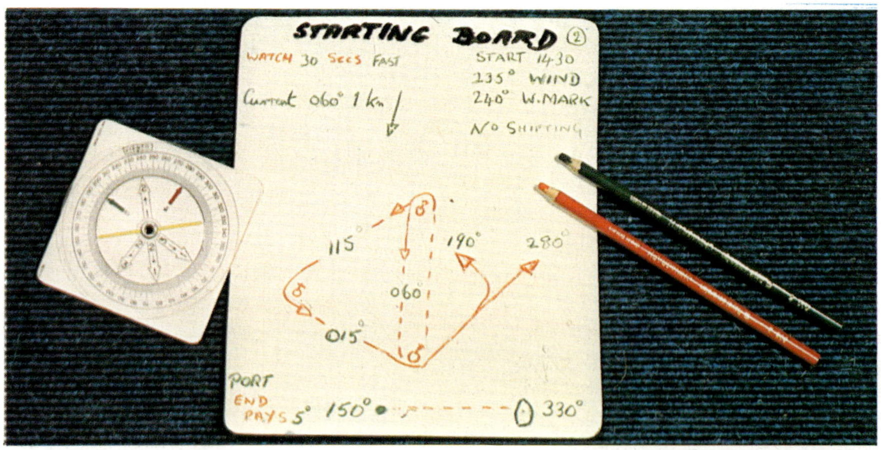

Kompaß. Entweder bringt man einen Kompaß in der Mittschiffslinie an *(3.7)* oder zwei gleiche auf den Seitendecks unmittelbar vor dem Steuermann oder der Crew *(3.8)*. Hat man nur einen Kompaß, können der Taktiker oder der Steuermann den Steuerstrich nicht sehen, wenn sie außenbords hängen, so daß zusätzliche Markierungen angebracht werden müssen. Das kann in angespannten Situationen wie beim Start zur Verwirrung führen, da das Ableseergebnis korrigiert werden muß.

3.7 Ein mittschiffs angebrachter Kompaß mit extra Peilstrichen zum Kreuzen.

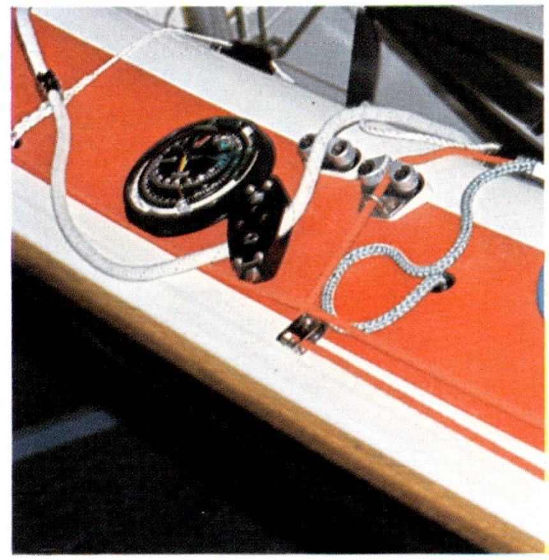

3.8 Einer der Gridkompasse, die auf den Seitendecks gefahren werden.

Aus dem gleichen Grund sind die taktischen Kompasse mit dem beweglichen Gitter und den farbigen Sektoren nicht besonders gut. Die Kompasse mit den großen Ziffern dagegen eignen sich optimal. Darüber hinaus ist es immer am besten, alles so einfach wie möglich zu halten (siehe ebenfalls *5.21* und Kapitel 7).

Ein Kompaßpaar läßt sich leicht ablesen, aber beide Kompasse müssen einander angeglichen und von einem Experten sauber justiert sein, damit sie auf allen Kursen gleich anzeigen. Es ist zu beachten, daß sie der magnetischen Ablenkung unterliegen, beispielsweise durch ein Taschenmesser in der Hosentasche eines Crewmitgliedes, das in der Nähe sitzt, oder durch Konservendosen in der Pantry *(3.9)*.

In einer Jolle braucht der Kompaß nicht vollkardanisch aufgehängt zu sein, aber in Kielbooten sollte er bis zu mindestens 40° Neigung frei schwingen. Die Kompaßrose sollte so träge wie möglich sein. Das kann man schon im Laden vor dem Kauf ausprobieren, indem man feststellt, wie schnell die Rose sich einpendelt, nachdem der Kompaß bewegt worden ist. Nichts ist frustrierender für den Bordtaktiker als eine Rose, die bei der geringsten Bewegung ins Schwingen gerät.

3.9 ▼

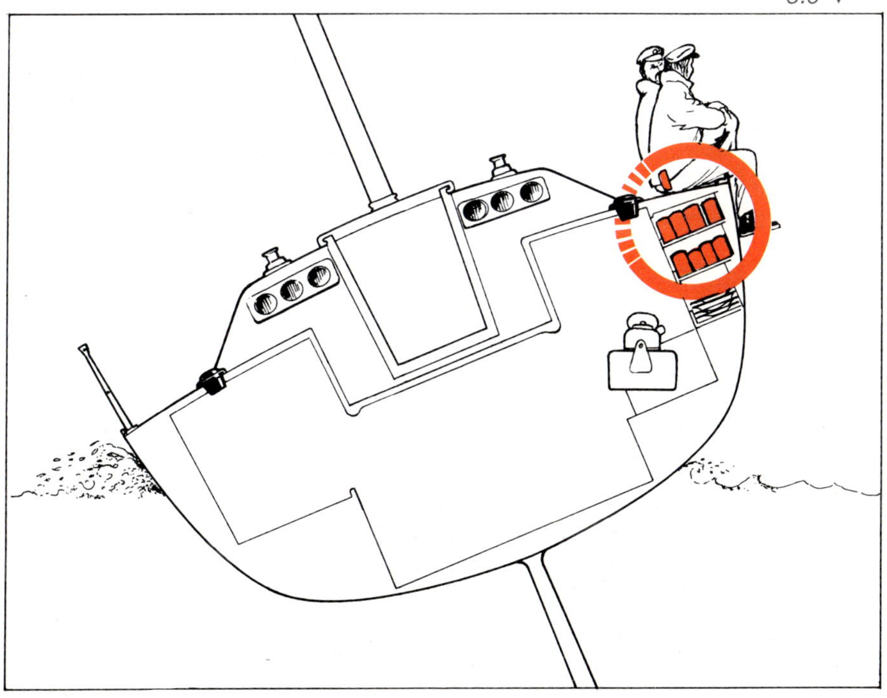

▲ 3.10

▲ 3.11

◀ 3.12

Segelanweisungen und Wettsegelbestimmungen (3.10). Sie enthalten alle Regeln, nach denen die Regatta gefahren wird, einschließlich Sonderregelungen. Sie sollten zwar vorher schon durchgelesen werden, doch in Zweifelsfällen werden sie auch an Bord benötigt.

Protestflagge (3.11). Wenn es zu einem Zwischenfall kommt, bei dem du annimmst, daß dir ein Unrecht widerfahren ist, oder du hast ein anderes Boot berührt, meinst aber, daß es nicht dein Fehler war, dann hast du gemäß den Regeln zu „protestieren". Dazu mußt du eine Flagge setzen. Gewöhnlich wird Flagge B (roter Doppelstander, siehe auch Kapitel 14) immer akzeptiert.

Manchmal sind bei einem Regelverstoß auch Ersatzstrafen vorgesehen, die man auf der Stelle akzeptieren kann, indem man eine Sonderflagge setzt. Diese sollte also mitgeführt werden, wenn die Anweisungen so etwas vorsehen.

Handpeilkompaß (3.12). Auf größeren Booten kann man auf den Handpeilkompaß nicht verzichten. Er wird nicht nur für normale Navigationszwecke benutzt, sondern er ist auch das beste Hilfsmittel, die begünstigte Seite der Startlinie herauszufinden, den direkten anliegenden Kurs bei Annäherung an die Luvtonne und die relativen Positionen, mithin auch Positionswechsel von anderen Booten. Am geeignetsten sind die modernen elektromagnetischen Kompasse, die über einen Speicher für verschiedene Peilungen verfügen.

Seekarten und Instrumente. Yachten mit Kartentischen sollten einen vollen Satz Karten des betreffenden Seegebietes haben, ebenso wie alle notwendigen Navigationsinstrumente. Das alles sollte gut verstaut sein, weil es sonst bei etwas rauheren Bedingungen durch die Gegend fliegt und schlimmstenfalls aus der öligen Bilge unter der Maschine herausgefischt werden muß. Auf kleineren Booten kann man nur Seekarten in Plastikhüllen mitführen. Die Navigation muß vorher erledigt werden. Abweichungen von dem geplanten Kurs werden während des Rennens auf der Notiztafel festgehalten.

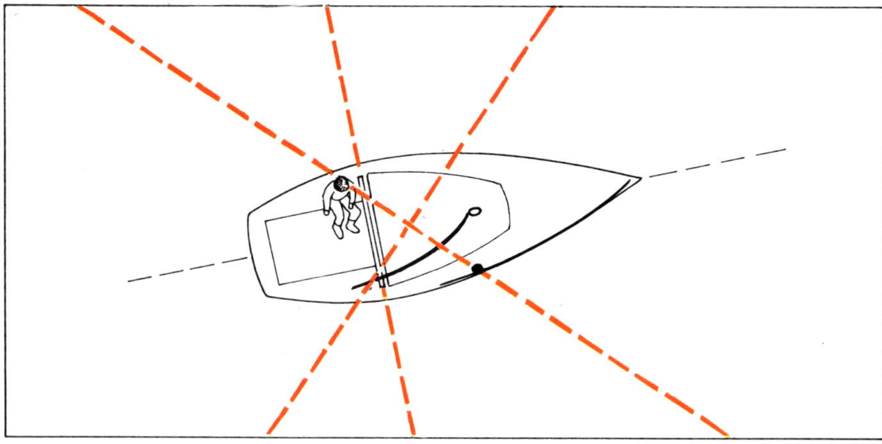

3.13

Tidenkalender und Seehandbücher. Kennzeichne die in Frage kommenden Seiten vorher und lege die Bücher an einen sicheren Platz. Eine viereckige, tiefe Plastikpütz, unten gut befestigt, ist ein gutes Behältnis.
Peilstreifen an Deck (3.13 und 3.14). Markiere an Deck auf beiden Seiten einen Streifen querab und zwei Streifen im Winkel von 45° nach vorn und achtern. Die Erfahrung wird dir zeigen, wann du wenden mußt, um eine Tonne anzuliegen (Peilung querab), wann du wenden kannst, um ein Boot in Luv zu passieren (achtere Peilung), und wann du vor einem Boot auf entgegengesetztem Bug passieren kannst (vorliche Peilung).

Die tatsächlichen Winkel werden bei unterschiedlichen Bedingungen abweichen, aber die Peilstreifen sind eine gute Ausgangsbasis. Wenn du keine Streifen auf Deck malen willst, kann die Großschotführung als Querabpeilung dienen, und eine Leewinsch oder ein Want können die beiden anderen Linien ersetzen. Wie man diese Ausrüstung benutzt, wird deutlich, wenn wir uns mit Taktik und Rennen im Detail befassen.

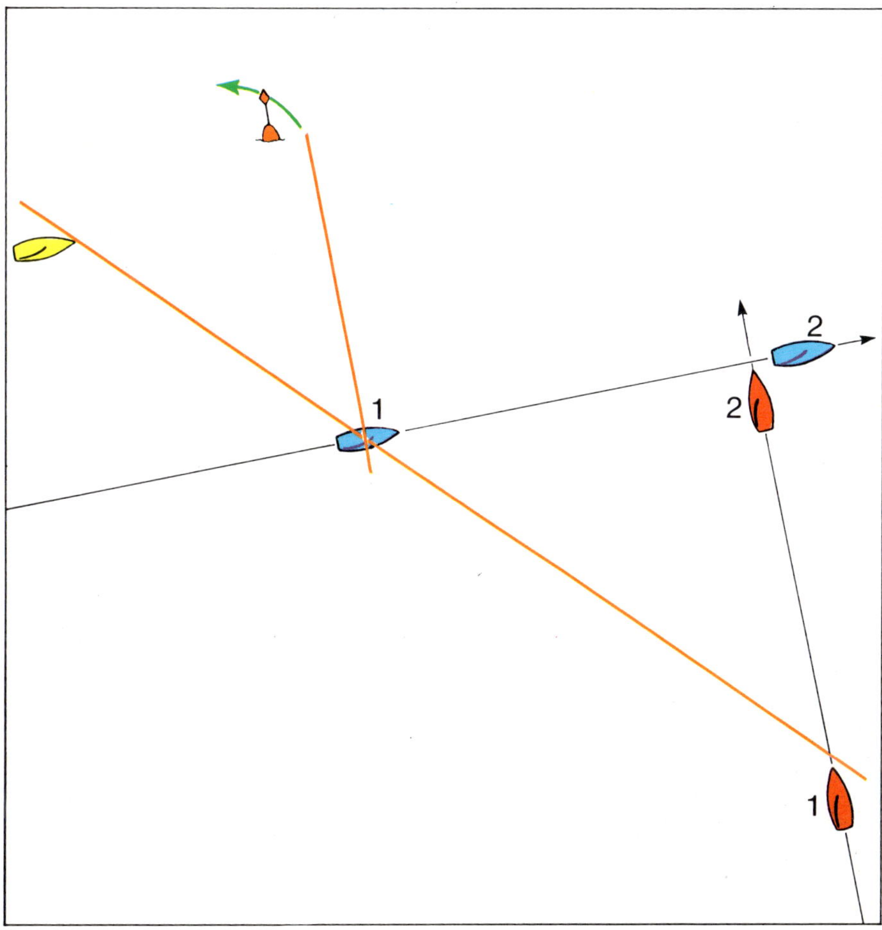

3.14

Kapitel 4

Wetter, Wind, Wellen und Strom

Manchmal kommt es vor, daß die Bootsgeschwindigkeit ausreicht, um eine Wettfahrt zu gewinnen. Selbst in Einheitsklassen ist es möglich, das Boot soweit zu trimmen und vorzubereiten, daß es unter einigen Bedingungen einen Bruchteil schneller gesegelt werden kann als die anderen. Mit einem guten Start und stetigem Wind muß dieses Boot gewinnen.

Aber so etwas geschieht nicht allzu oft. Der Wind ist selten gleichmäßig, und häufig gewinnt ein deutlich schnelleres Boot nicht. Manchmal siegt ein sehr langsames Boot. Bei Handicap-Regatten sieht man bisweilen ein kleineres Boot gleichauf mit den größeren, schnelleren, führenden Yachten. Woran liegt das? Ist es Glück?

4.1

Abgesehen von besserem Riß, besserem Trimm und besserer Handhabung kann die Ursache auch in besserer Strategie, besserer Taktik und der Art der Vorbereitung liegen, die den Zufall so weit wie möglich ausschließt.

Wetter-Informationen

Nachdem alle Vorbereitungen, die Vermessung und das Regelstudium erledigt sind, sind wir am Ende doch den Unwägbarkeiten des Windes ausgesetzt, der unsere Boote über die Bahn treibt *(4.1)*.

Der Wetterbericht sollte daher nicht außer acht gelassen werden. Man betrachte ihn als das, was er ist: eine Gesamtübersicht über das Großraumwetter für das ganze Land. Das örtliche Wetter mag ganz davon abweichen, vor allem was die Windgeschwindigkeit und -richtung angeht, aber das heißt noch lange nicht, daß du den Wetterbericht ignorieren solltest.

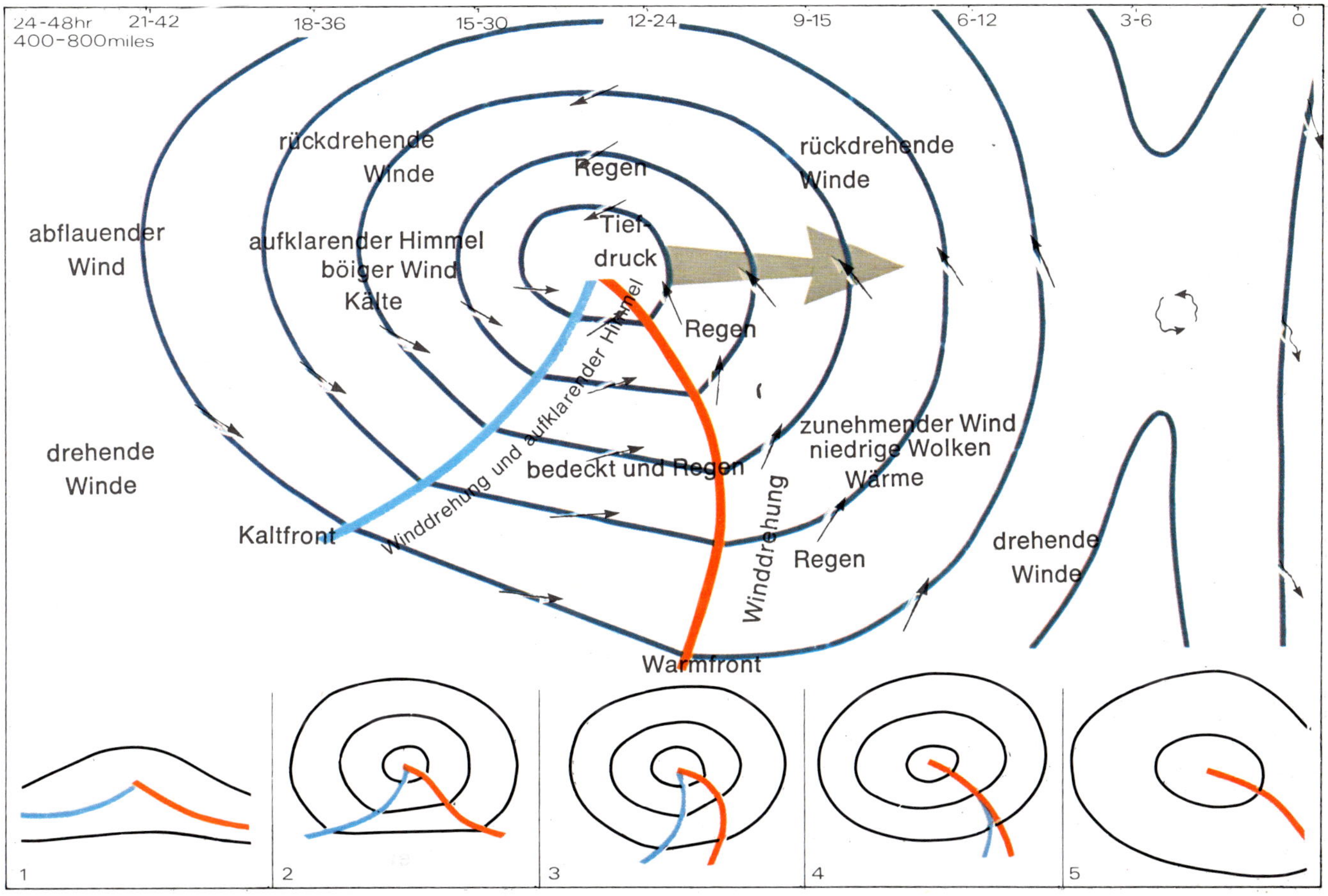

4.2 Ein typisches Tiefdrucksystem auf der Nordhalbkugel:
1 Das System beginnt als abgeflachte Kräuselwelle.
2 In der Weiterentwicklung vertieft es sich.
3 Stadium der höchsten Intensität.
4 Das System beginnt sich aufzufüllen.
5 Die Okklusion (Vereinigung von Warm- und Kaltfront) ist nahezu vollendet.

Folgende Informationen solltest du dir aus der Wettervorhersage sowie vom örtlichen Wetteramt oder einem Flugplatz beschaffen:

1. Die allgemeine Wetterlage, zum Beispiel das Vorhandensein eines stationären Hochdrucksystems oder eines sich nähernden Tiefs, südlich oder nördlich vorbeiziehend, auffüllend oder vertiefend.
2. Das Herannahen von Warm- oder Kaltfronten und ihre Ankunftszeit an deinem Standort.
3. Der erwartete Gradientwind des großen Wettersystems im Gegensatz zum durch lokale Erwärmung hervorgerufenen Wind.
4. Erwartete Winddrehungen.
5. Muß mit Gewittern gerechnet werden?
6. Sind die Isobaren auf der Seite konkav gebogen, die dem Hoch gegenüberliegt, oder auf der Seite gegenüber dem Tief? Diese Information ist wesentlich für das Segeln an der Küste, denn im ersteren Fall ist der Himmel dunstig oder

4.3 Die Kante einer herannahenden Warmfront schiebt sich über die Cumuli der Seebrise, die abflauen wird, wenn die Sonne verdeckt ist.

4.4 Die typischen unstabilen Wolken nach einer Kaltfront. Gewitterkerne bauen sich auf.

überwiegend klar; im zweiten Fall ist er bewölkt oder bedeckt. Die Intensität der Sonneneinstrahlung wirkt sich stark auf den lokalen Wind aus.

Abschließend sei erwähnt, daß die Beaufort-Windstärke, wie sie im Wetterbericht angegeben wird, einer *Durchschnittsgeschwindigkeit* entspricht. Es ist vollkommen verkehrt und technisch sinnlos, zu sagen: „Böen bis Stärke 6." Segler interpretieren den Wetterbericht in diesem Sinne oft falsch. Windböen hängen von der Art der Luftströmung und anderen Gegebenheiten wie Gewittern ab. Böen können manchmal die mittlere Windgeschwindigkeit verdoppeln (und Flautenlöcher können sie halbieren). Daher sollte die wahrscheinliche Böenstärke zu der vorhergesagten durchschnittlichen Windstärke *addiert* werden.

Anhand dieser Informationen muß man jetzt selbst den Himmel beobachten und vielleicht auch noch den Rat von Einheimischen einholen. Aus deiner eigenen Kenntnis oder aus Büchern über Wetterkunde solltest du wissen, wie der Wind um ein Tief zirkuliert. Wir geben hier eine kurze Zusammenfassung (*4.2*). Wie der Himmel aussehen kann, veranschaulichen die Bilder *4.3, 4.4, 5.2, 5.4. Um die Lage niedrigen Drucks und somit das Zentrum des Tiefs zu ermitteln, stelle man sich mit dem Rücken zum Wind (auf der südlichen Halbkugel mit dem Gesicht). Das Tief* ist dann auf der *linken* Seite.

Der Wind an der Vorderseite einer Front neigt bei bedecktem Himmel zur Stetigkeit. Während der Himmel nach Durchzug einer Kaltfront aufklart, ist es häufig sehr böig. Der Wind von See ist meist beständig, der von Land böig. Bei gewittrigen Lagen achte auf die Sturmzentren. Der Wind kann in ihrer Nähe sehr heftig sein, obwohl ihre Richtung oft vorhersagbar ist.

Es zahlt sich fast immer aus, bei leichtem Wind die richtigen Segel oben zu haben und Böen auszureiten. Wenn der Zeitplan und die Bootsgröße es erlauben, können Extrasegel gesetzt und das Rigg so oft wie nötig geändert werden. Aber das ist in kleinen Booten selten möglich. Flache Segel sind bei leichtem Wind echte „Regattaverlierer", wohingegen die Technik, volle Segel auch vorübergehend in Böen zu fahren, gelernt werden kann.

Örtliche Auswirkungen des Windes

Nachdem du die Grundzüge des allgemeinen Wetters erarbeitet hast, mußt du die örtliche Topographie studieren und beide miteinander in Beziehung bringen. An diesem Punkt müssen wir uns wieder der Karte zuwenden und über Seebrisen und andere thermische Wind nachdenken.

Die Grundregel lautet: Über einer erwärmten Oberfläche steigt die Luft auf. Diese Luft muß durch neue Luft ersetzt werden, die von der Seite her nachströmt. Diese neue Luft stammt von einer kühleren Oberfläche, wird erwärmt und steigt auf. Dieser Vorgang wiederholt sich ständig *(4.5)*.

Die zweite Grundregel: Land erwärmt sich schneller und kühlt auch schneller ab als Wasser. Daher ist das Land nachts gewöhnlich kälter als Wasser, da es die Wärme schneller verliert, und es ist tagsüber wärmer durch die Einstrahlung der Sonne *(4.6)*.

Drittens: Land, das zur Sonne hin ansteigt, erwärmt sich schneller als solches, das abfällt. Daher sind thermische Winde an Südküsten (Nordhalbkugel) und an der Nordseite von Seen in einer Berg- oder Hügellandschaft stärker und beginnen früher *(4.7)*.

4.5 ▲

4.6 ▲

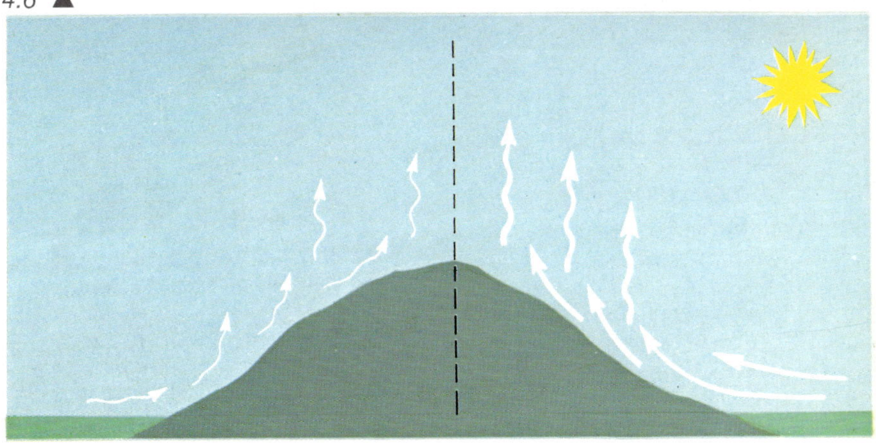

4.7 ►

▲ 4.8

Seewind
Der Seewind tritt mehr oder weniger an nahezu jeder Küste auf.

Seine charakteristischen Merkmale:

- Er bevorzugt eine Küste mit einem flachen Hinterland.
- Er mag es nicht, Hügelketten zu überqueren. Deshalb preßt er sich immer durch selbst engste Lükken (Seewindfenster).
- Er ist stärker an nach Süden weisenden Küsten (Nordhalbkugel).
- An ostwärts gerichteten Küsten beginnt er früher zu wehen, zuletzt an Westküsten.
- Er kann bis zu 90° von seiner Grundrichtung abgelenkt werden durch ein Flußtal, Flußmündungen, Inseln, Buchten usw.
- Seine Richtung wird durch die Erdrotation praktisch nicht beeinflußt.
- Er überlagert den vorherrschenden Gradientwind und kann oft zu einer Verminderung der Stärke eines stärkeren vorherrschenden Windes führen, wenn er diesem entgegensteht, oder zu dessen Richtungsänderung.
- Er ist schwach oder nicht existent bei kaltem Wetter und am stärksten im Sommer. An heißen Tagen kann er nicht durchkommen, wenn eine Temperatur-Umkehrung (Inversion) besteht. (Man frage den örtlichen Wetterdienst.)

Der Seewind tritt im Strandbereich auf, und in seiner einfachsten und klarsten Form (d. h. ohne Gradientwind) wirkt er dem leichten nächtlichen Landwind entgegen (dieser wird thermisch hervorgerufen dadurch, daß das Land nachts kühler ist als die See) und läßt ihn gegen Morgen zu einem launenhaften Lüftchen einschlafen. Der Seewind nimmt nun an Stärke zu *(4.8)*, erreicht am Frühnachmittag sein Maximum und schläft dann wieder ein, manchmal ganz plötzlich.

Es ist wichtig, sich ein genaues Bild von dem zu machen, was geschieht *(4.9)*, denn Regatten finden häufig im Bereich des Seewindes statt, und die Auswirkungen können drastisch sein. Ich war einmal Taktiker auf einer Yacht in einer Weltmeisterschaftsregatta, die wir schließlich mit weniger als drei Punkten Vorsprung gewannen. Dabei hatten wir im letzten Stadium einer der Wettfahrten acht Punkte gewonnen, weil wir genau das bevorstehende Einschlafen des Seewindes erkannt und geeignete Gegenmaßnahmen ergriffen hatten.

In diesem besonders ausgeprägten Beispiel hatte das weitreichende Folgen. Gleichartige Manöver kommen auf weniger dramatische Weise bei Rennen ständig vor. Die Ursachen dafür werden oft gar nicht bemerkt und auf das Konto „Glück“ gebucht. Die Erfahrung zeigt jedoch, daß einige Leute immer Glück haben.

Bei der klassischen Seewindlage steigt die erwärmte Luft über dem Land auf und wird durch kühlere Luft von See ersetzt, die sich über Land erwärmt und wieder aufsteigt.

4.9 ▼

4.10 Seewind-Cumuli beginnen sich zu bilden.

Die aufgestiegene Luft trifft in höheren Schichten auf die vorherrschende oder die Nachbrise, wird seewärts gelenkt, wo sie wieder abkühlt und zur Wasseroberfläche absinkt. Der ganze Vorgang wiederholt sich ständig *(4.9 oben)*.

Wo die absinkende Luft die Wasseroberfläche erreicht, ist eine windstille Zone, verursacht durch Divergenz der Luft. Der Seebrisenanteil fließt landwärts, der Gradientwindanteil *(A)* seewärts. Dort, wo der erwärmte Seewind über Land aufsteigt, liegt auch eine Kalmenzone, oft gut an einer Linie dicht beieinander liegender Cumuli in etwa gleichem Küstenabstand zu erkennen: der Seebrisenfront *(B)*.

Je stärker das Land erwärmt wird, um so größere Mengen Luft steigen auf und müssen von See her nachfließen; sie werden von weiter draußen auf See angezogen und fließen immer schneller heran. Die windstille Zone auf See liegt zwei bis zehn Meilen weit vor der Küste, und die Seebrisenfront kann an einem guten Seebrisentag bis zu 65 km weit binnenlands liegen *(4.9 unten)*.

Regatten finden häufig innerhalb eines schmalen Seestreifens unter der Küste statt, und auch Seen und Flußmündungen, auf denen gesegelt wird, befinden sich oft innerhalb des Seewindbereichs – eventuell in Nähe des seewärtigen Kalmengürtels. Es ist schon wesentlich, zu wissen, ob der Wind einschlafen oder um 180° drehen wird oder ob er innerhalb

4.11 Die Seebrise steht unmittelbar bevor.

4.12 Seebrisen-Kombinationen (siehe nächste Seite).

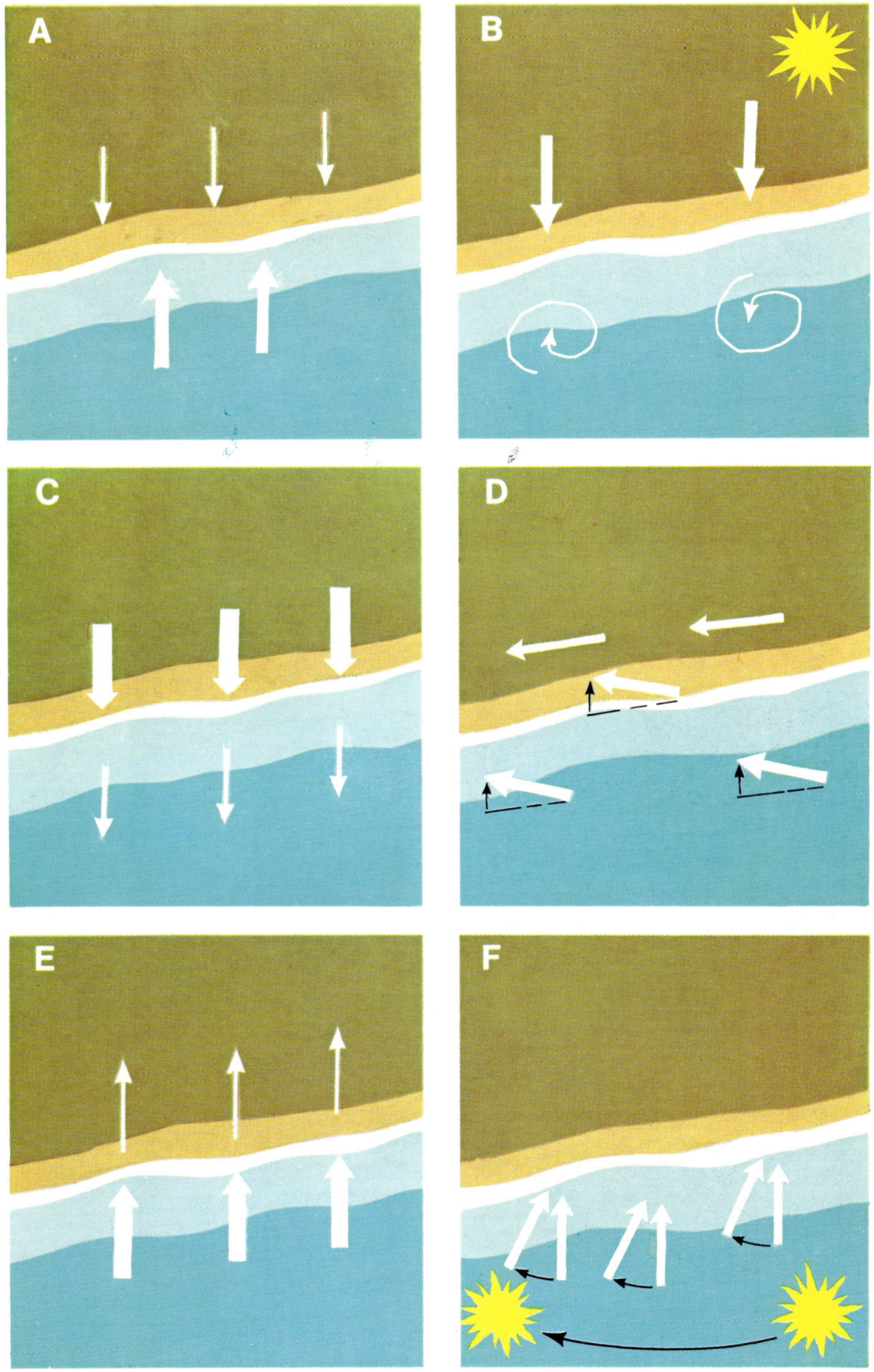

der nächsten Stunde von Stärke 1 bis Stärke 4 aufbrisen wird – alles typische Merkmale für Seewind-Bedingungen. Anzeichen von Seewind sind ein klarer Morgenhimmel über dem Küstenbereich, so daß die Sonne das Land erwärmen kann, sich entwikkelnde Cumuli im Verlauf des Tages (die anzeigen, daß Luft aufsteigt), ein klarer Himmel über See in der Küstenzone, was bedeutet, daß Luft absinkt *(4.10 u. 4.11)*. Oftmals ziehen Cumuli mit dem ablandigen Gradientwind in großer Höhe seewärts, um sich dann schließlich über See aufzulösen.

Man beachte, daß die Cumulus-Bewölkung über Land von See aus gesehen sehr dicht erscheint, obwohl sie gewöhnlich sehr große Lücken aufweist, durch die die Sonne das Land aufheizt. Höhere Bewölkung, die oft einer Front vorausgeht *(4.3)*, oder Schichtwolken in jeder Art und jeder Höhe *(5.2)* verhindern im allgemeinen die Entstehung von Seewind.

Man beachte ebenfalls, daß der Seewindeffekt sich nicht immer in dieser klassischen Form zeigt. Weniger leicht zu erkennen und weniger auffällig, aber aus eben diesem Grund genauso wichtig ist, wie die Kombination von Seewind und Gradientwind wirkt *(4.12)*.

Es bedarf nur genügender Sonne, um die Küstenzone zu erwärmen; klarer Himmel mit der Neigung zu Cumuli herrscht. Daraus kann man schließen, daß Seewind aufkommen wird. Wenn der Gradientwind etwas stärker ist als die thermisch induzierte Nachtbrise, dann wird der Seewind ihn allmählich mit der Zunahme seiner Stärke modifizieren.

Man achte daher auf die folgenden Anzeichen *(4.12):*

A Die leichte Landbrise flaut ab und wird während des Morgens durch den Seewind ersetzt (klassischer Fall).

B Mäßiger Landwind flaut ab, wird unstet mit Drehungen um 180° und kommt am späten Nachmittag wieder.

C Frischer Landwind schwächt sich während des Tages ab und kehrt in voller Stärke am Abend zurück (s. Mistral im Golfe du Lion).

D Der parallel zur Küste wehende Wind dreht im Verlauf des Tages allmählich gegen Land. Vorherrschend östliche Winde neigen dazu, sich abzuschwächen, westliche dagegen nehmen zu. Das gilt sowohl auf der nördlichen als auch auf der südlichen Halbkugel.

E Auflandiger Wind nimmt im Verlauf des Tages zu.

F Wenn der Gradientwind vom Seewind beeinflußt wird, tendiert er dazu, während des Tages mit der Sonne zu drehen. Daher zahlt es sich besonders an einer Südküste (auf der Südhalbkugel Nordküste) aus, an der Kreuz die Steuerbordseite zu benutzen.

▲ *4.13*

▲ *4.14*

Wind im Landesinnern

Sehr große Seen können thermische Windeinflüsse ähnlich denen des Seewindes aufweisen. Dabei wird der Wind während des Tages von dem wärmeren Land angezogen und ständig durch die nachrückende Luft über der Mitte des Sees aufgefüllt. Sichtbare Anzeichen sind ein klarer Himmel über dem See (absinkende Kaltluft *4.13 A)* und Cumuli über dem Land (aufsteigende Warmluft *4.13 B).*

Auf kleineren Seen zahlt es sich häufig aus, sich von der Mitte freizuhalten, obgleich die topographischen Gegebenheiten einen viel größeren Einfluß auf die Thermik haben. So erzeugt zum Beispiel ein See mit einer bergigen Nordküste in der Regel aufsteigende Luftströmungen *(4.14 A)*, wenn die Sonne die Berghänge erwärmt. Wenn die Südküste verhältnismäßig flach ist, wird der Luftstrom von dort kommen und sich zu einem starken Südwind steigern *(4.14 B).*

Genau wie beim Seewind auch können die Auswirkungen der lokalen Erwärmung den vorherrschenden Gradientwind völlig überlagern. Die Thermik an einer Bergseite, die der Sonne voll ausgesetzt ist, kann sehr ausgeprägt sein, und wenn sie mit nahen Abhängen in tiefen Schatten verbunden ist, kann sie zu sehr starken Winden führen – aufsteigenden, die die erwärmten Abhänge hinaufwehen, und abfallenden, die die kalten Hänge herunterpusten.

4.15 ▶

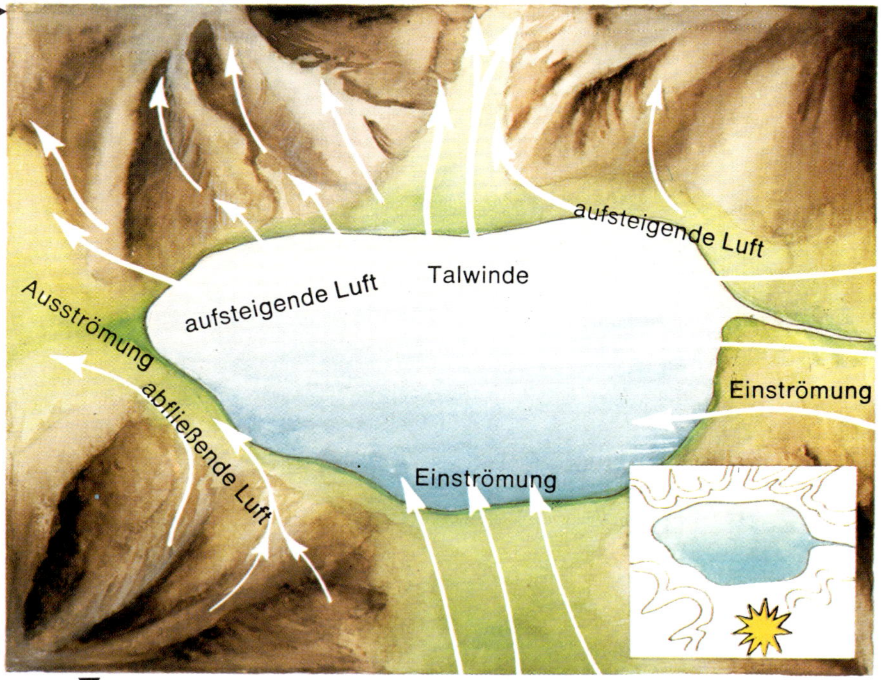

Die örtliche Topographie

Kehren wir zu der Land- oder Seekarte des betreffenden Gebietes zurück. Zunächst tragen wir die Hauptgegebenheiten ein, die den Wind thermisch beeinflussen können. Man notiere die Bahnen, die der Wind einschlagen wird. Der Wind ist faul und nimmt immer den einfachsten Weg. Lücken in Hügelketten um kleine Seen können die Ein- oder Auslässe sein sowohl für Gradientals auch thermisch beeinflußten Wind. Wir dürfen vor allem nicht vergessen, daß sonnige Hänge aufsteigende Luft erzeugen, schattige Hänge abfließende, und daß daraus resultierende Winde häufig recht heftig sein können *(4.15)*.

Seen oder Teiche mit niedrigen oder flachen Küsten beeinflussen den vorherrschenden Wind kaum oder gar nicht, wenn sie nahe der Küste in der Wirkung des Seewindes liegen. Man muß auch Windhindernisse berücksichtigen. Die auffälligen wie Gebäude und Bäume ebenso wie die weniger auffälligen wellenartigen Landformen, die den See umgeben. Der Wind zieht es vor, einer niedrig liegenden Bahn zu folgen, und er ist daher gewöhnlich dort stärker, wo die Küste am niedrigsten ist. Aus dieser Ecke bläst er dann fächerförmig heraus oder läuft hier zusammen, je nach der herrschenden Richtung *(4.16)*.

4.16 ▼

4.17

Feste Hindernisse wie Gebäude erzeugen in Lee erhebliche Turbulenzen und durch Lücken recht heftige Böen *(4.17)*. Dagegen schwächen Bäume den Wind ab, und manchmal geht sogar mehr Luft im Bereich der Stämme hindurch. Daher kann es durchaus von Vorteil sein, dicht unter einer mit Bäumen bestandenen Luvküste zu segeln als weiter draußen, wo es mehr Turbulenzen durch die buschigen Baumkronen gibt.

Man beachte auch, daß der Wind aufsteigen muß, um ein Hindernis an der Leeseite der Bahn zu überwinden. Unmittelbar vor dem Hindernis entsteht dadurch eine tote Zone *(4.18)*.

4.18

Entsprechendes muß man an offenen Küsten feststellen, wo Flußtäler in die See münden. Entweder bläst der Wind dort hinein, oder er fächert heraus. Auch steigt der Wind hoch, bevor er auf ein Kliff trifft und eine windstille Zone anstaut *(4.19)*. Wenn er parallel zur Küste weht, muß man darauf gefaßt sein, daß er an Vorgebirgen zunimmt, während er in Buchten schwächer wird, oft sogar von Drehungen begleitet *(4.20)*.

Parallel zu einer langen, hohen Küste weht gemeinhin stärkerer Wind, aber man muß achtgeben auf heftige Fallwinde, die aus Schluchten, über Kliffs oder durch dunkle Täler kommen. Im allgemeinen kann ein gebirgiges Hinterland starke Fallwinde auf breiter Ebene hervorbringen, wie den Mistral, die Bora oder den Tramontana im Mittelmeer. Die Stärke von Seewinden läßt oftmals tagsüber nach, aber sie können zugleich das

4.19

4.20 ▶

Wetter für mehrere Tage beherrschen.

Eine weitere bemerkenswerte Erscheinung ist die Windablenkung über einer Küste. Gewöhnlich kreuzt der Windstrom die Küste im rechten Winkel. Diese Tatsache läßt sich taktisch ausnutzen, wie wir später zeigen werden *(4.21).*

Lokale Strömungen
Der andere Haupteinfluß auf die Regattastrategie ist der Strom. Selbst in Gebieten, wo angeblich kein Strom vorhanden ist, gibt es oft in den oberen Wasserschichten eine Windströmung, die beträchtlich sein kann. Auf See oder in Gezeitenmündungen kann der Strom häufig über Sieg oder Niederlage entscheiden. Man sollte sich daher unbedingt damit beschäftigen.

Zurück zur Karte, um zu sehen, was man lernen kann. Seekarten und Seehandbücher enthalten oft Tideninformationen, die an bestimmten Punkten mit Richtung und Stärke für jede Stunde eingetragen sind. Die höchsten Werte bei Nipp- und Springtide sind ebenfalls angegeben *(4.22).*

Die Segelanweisungen sollten die Zeiten des Hochwassers auch enthalten. Wenn dem nicht so ist, kann man sie aus dem Tidenkalender, vom Hafenmeister, von der örtlichen Radiostation oder aus der Zeitung erfahren. Aus einem Stromatlas sind Richtung und Stärke der Gezeitenströme zu Spring- und Nippzeiten an ausgewählten Revieren ersichtlich. Sie sind dargestellt als Strompfeile

▲ 4.21

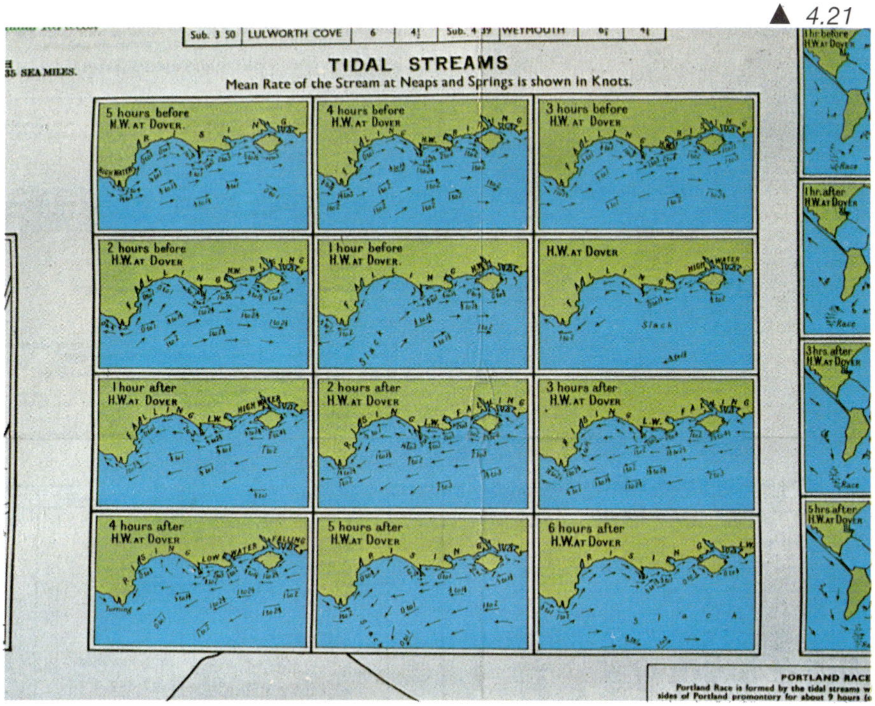

4.22 ▶

Tidal Streams referred to HW at PORTSMOUTH

Hours		Geographical Position	P 50°38'·0N 0 54·5W			Q 50°44'·1N 0 53·2W			R 50°33'·4N 0 51·7W			S 50°41'·4N 0 48·2W		
			Directions of streams (degrees)	Rates at spring tides (knots)	Rates at neap tides (knots)	Directions of streams (degrees)	Rates at spring tides (knots)	Rates at neap tides (knots)	Directions of streams (degrees)	Rates at spring tides (knots)	Rates at neap tides (knots)	Directions of streams (degrees)	Rates at spring tides (knots)	Rates at neap tides (knots)
Before High Water	6		081	1·1	0·6	090	0·4	0·2	070	0·5	0·3	093	1·7	0·8
	5		082	1·9	1·0	096	0·8	0·4	078	2·2	1·2	095	2·4	1·2
	4		084	2·2	1·1	095	0·9	0·4	076	2·6	1·5	099	2·4	1·2
	3		072	1·9	1·0	093	0·6	0·3	074	2·4	1·4	101	1·8	0·9
	2		060	1·3	0·6		0	0	072	1·7	0·9	108	0·7	0·4
	1		030	0·3	0·1	298	0·4	0·2	068	0·5	0·3	276	0·8	0·4
High Water			271	1·0	0·5	290	0·8	0·4	245	0·7	0·4	279	2·2	1·1
After High Water	1		266	2·1	1·1	283	1·0	0·5	259	2·1	1·2	279	2·5	1·3
	2		257	2·0	1·0	272	0·9	0·4	252	2·4	1·3	276	2·0	1·0
	3		246	1·7	0·8	246	0·5	0·2	247	2·0	1·2	273	1·3	0·7
	4		241	1·3	0·6	190	0·3	0·1	248	1·6	0·9	271	0·5	0·2
	5		239	0·5	0·3		0	0	269	0·8	0·4	091	0·5	0·2
	6		078	0·7	0·3	092	0·3	0·2	345	0·2	0·1	092	1·4	0·7

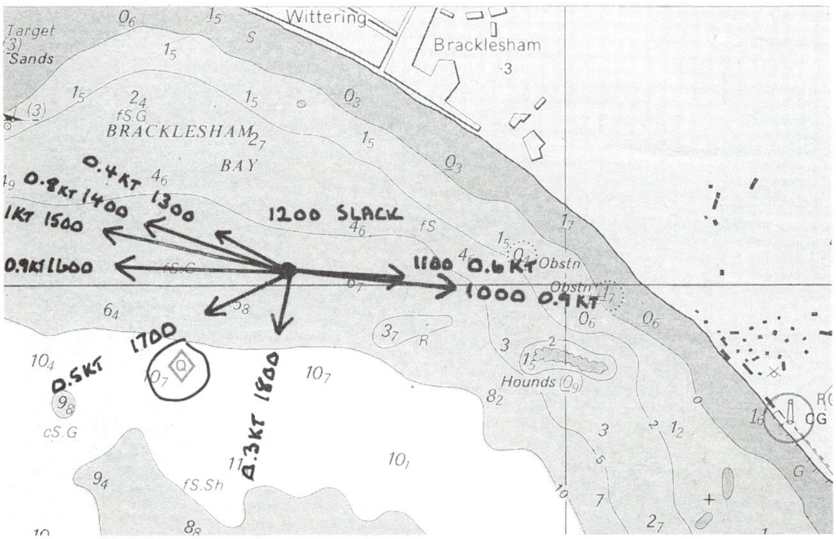

4.23 Die Gezeitentafel gibt den Strom, gemessen an einem bestimmten Punkt zu bestimmten Zeiten, nach Richtung und Geschwindigkeit wieder. Diese Werte werden dann in die Seekarte des Regattabootes eingetragen. Gezeitentafeln dieser Art bestehen nur für die englische Küste.

4.25

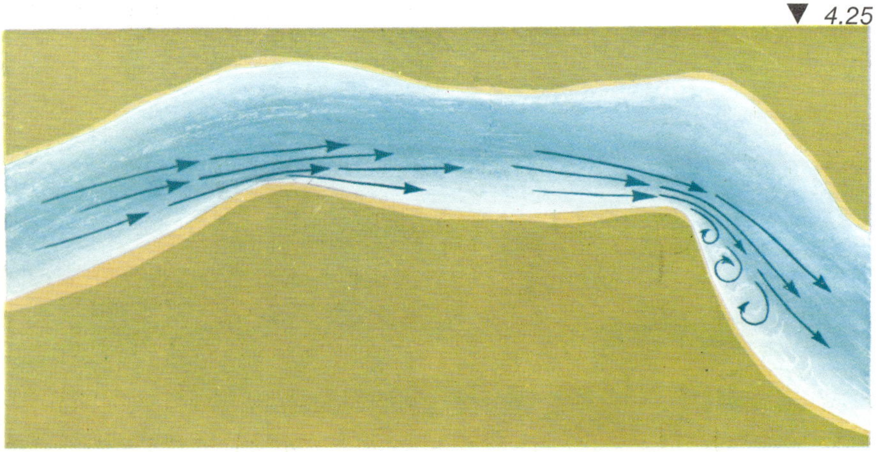

mit Geschwindigkeitsangabe in Knoten. Aus diesen Angaben ermittelt man dann Stromrichtung und -stärke und trägt sie in die Seekarte ein (*4.23*). Abgesehen davon, daß man dementsprechend den günstigsten Kurs festlegen kann, hat es auch Vorteile, wenn man sich zum Beispiel nachts einer Wendemarke nähert.

Für den Seesegler ist die Tideninformation ein normaler Bestandteil der Navigation und Schiffsführung. Aber der Jollensegler auf einem engen Kurs hat weder Zeit noch die Möglichkeit, diese Information an Bord zu verarbeiten. Er muß die Informationen also an Land studieren und die entscheidenden Punkte auf einer Notiztafel festhalten.

Man braucht Stärke und Richtung des Stromes zur Startzeit (und bis eine Stunde danach im Falle von Verzögerungen), den Zeitpunkt des Wechsels und die örtliche Beschaffenheit des Grundes, damit man den taktischen Einfluß herausarbeiten kann.

Der Strom nimmt in weit stärkerem Maße als der Wind den einfachsten Weg, aber er kommt nicht über ein Hindernis hinweg, das über die Wasseroberfläche herausragt. Das bedeutet, daß die Strömung abrupt abgeschnitten wird, wenn die Tide zum Beispiel eine Untiefe freigelegt hat, und sich in Stärke und Richtung ändert *(4.24)*.

Wenn der Strom gebogenen Rinnen folgt oder Vorgebirge umrundet, wird er radial nach außen gedrückt. Deshalb ist auf der Innenseite der Krümmung die Strömung schwächer. Wenn die Ecke, die Landzunge oder das Vorgebirge scharf und ausgeprägt sind, kann es auf der stromabgelegenen Seite einen entgegengesetzten Wirbel geben *(4.25)*. Es ist unerläßlich, aus solchen Gegebenheiten den höchstmöglichen Vorteil zu ziehen.

Wenn man die Strömungsmuster in die Seekarte einträgt, kann man sogleich sehen, wie der beste Kurs zu wählen ist.

See und Welle

Eine weitere örtliche Gegebenheit muß beachtet werden, bevor die endgültige Strategie für das Rennen beschlossen wird. See- und Wellenbedingungen können einen starken Einfluß auf die Bootsgeschwindigkeit haben.

Welche Wellen aufgrund ihrer Länge und Höhe am ungünstigsten zu durchsegeln sind, kann nur die Erfahrung mit dem eigenen Boot zeigen. Die hauptsächliche Schwierigkeit ergibt sich an der Kreuz, wenn das Boot in Resonanz zu einer bestimmten Wellenlänge stampft oder schlingert.

Grundsätzlich gilt folgendes:

- *In strömungsfreien Gewässern* sind die Wellen dort, wo es flach ist, kürzer und niedriger; wo es tief ist, länger und höher.
- *In Süßwasser* (dazu zählt auch die Ostsee) sind die Wellen steiler, und das Boot macht einen trä-

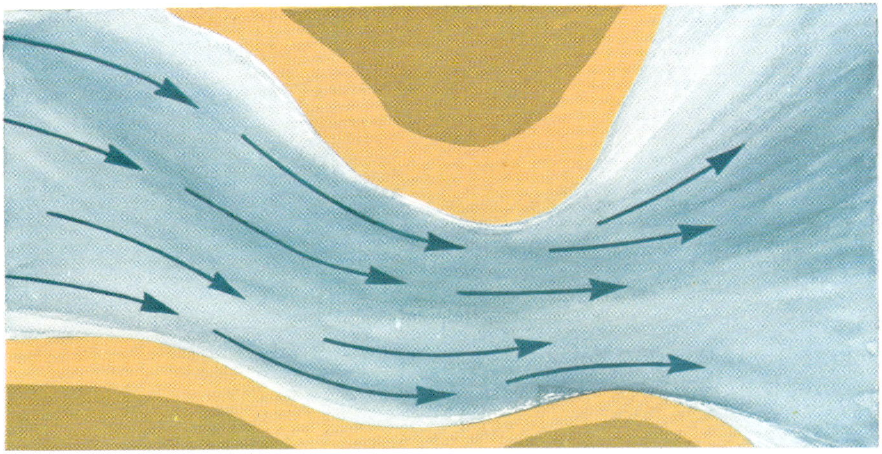

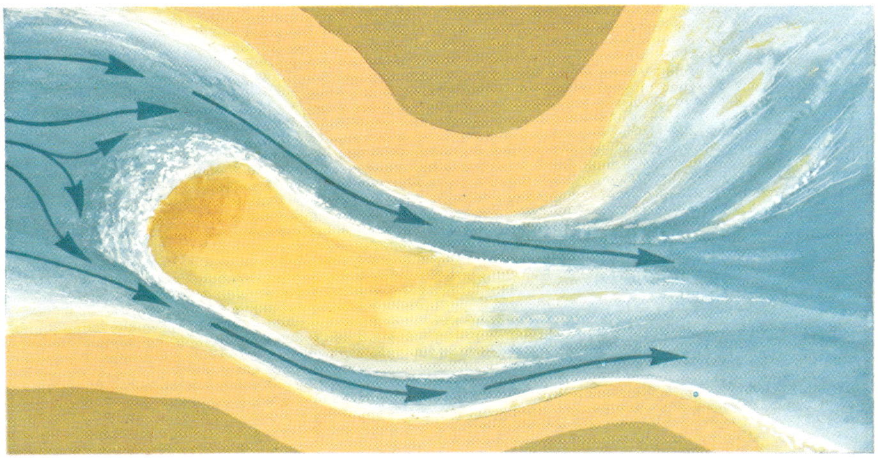

4.24 ▲

▼ 4.26

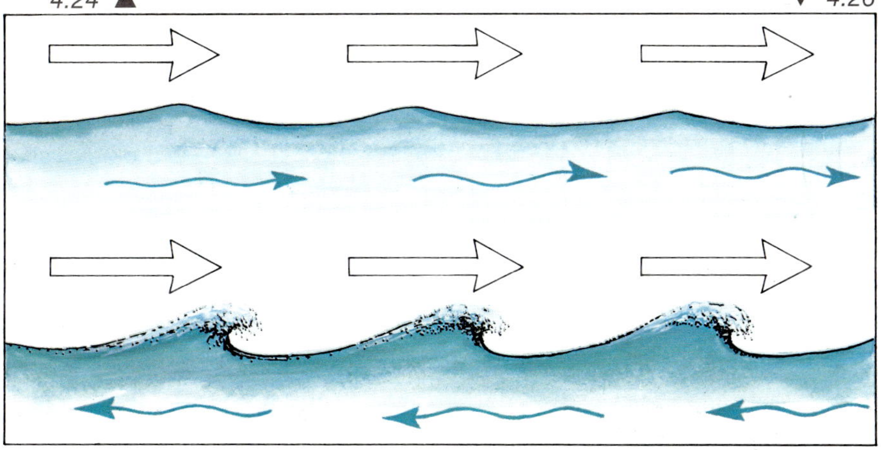

4.27 Das Flachwasser ist rechts, und der Strom läuft nach links.

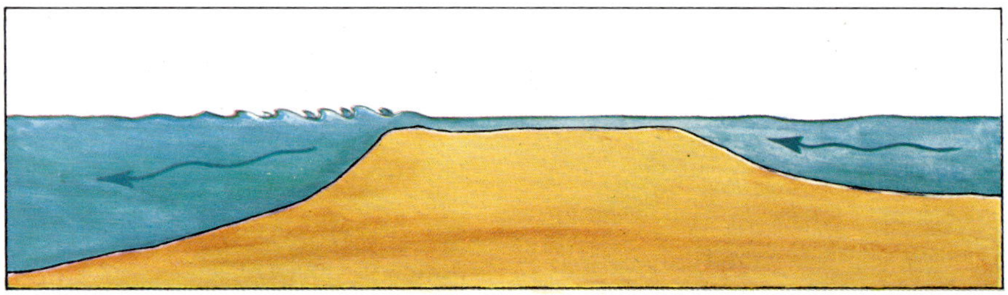

4.28

gen Eindruck, weil es in der wenig dichten Flüssigkeit mehr Tiefgang hat. Es kommt nicht so schnell ins Gleiten. Die Taktik muß entsprechend geändert werden.

- *In Strömungen,* die gegen den Wind laufen, ist die See steiler, kürzer, und die Wellen neigen leichter zum Brechen. Läuft die See mit dem Wind, ist sie länger, niedriger, runder *(4.26)*. Inmitten des Englischen Kanals zum Beispiel kann man oft die Richtung der Strömung durch Beobachtung der Wellen feststellen.
- *In Strömungen* sind Untiefen oder Hindernisse an kurzen, steil brechenden Wellen erkennbar, die in Strömungsrichtung die Untiefe hinunterschießen *(4.27)*. Oft befindet sich auf dem Rücken der Untiefe besonders glattes Wasser *(4.28)*.
- *Je stärker der Wind* ist und je länger er geweht hat, desto höher und länger sind die Wellen. Kommen sie auf geringere Wassertiefe, können sie sehr gefährlich brechen; es ist sehr schwierig, oft unmöglich, solche Grundsee zu durchsegeln.
- *In einer steifen Brise* mit langem Fetch (der Entfernung zur nächsten Luvküste) können Wellen schon bei Tiefen von 20 Metern sehr gefährlich brechen.

Die strategische Kursplanung sollte bekannte Gefahrenpunkte wie beim Portland Race im Ärmelkanal, die englischen und französischen Hochseeseglern wohlbekannt sind, mit berücksichtigen. Die Ankunftszeit sollte vorausberechnet und jede Aktion, sei es geradeaus durchsegeln oder einen Umweg machen, von vornherein mit in Betracht gezogen werden.

Auf kleinen Regattabahnen können Strom und Wellen an unterschiedlichen Stellen sehr unterschiedlich auftreten. Dementsprechend muß der beste Kurs innerhalb sehr enger Grenzen ausgewählt werden, was wiederum die Taktik der einzelnen Boote nachhaltig beeinflußt. Strom und Welle können auch als taktisches Mittel eingesetzt werden, indem man Konkurrenten mit Hilfe der Wegerechtsregeln in ungünstige Gebiete führt oder zwingt.

Kapitel 5

Die Taktik und der Wind

5.1 ▲ ▼ 5.3

5.2 ▲ ▼ 5.4

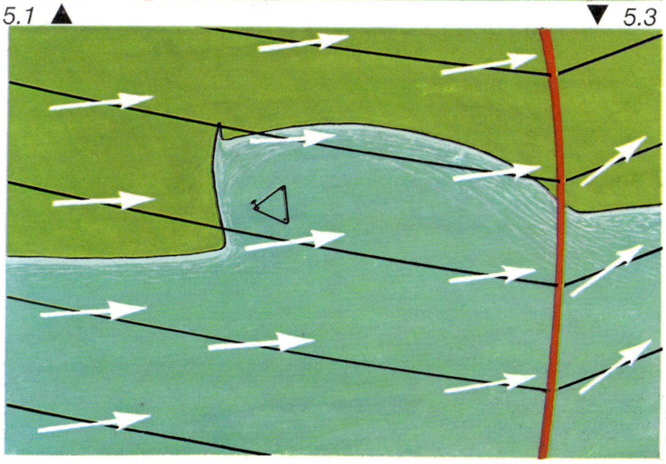

▲ 5.5 *Ein Seewindfenster.*

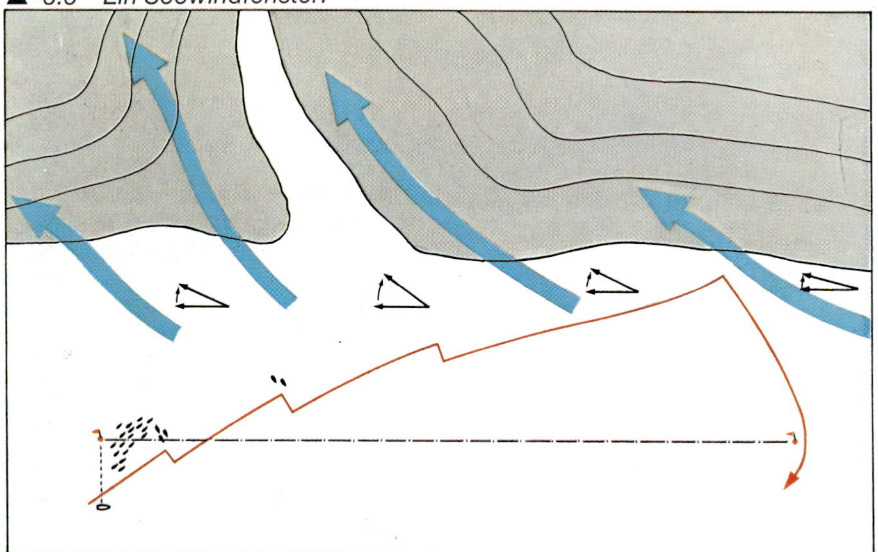

▲ 5.6

Anwendung der Wettervorhersage

Bevor man aufs Wasser geht, sollte man bedenken, daß man die verschiedenen Wetterbedingungen, mit denen man konfrontiert werden kann, kennen muß.

Zum Beispiel: Es nähert sich ein Tiefdruckgebiet, und du hast herausgefunden, daß die erste Warmfront voraussichtlich mitten in der Regatta eintreffen wird *(5.1)*. Du erwartest also niedrige Wolken und Regen mit zunehmendem Wind *(5.2)*. In der Vorhersage wird die *mittlere* Windgeschwindigkeit angegeben, aber auf See nahe der Küste sollte man sich auf mehr einstellen. Denke auch an ein Ausschießen des Windes (im Uhrzeigersinn), wenn erst die Warm- und dann die Kaltfront durchgeht *(5.3)*, obleich dies nicht immer so klar erkennbar ist (*5.4* nach einer Kaltfront).

Taktisch stellt man Mannschaft und Boot auf frischen Wind und Regen ein, aber der entscheidende Faktor ist der Ausschießer, aus dem du Nutzen zu ziehen gedenkst. Wenn man eine Seeregatta segelt, sollte man die erwartete neue Windrichtung aufzeichnen und ausrechnen, welche Position man zum Zeitpunkt ihres Eintreffens erreichen könnte, um schnellstens zur nächsten Tonne zu gelangen. Dann setzt man den Kurs ab, um diesem Punkt nahezukommen. Vielleicht aber auch würde man mit der avisierten Drehung über die Tonne hinaussegeln. In diesem Fall sollte man schon vor ihrem Eintreffen mit aufgefierten Schoten segeln.

◀ *5.7 Cumulus-Wolken bauen sich gegen das Gewitter auf.*

Auf einem kleinen Kurs im Küstenvorfeld muß man scharf Ausschau halten. Man kann nicht genau vorhersagen, wann der Wind dreht, ob man nun auf der Kreuz ist oder den Raumschenkeln oder gerade eine Tonne rundet. Eine genaue Beobachtung des Himmels und des Kompasses sind der einzige Schutz, und man sollte daher jeden Schenkel in Erwartung einer bevorstehenden Winddrehung angehen.

Ein anderes, noch verwickelteres Beispiel: Angesagt sind ein leichter Gradientwind und klarer Himmel. Es klingt nach einem guten Seewindtag, aber die Möglichkeit von Gewittern im Binnenland wurde ebenfalls vorhergesagt. Von deinem Studium der Topographie weißt du, daß es gegenüber der Regattabahn im Binnenland ein Seewindfenster gibt *(5.5)*. Du registrierst Anzeichen von sich bildenden Cumuli. Der Wind weht mit drei Windstärken parallel zur Küste. Du startest daher auf der seewärtigen Seite der Linie, so daß du dich in Luv des Fensters befindest, und wählst zunächst den Landschlag *(5.6)*. Der Seewindeffekt zieht den Gradientwind allmählich landeinwärts, und er ist in der Nähe des Strandes am stärksten. Zusätzlich wird er dich auf dem Landschlag mitfahren lassen. Sei auf kurze Störungen vor der Küste gefaßt und bleibe in Luv der anderen Boote, denn sie alle werden fortlaufend versetzt werden, wenn der Wind landwärts dreht.

Dies ist ein Beispiel, wie man zwei entgegengesetzte Grundzüge ausbalanciert – zunehmender Küstenwind begünstigt die Boote unter der Küste; ein raumender Wind auf dem Landschlag begünstigt die Luvboote.

Im Verlauf der Regatta beobachtest du, daß die Cumuli im Inland sich zu massiven Türmen mit dunklen Basen aufbauen *(5.7)*. Gewitter können den Seewind beeinflussen und, wenn sehr ausgeprägt, ihn völlig zum Erliegen bringen. Nicht nur das; es gibt einen kalten Ausläufer von den Gewitterwolken, der selbst den Gradientwind vollkommen umkehren kann.

Sei darauf gefaßt, daß der Wind in seine ursprüngliche Richtung zurückkehrt, möglicherweise mit plötzlichen Böen direkt von der Küste her. Vielleicht solltest du dann unter der Küste segeln, was allerdings Nerven kosten wird, und versuchen, den Rest der Flotte abzudecken.

Wolken und böiger Wind

Es gibt einige allgemeine Regeln über Wolken und Wetter, die man taktisch verwerten kann:

- Kleine Wolken bedeuten kleinere Winddrehungen und weniger heftige Böen.
- Große Wolken bedeuten große Winddrehungen und starke Böen.
- Niedrige Schichtwolken oder ein bedeckter Himmel bedeuten konstante Luftbewegungen mit wenigen Böen oder lokalen Schralern.

Cumuli zeigen, wo Luftsäulen mit aufsteigender Luft sind. Der Abzug von Luft an der Oberfläche muß ausgeglichen werden. Daher fließt Luft zwischen den Wolken wieder abwärts; stärker an der Vorderseite

▼ 5.8

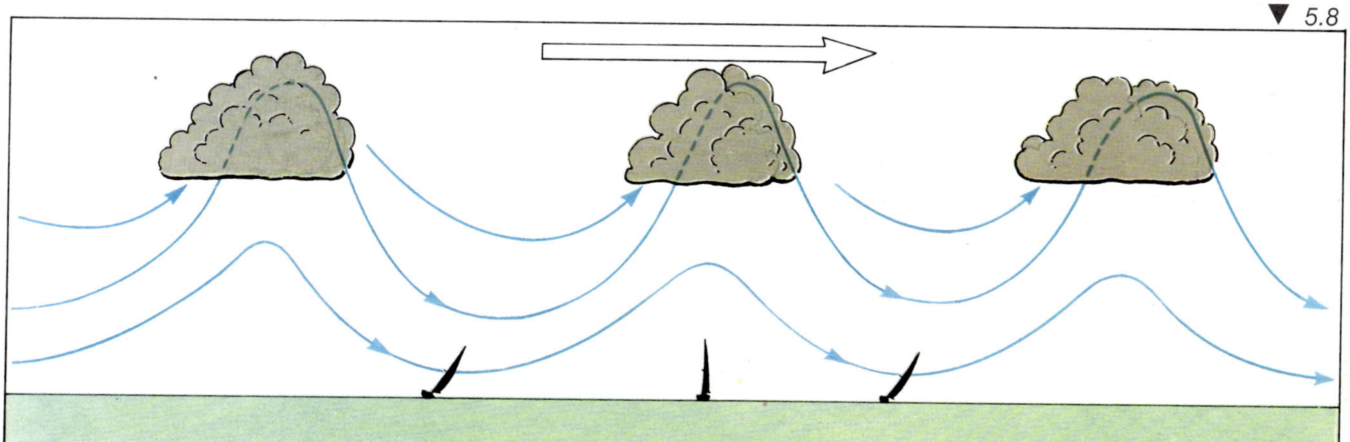

◀ 5.9 5.11 ▶

der ziehenden Wolken *(5.8)*. Bei einem wolkigen Himmel mit verbreitet Cumuli treten unter der Vorderseite der Wolken Böen heraus, die als rechtsdrehend (Nordhalbkugel) erkannt werden.

Die Rechtsdrehung mit der Bö ist über Land größer als über See, da sich die Oberflächenreibung des Landes stärker auf den Luftstrom auswirkt. Die höhere Luft weht nahezu parallel zu den Isobaren. An der Oberfläche jedoch lenkt der Reibungseffekt den Wind mehr zum Tief, weg vom Zentrum des Hochs *(5.9)*. Die Ablenkung beträgt in gemäßigten Zonen über See 10° und über Land 30°. Rund um das Tief dreht der Wind auf der Nordhalbkugel zurück, auf der Südhalbkugel dreht er rechts. Diese Tatsache eröffnet taktische Möglichkeiten, wenn man in der Nähe einer Küste segelt, über die der Gradientwind hinwegweht. Innerhalb der Küstenzone wird in jedem Fall eine Winddrehung bis zu 20° eintreten. Wenn diese Drehung auch noch mit dem steuernden Effekt des Windes in Flußmündungen oder in niedrigen Küstenregionen gekoppelt wird, kann die gesamte Winddrehung sich auf einem Teil der Bahn sehr erheblich auswirken *(5.10)*.

◀ 5.10 5.12 ▶

Analyse einer böigen Luftströmung

Wenn wir uns einen Ausschnitt einer Windströmung von der Seite ansehen könnten, würden wir erkennen, daß sich die Strömung mehr oder weniger turbulent bewegt. Die Oberflächenreibung verursacht in den niedrigen Schichten Verwirbelungen. Wenn dazu noch thermische Einflüsse auftreten, wenn zum Beispiel eine kalte Luftströmung kontinuierlich über warmem Wasser erwärmt wird, dann können die Luftschichten sehr turbulent werden. Diese Verwirbelung ist oft, aber nicht immer, gekennzeichnet durch Cumuli, wenn nämlich Blasen warmer Luft aufsteigen, um gleich darauf wieder abgekühlt niederzufallen *(5.11)*.

Wenn Luft aufsteigt und abkühlt, folgt sie der oberen Strömung und nimmt ihre Richtung und Geschwindigkeit an. Fällt sie wieder, behält sie diese bei und erreicht die Erdoberfläche als Rechtsdrehung (Nordhalbkugel).

Sie trifft auf die Oberfläche und zerstreut rasch ihre Energie, weil sie nach allen Seiten ausfächert und sich mit der unteren Luftschicht vermischt. Wenn sie ausfächert und langsamer wird, können lange Ausläufer für eine Weile weiterwirbeln. Für einen Beobachter an der Erdoberfläche sieht es dann aus wie eine gespreizte Hand, die in Fingerrichtung vorwärtsstößt *(5.12)*. Wenn die Bö nachläßt, kann man sich das so vorstellen, als wenn die Hand sich schließt, indem die Finger gefaltet werden. Die geballte Faust der Bö verlangsamt sich allmählich und löst sich auf, wenn die Hand schließlich parallel zum Oberflächenwind angelangt ist.

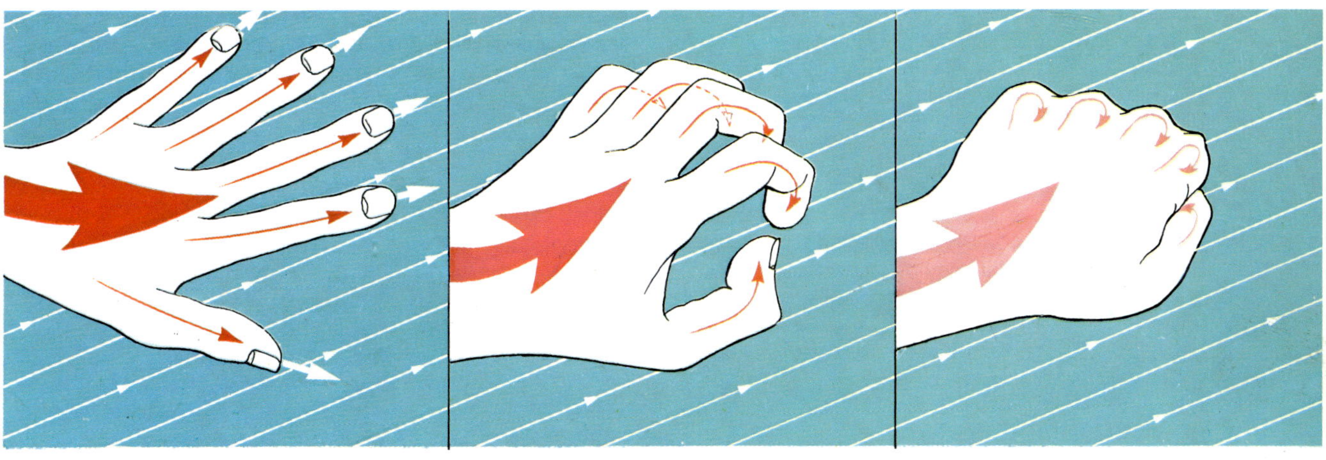

◀ 5.13

Der Steuermann muß sich taktisch nach Luv einstellen. Zunächst muß er auf Wolken achten, die in seinem Weg liegen oder auf die er zusegeln kann, wenn er wendet. Zweitens muß er herausfinden, auf welcher Seite der Wolkenvorderfront (und damit der Bö) sein Boot sich befinden wird *(5.13)*.

Wenn der Himmel wolkenlos ist oder alle halbe Minute kleine, unberechenbare Schraler aus dem Wind herausschießen, dann ist eine Vorausplanung unmöglich. Jede einzelne Bö muß dann, wenn sie sich als schwarzer Schatten auf dem Wasser ankündigt, ausgesegelt werden *(5.16)*.

Die Fragen lauten:
a) Erreicht mich der Schraler, oder löst er sich vorher auf?
b) Auf welcher Seite der Bö werde ich sein?

Mit dem Plan eines Standardmusters der auftretenden Böen im Kopf kann man dann festlegen, ob man weitersegelt oder, wenn nötig, wendet.

Im folgenden einige Regeln, wie man auf einzelne Böen reagieren kann (für die Südhalbkugel gelten die Ratschläge umgekehrt):

- Auf Bb-Bug raumt der Wind im allgemeinen, so daß man das Boot höherziehen oder die Schoten fieren kann. Das gilt für die linke Seite mehr als für die rechte *(5.14 A)*. Tatsächlich, und das rührt von der Fächerwirkung her, bleibt der Wind auf der rechten Seite konstant oder krimpt sogar ein wenig *(B)*, vor allem gegen Ende der Bö.

5.14 ▼

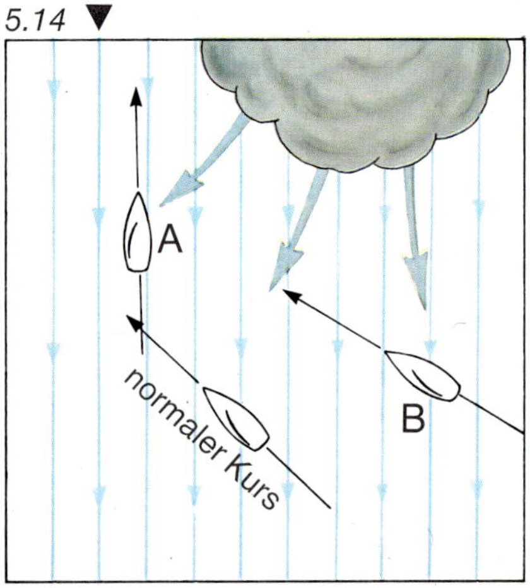

5.15 ▼

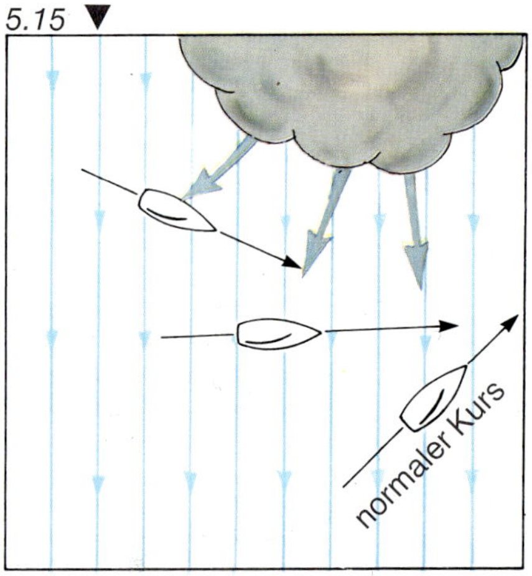

5.16 Eine sich nähernde Bö läßt sich leicht ausmachen. ▶

- Auf Stb-Bug geschieht dasselbe auf der linken Seite *(5.15).*
- Vor der eigentlichen Bö tritt oft eine „falsche" Bö auf. Einem plötzlichen scharfen Windstoß folgt zunächst ein Windloch und dann erst die Hauptbö. Während der falschen Bö kann der Wind vorübergehend *rückdrehen.* Man braucht sich aber nicht täuschen zu lassen, wenn man das Wasser beobachtet. Die Hauptbö zeigt sich weiterhin als dunkler Fleck in Luv, den man sogar in recht rauher See noch sehen kann *(5.16).*
- Nach der Bö folgt im allgemeinen ein Gebiet mit weniger Wind. Bei leichtem Wind zeigt sich das als ein „Loch", das man meiden sollte, denn unter diesen Bedingungen kann es ein großes Gebiet erfassen *(5.17).*

Taktisch gilt daher für ein einzelnes Boot:

- Auf Stb-Bug sollte das Boot wenden, wenn es sich auf der linken Seite oder im Zentrum der Bö befindet.
- Auf Bb-Bug sollte es wenden, wenn es auf der rechten Seite oder in das Loch im Rücken der Bö segelt.

Wenn andere Boote drumherum sind, kann die Kenntnis dieser Zusammenhänge ein Boot in die Lage versetzen, aus einer Abdekkung auszubrechen oder durch richtige Ausnutzung der Bootsgeschwindigkeit einen guten Vorsprung zu gewinnen.

5.17 ▶

5.18 *Eine Gewitterfront naht. Von allen Seiten wird Luft zum Sturmzentrum hin angezogen. Rund um die Vorderfront heftige Fallwinde mit Regen.*

Im Extremfall zeigt sich die Wirkung der Böen entweder bei ganz leichtem Wind unter Cumuli oder im Gewittersturm. In beiden Fällen sind die Änderungen von Windgeschwindigkeit und -richtung erheblich größer.

Bei Leichtwindbedingungen kann man oft Boote auf gleichem Bug an der Kreuz mit 30° Unterschied segeln sehen. Wenn Gewitterwolken am Himmel stehen, können die kalten Fallböen sehr heftig und völlig entgegengesetzt zu dem vorherigen Wind sein. Ein großes Gewitter, gekennzeichnet durch sich auftürmende Cumuli mit einer schweren, schwarzen Basis, zieht von allen Seiten Luft zum Nachschub für den zentralen Aufwind an. Das kann den vorherrschenden Wind völlig zum Erliegen bringen, besonders den Seewind. Oft merkt man nur einen leichten Luftzug in Richtung des Gewitters, der völlig weggewischt wird von dem kalten Fallwind, wenn die Wand sich nähert. Häufig begleitet sie schwerer Regen, der in Kaskaden von der Vorderfront fällt *(5.18)*.

Eine ausgedehnte Gewitterfront kann den vorherrschenden Wind über Hunderte von Kilometern erstikken, während das Wetter an den Rändern charakterisiert ist durch eine plötzliche Zunahme des Windes für wenige Minuten oder eine halbe Stunde, häufig drehend oder dem vorherrschenden Wind vollkommen entgegengesetzt.

Dies ist das Wetter für den „Opportunisten". Man muß nur scharf Ausschau halten und kann dann viele Plätze gewinnen.

Rhythmische Windschwankungen

Rhythmische Schwankungen kommen bei jedem offensichtlich stetigen Wind vor, und man kann sie häufig nur mit Hilfe des Kompasses sauber ausmachen. Es ist erstaunlich, wie selbst so genaue Beobachter wie die Mitglieder der Wettfahrtleitung ganz deutliche Winddrehungen übersehen und oft eine völlig falsche Erklärung für einen Wechsel in der Reihenfolge der Boote geben. Auch unerfahrene Segler interpretieren leicht einen kleinen Schraler falsch als eine mysteriöse Änderung der Bootsgeschwindigkeit oder des Kompaßkurses *(5.28).* Allgemein kann man aber sagen, daß es stetige Winde nicht gibt. Eine der ganz seltenen Ausnahmen ist der kurze Mittagswind vor der kalifornischen Küste. Rhythmische Winddrehungen können periodisch von einer bis zu 20 Minuten dauern *(5.19).* Wenn die Drehungen in längeren Intervallen erscheinen oder gar regellos, können vorbeiziehende Wolken oder Seewindeinflüsse die Ursachen sein.

Die Drehungen können von ein, zwei Grad bis zehn Grad oder mehr zu beiden Seiten des Mittels reichen. Wenn die Drehungen darüber hinausgehen, gar bis zu 180°, dann unterliegen sie offensichtlich anderen Einflüssen wie Gewitter oder Seewind.

Rhythmische Drehungen können unter klarem wie wolkigem Himmel auftreten, aber sie sind sehr unwahrscheinlich in unstabilen, böigen Luftströmungen, die durch Cumuli oder Gewitterwolken gekennzeichnet sind *(5.20).*

Das taktische Vorgehen wird zunächst dadurch bestimmt, daß man das Ausmaß der Drehungen

5.19 ▲

▼ *5.20*

feststellt. Man geht früh hinaus auf die Bahn und macht ein paar Kreuzschläge. Dabei beobachtet man den Kompaß und notiert die Zeiten aller Winddrehungen über 4° oder 5°.

Halte dich dabei in der Nähe des Startgebietes und kehre nach zehn Minuten zurück.

Auch vor dem Wind beobachte die Winddrehungen auf dem Kompaß und die Zeiten. Falls es ein bestimmtes Muster gibt, wird es sich schnell zeigen. Überprüfe, ob Wolken den Wind beeinflussen, und schätze auch mögliche Seewindeinflüsse ab.

Wenn du das Muster erkannt hast, brauchst du nur noch Kontrollmessungen bis kurz vor dem Start vorzunehmen, um den Zeitpunkt der entscheidenden Winddrehung während des Starts oder kurz danach festzustellen. Manch eine Regatta wurde schon gewonnen, weil diese Anfangsplanung richtig war. Konsequenterweise kann ein Boot, das offensichtlich auf der falschen Seite, dazu noch auf dem falschen Bug

5.21 Gebrauch eines taktischen Kompasses: Viele Kompasse haben wie der hier abgebildete einen Gridring (engl. grid = Gitter, Gitternetz). Die parallelen Linien sind das Gitter und drehen sich mit dem Deckglas. Die roten, grünen und orangefarbenen Linien wurden ebenfalls auf das Glas aufgebracht und drehen sich also auch mit. Setze nun den Gridzeiger in Richtung des wahren oder des mittleren Windes (336° in diesem Fall).
Die grünen und roten Linien zeigen die annähernden Amwindkurse auf Bb- und Stb-Bug. Wenn die Kompaßnadel sich in dem Winkel zwischen diesen Linien bewegt, segelt man in einer raumenden Bö. Auf dem Bild zeigt der Indikator, daß wir in einem kleinen Schraler auf Backbordbug segeln. Man muß beachten, daß der Indikator Nord ist und nicht der Schiffskurs. Es ist leichter, so zu tun, als wären die Gitterlinien der Bug in Relation zum Indikator, während man kreuzt. Die orangefarbenen Linien sind die theoretische Startlinie. Lege das Boot an die Linie. Zeigt der Indikator über die Linie, dann ist die Bb-Seite (roter Pfeil) oder die Stb-Seite (grüner Pfeil) im Vorteil, und zwar im Verhältnis der Gradzahlen, um die er von der orangefarbenen Linie entfernt ist.
Man kann auch Hinweise für Raumschots- und Vormwindkurse auf dem Gitter anbringen. Man sollte den Kompaßkurs zwischen den Tonnen auf Deck oder der Notiztafel vermerken. Siehe auch Kapitel 7.

startet, wenige Minuten später, wenn die erwartete Drehung eintrifft, alles gutmachen. Die clevere Mannschaft liegt dann in Luv über dem ganzen Feld *(Boot A in 5.22)* und besonders über denen, die entgegengesetzt gestartet waren *(B)*. Natürlich sagt hinterher jeder, daß sie Glück gehabt hätten, aber um ganz ehrlich zu sein: Nur sehr wenige Sieger bei Regatten hatten Glück. Es gibt nur wenige Dinge, die man nicht mit einem sorgfältigen und vorausschauenden Auge vorhersehen kann, und es ist gutes geistiges Training, wenn man sich das selbst immer wieder vergegenwärtigt, vor allem, wenn etwas schiefgeht.

Die Mannschaft sollte die rhythmischen Winddrehungen während des ganzen Rennens im Auge behalten. Darauf muß man achten:

- Wenn man sich der Luvmarke nähert: Ist es aufgrund der Windrichtung besser, sich auf Stb-Bug der Tonne zu nähern? Ist dafür genügend Raum vorhanden?
- Muß man wegen einer Winddrehung eventuell den Spinnaker auf die andere Seite setzen?
- Bei Annäherung an die Leetonne: Welches wird nach dem Runden der Tonne zunächst der beste Kreuzschlag sein?
- Wenn man sich einer gegen den Wind ausgelegten Ziellinie nähert: Ist im letzten Augenblick noch eine Winddrehung zu erwarten, und wenn ja, wie kann man sicherstellen, daß die nächsten Boote gedeckt sind?

Die richtige Ausnutzung der rhythmischen Windschwankungen eröffnet die Möglichkeit, den Kurs auf dem kürzesten Weg so schnell wie möglich abzusegeln. Die Schemazeichnung *5.23* zeigt, daß eine raumende Bö an der Kreuz das Boot der Tonne näherbringt *(A)*. Kommt der Wind umgekehrt von vorn, so entfernt sich das Boot von der Tonne *(B)*. Daraus folgt eine der bekanntesten taktischen Regeln:

5.22 ▶

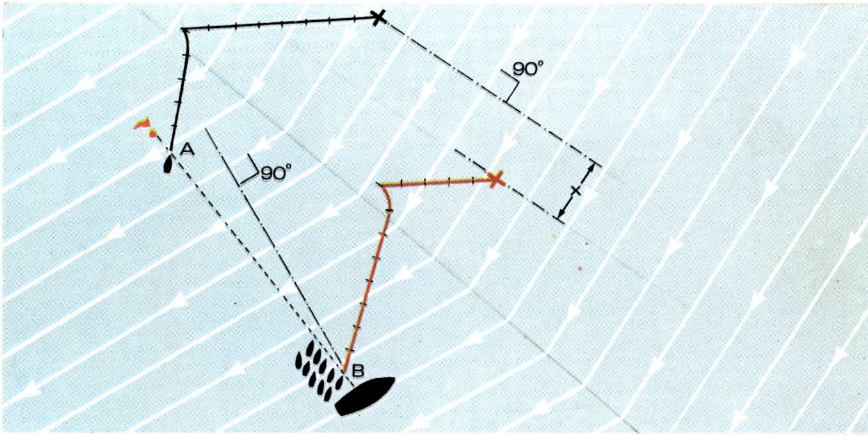

- Raumt der Wind, dann segle weiter. Schralt der Wind, dann wende.

Ein Schraler auf dem einen Schlag des Kurses wird so also zum Raumer auf dem anderen. Wenn man diese Regel bei einer Winddrehung befolgt, nimmt man demnach den kürzesten Weg wahr *(5.24)*. Die Zeichnung zeigt den theoretisch besten (schwarz) und schlechtesten (rot) Kurs. Leider hat diese Regel wie alle beim Regattasegeln ihre Ausnahmen, obgleich diese einleuchten, wenn man darüber nachdenkt.

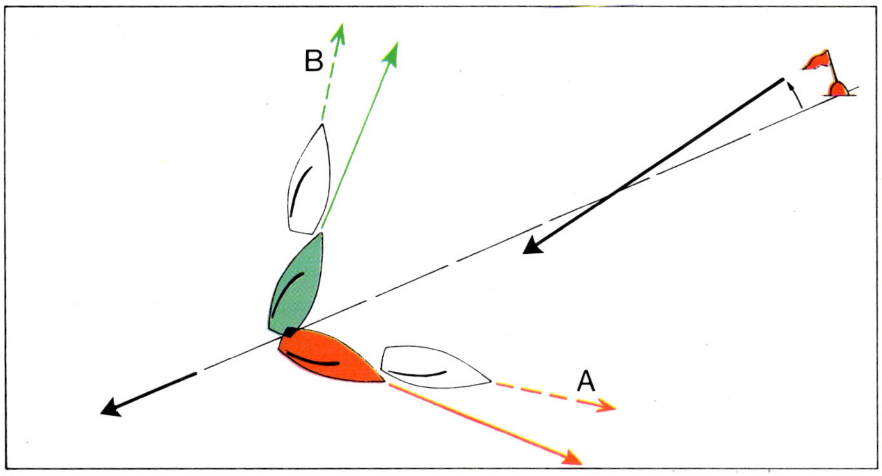

5.23 ▲

- Bevor du wendest, überzeuge dich, daß der Schraler für eine abschätzbare Zeit anhält, indem du das Wasser in Luv beobachtest.
- Überzeuge dich ebenfalls, daß es nicht in Etappen schralt, so daß du zu früh wendest.
- Einige Schraler sind so begrenzt, zum Beispiel eine kleine Bö, daß das Boot schon wieder herausgesegelt ist, nachdem es gewendet hat.
- Das Boot, das man segelt, muß in der Lage sein, vom Wenden zu profitieren; d. h., wenn es eine echte, lang anhaltende Drehung von nur drei Grad ist, lohnt es sich für jede Yacht, selbst eine große Hochseeyacht, zu wenden. Bei kleinen, kurzen Schralern sollten nur die kleinen, sehr wendigen Boote wenden.
- Achte auf den Kurs. Eine Wende, die dich bei dem nächsten Raumer über den Anlieger zur Luvtonne hinausbringt, ist normalerweise ein Verlustgeschäft.

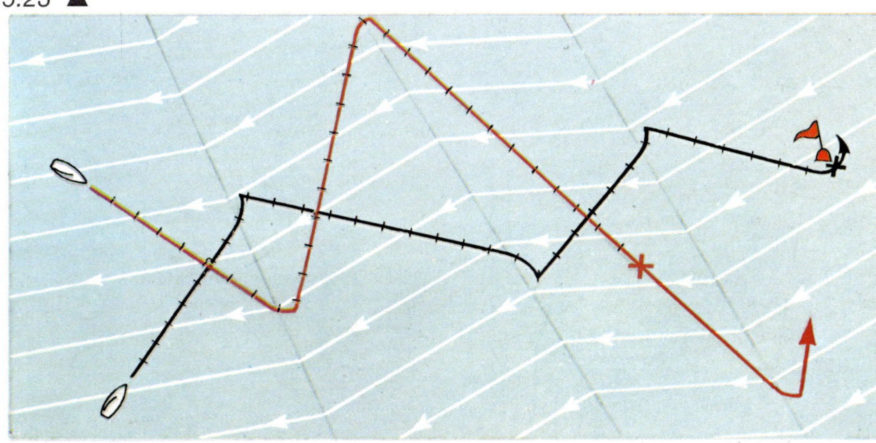

5.24 ▶

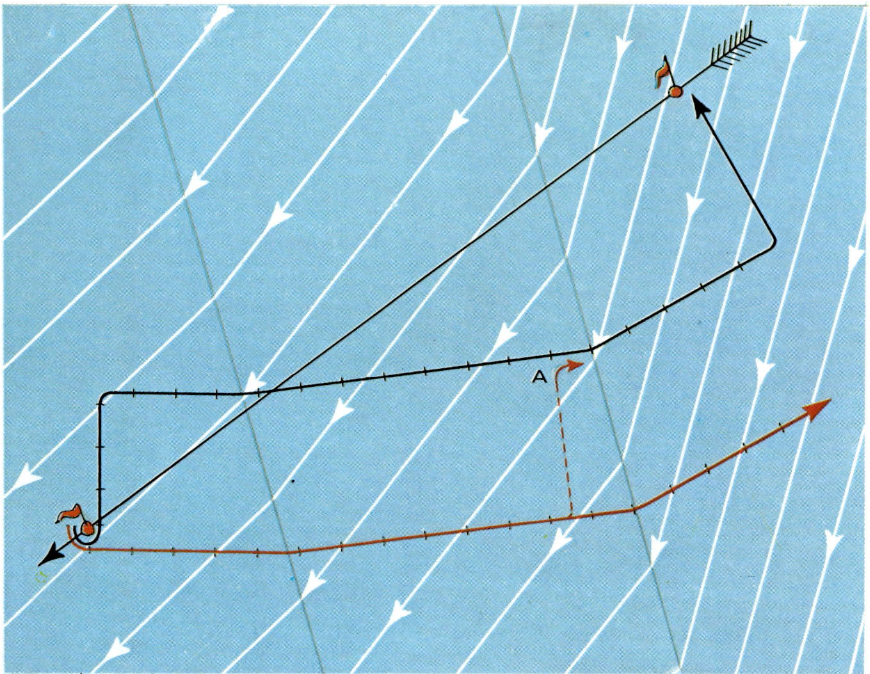

5.25 ▲

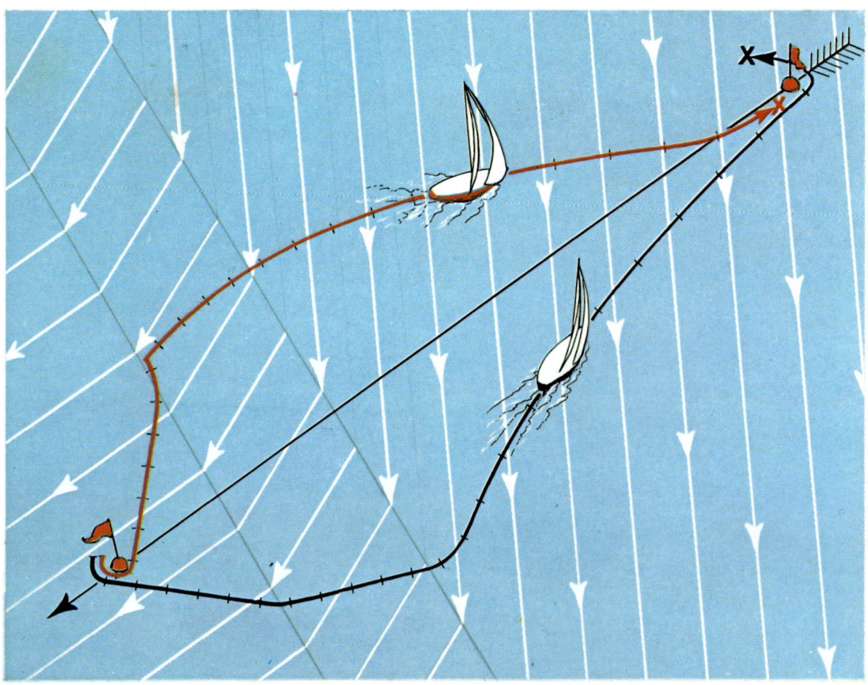

◀ 5.26

Ausnahmen zu den Regeln

Die Regel, beim Raumen den Kurs beizubehalten, hat auch ihre Ausnahmen. Sie funktioniert, wenn die Drehung Bestandteil eines rhythmischen Musters ist. Allerdings bedeutet es auch, daß man vorher das Muster auf dem falschen Bein erwischte. Man hätte auf dem anderen Schlag segeln sollen.

Am meisten frustriert eine Winddrehung, die etappenweise raumt *(5.25)*. Wenn man das erwartet hat und sich entsprechend nach Luv des Feldes verholt, dann kann man nur profitieren (schwarz). Alle anderen dagegen müssen verlieren, und diejenigen auf der entgegengesetzten Seite der Bahn können in wenigen Minuten vom ersten bis fast auf den letzten Platz zurückfallen (rot).

Für ein derartig benachteiligtes Boot bleibt als einzige Möglichkeit, um die ständigen Verluste zu vermeiden, zur Luvseite hinzuwenden *(A)*. Wenn man nicht annimmt, daß es noch weiter raumen wird, ist es am besten, direkt in Lee der Luvboote wieder auf den alten Bug zu gehen. Aber es ist eine Aktion der letzten Rettung, denn sie versetzt dich nur in die Lage, mit den Führungsbooten Kontakt zu halten, bis sich später eine bessere Chance zum Aufholen bietet.

Es gibt allerdings auch eine Art der Winddrehung, die die Leeboote in Führung bringt, und zwar wenn die Drehung so groß ist, daß der Luvschlag zum Halbwindkurs wird, selbst für die Boote, die am weitesten in Lee sind *(5.26)*. Eine Drehung von diesem Ausmaß jedoch hätte vorhersehbar sein müssen bei der Wetterplanung oder aufgrund von vorhandenen Wolken und Gewittern.

Bedenke, daß Winddrehungen gewöhnlich nicht senkrecht zum herrschenden Wind auf der Bahn eintreffen. Sie erreichen die linke oder rechte Seite zuerst. Wenn die erwartete Drehung zunächst links auftritt, dann wird die Drehung immer auf der linken Bahnseite zuerst bemerkbar sein. Das führt uns zu der nächsten taktischen Grundregel:

- Segle immer auf die Seite der erwarteten Winddrehung.

Aber nicht zu weit. Im Falle einer großen Umkehrung wie der Verdrängung eines abflauenden Seewindes durch den vorherrschenden Wind aus der entgegengesetzten Richtung ist es äußerst kritisch, die Position des Bootes vorher festzulegen. Dabei ist die Wahl des Zeitpunktes entscheidend *(5.27)*. Das Problem liegt nicht nur darin, welche Seite des Kurses (das führende Boot – rot – verliert), sondern wie weit man segeln soll, um die Drehung zu treffen. Nicht weit genug, und ein anderer erwischt sie zuerst und geht als erster um die Tonne; zu weit (blau), und die Boote in Lee (schwarz), wo sie später ankommt, haben doch die kürzere Strecke zu segeln. Unter diesen Umständen kann man leicht die Orientierung verlieren. Wenn man Zeit hat, sollte man auf die Karte blikken. Die Änderungen der Kurse und Peilungen werden dann offenkundig, und man kann leichter die richtige Entscheidung treffen.

Langsame Winddrehungen lassen sich nur sehr schwer erkennen, aber einzig aus diesem Grunde gehören

5.27 ▲

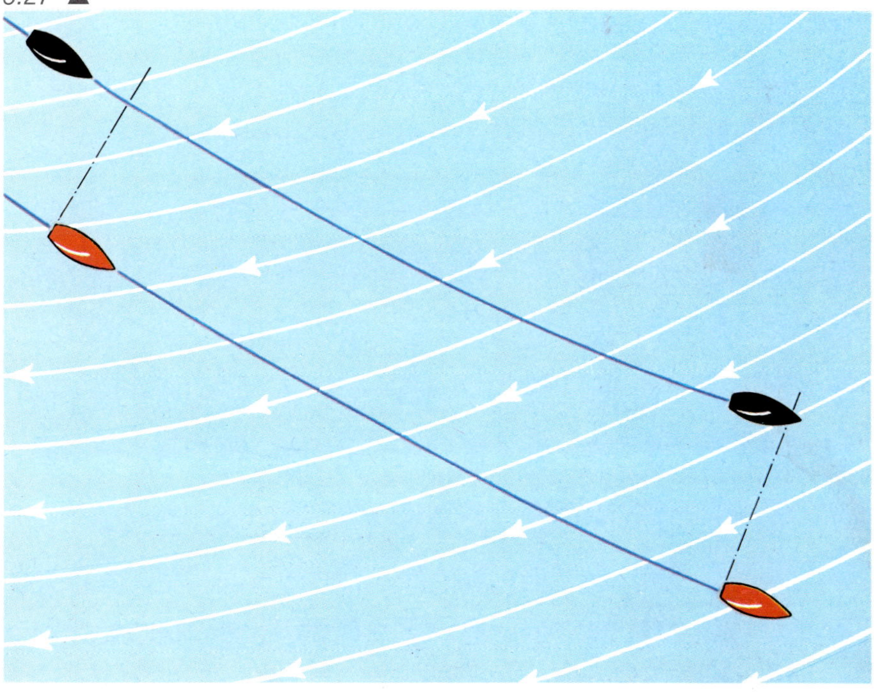

5.28 ▶

sie zu den wertvollsten taktischen Waffen. Die meisten Mannschaften erfassen sie jedoch nicht und sind daher neugierig, warum der Sieger (schwarz) so ein Glück hatte *(5.28)*.

Es gibt drei Hauptursachen für langsame Winddrehungen:

- Allmähliche Wiederausrichtung der Isobaren um ein sich bewegendes Wettersystem. Das ist besonders typisch vor einem sich nähernden Tief.
- Seewind oder andere lokale thermische Einflüsse auf einen vorhandenen Wind *(4.12)*.
- Rotierende Drehung, hervorgerufen von der Erdrotation unter einem stetigen Wind.

Der erste Fall sollte frühzeitig erkannt und in der Vorplanung in Betracht gezogen werden, da er aus den Informationen der Wettervorhersage abgeleitet werden kann.

Die Art von Fronten, die mehr oder weniger plötzliche und ausgeprägte Winddrehungen erzeugt, wurde schon erörtert, aber nicht die langsamen Drehungen, die von einer Änderung der Position oder der Entwicklung einer Großwetterlage herrühren. Die Zeichnung *5.29* zeigt die zu erwartenden Drehungen bezogen auf einen festen Punkt größeren, gleichen und kleineren Breitengrades als dem des Kerns und eines fortschreitenden Tiefs. Hochs dagegen bewegen sich gewöhnlich nicht viel. Sie produzieren deshalb keine taktisch brauchbaren Drehungen dieses Typs.

Die normale Regel – zu der erwarteten Drehung hinsegeln – gilt weiterhin, aber wenn die Drehung langsam und ziemlich beständig ist, heißt die Taktik, dies nicht zu übertreiben; man muß nur näher an der erwarteten Drehung sein als die Hauptkonkurrenten.

Daher konzentriert man sich an der Kreuz auf die Seite des Kurses, die der erwarteten Winddrehung am nächsten liegt, und man wendet nur, um die Boote zu decken, die ebenfalls dorthin segeln wollen, indem man sich stets von ihnen fernhält, bis der Kurs zur Tonne anliegt.

Dies ist eine ideale Gelegenheit, „Herden“-Taktiken anzuwenden, um die gefährlichsten Konkurrenten unter Kontrolle zu halten. Diese Taktik wird später *(9.14 ff.)* im einzelnen noch besprochen.

5.29 ▼

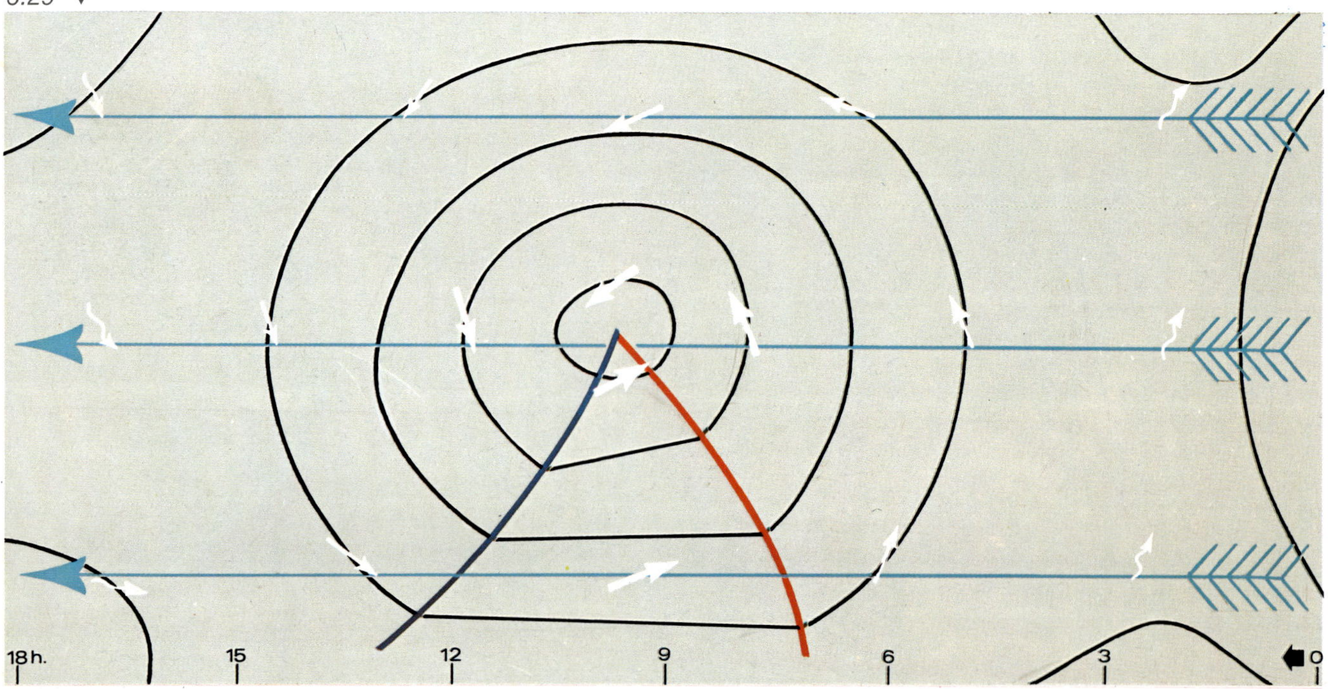

Der zweite Fall umfaßt die eigenen Beobachtungen hinsichtlich der Wahrscheinlichkeit lokaler thermischer Winde. Die Entwicklung eines solchen Windes wird die vorherrschende Luftströmung beeinflussen und eine Drehung in die eigene Richtung verursachen in dem Maße, wie der thermische Effekt zunimmt. Umgekehrt wird die Drehung sich umdrehen, wenn die thermischen Wirkungen nachlassen.

Es ist unerläßlich, vom Wetterdienst Richtung und Stärke des vorherrschenden Windes zu erfahren. Dann kann man den thermischen Effekt, verursacht durch Sonne, oder sein Fehlen wegen Mangel an Sonneneinstrahlung auf Küsten- oder Berghänge sowie seine voraussichtliche Dauer berechnen.

Ein Beispiel: Der Seewind in einem bestimmten Gebiet kann den vorherrschenden Wind von 1100 Uhr an zunehmend bis zu einem Maximum gegen 1530 Uhr beeinflussen, um gegen 1800 Uhr einzuschlafen. Ein vorherrschender Wind wird in seiner Richtung modifiziert und kann auch in der Stärke verändert werden. Ein Beispiel dafür ist die verminderte Stärke des ablandigen Mistrals gegen Mittag und frühen Nachmittag durch eine ebenfalls thermisch induzierte Seebrise. Genauer: Über dem relativ kühlen Wasser des Golfe du Lion herrscht höherer Druck als über dem sonnenheißen Rhônetal und -delta. Der Mistral wird durch diesen Druckanstieg in seiner Bewegungsrichtung gebremst.

Die Taktiken während der Regatta sind grundsätzlich die gleichen: hinsegeln zur erwarteten Drehung, aber in diesem Falle daran denken, zur anderen Seite zu wechseln, wenn der thermische Einfluß nachläßt.

Die dritte Ursache für langsame Winddrehungen, der Rotationseffekt, wird wahrscheinlich am wenigsten verstanden.

Stelle dir einmal vor, du blickst aus großer Höhe auf den Nordpol *(5.30)*. Es weht ein Wind darüber hinweg, dessen Richtung man am Wolkenzug und Schneetreiben erkennen kann. Eine Stunde später hat dieser Wind relativ zur Erdoberfläche eine Rechtsdrehung von genau 15° vollendet – so jedenfalls stellt es sich für einen Beobachter auf der Erdoberfläche dar. In Wirklichkeit strömt die Luftmasse, die mit der Erde nicht (oder fast nicht) verbunden ist, von

5.30 ▼

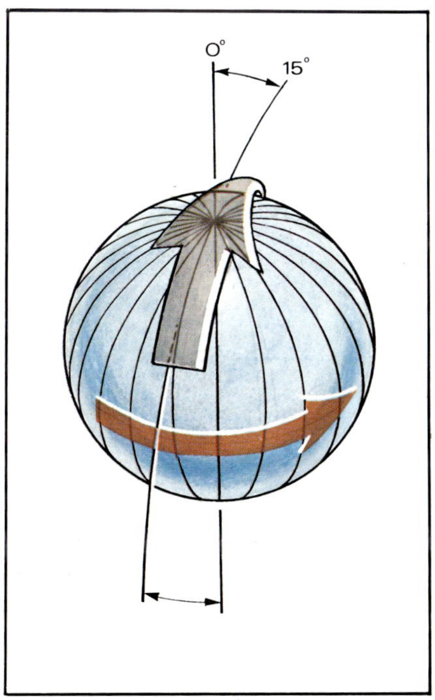

5.31 ▼

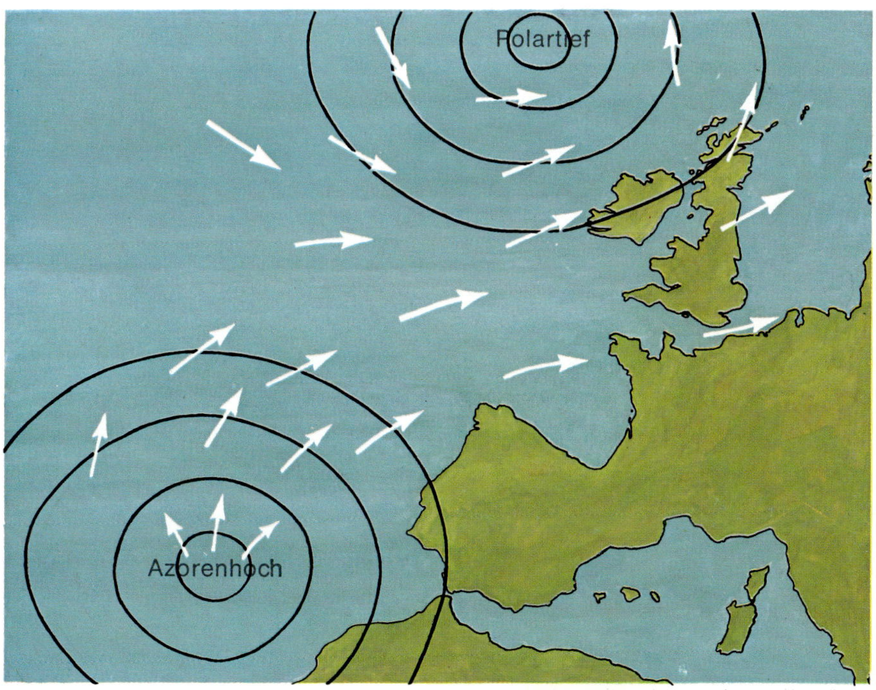

außen beobachtet noch in derselben Richtung, unter der die Erde sich um 15° nach links gedreht hat. Dem Beobachter auf der Erde scheint es, als habe eine Kraft – zu jeder Richtungsänderung einer Bewegung ist eine Kraft nötig – den Kurs des Windes binnen einer Stunde um 15° größer (rechtsherum) gemacht. Dies ist eine gedachte Kraft; sie heißt *Corioliskraft,* ist bedingt durch die Erddrehung, wirkt auf der Nordhalbkugel immer rechtsablenkend, auf der Südhalbkubel linksablenkend, und zwar für alle Strömungsrichtungen. Die Größe der Ablenkung wächst mit der Windgeschwindigkeit und dem Breitengrad; am Äquator ist die Ablenkung gleich Null.

Jede Windrichtung ist bestimmt durch die Richtung des Druckgefälles und die Ablenkung durch die Erddrehung. Weil letztere zu den höheren Breiten hin zunimmt, erklärt sich, warum die Luft aus dem Azorenhoch zum Islandtief auf ihrem Wege immer mehr nach rechts abgelenkt wird *(5.31)* – der vorherrschende SW-Wind unserer heimatlichen Breitengrade. Sind die Isobaren gerade, strömt der Gradientwind im Gleichgewicht der vom Druckgefälle (Gradient) erzeugten Gradientkraft und der dieser entgegenwirkenden Corioliskraft. Bei gekrümmten Isobaren kommt noch eine Zentrifugalkraft zum Gleichgewichtszustand hinzu, die im Tief die Gradientkraft mindert, im Hoch verstärkt.

Diese Fakten sind alle sehr nützlich, wenn man abschätzt, was Wind und Wetter erwarten lassen. Aber die Erddrehung hat dieselbe Wirkung auch auf lokal begrenzte Windsysteme wie die Seebrise, was von taktischem Wert für den Regattasegler ist. Was wir soeben abgehandelt haben, sind die Langzeitwirkungen auf breiter Basis, die mehr oder weniger permanente Änderungen des vorherrschenden Windes verursachen. Indes, dieselben Auswirkungen kann man auch bei einem lokalen Wind beobachten, der nur kurze Zeit weht.

So besteht auch ein Seewind, obwohl er nur wenige Stunden anhält, aus einer Masse von einigen Millionen Tonnen Luft; einmal in Bewegung, läßt sich deren Richtung nicht so leicht ändern.

Daraus folgt die so oft zitierte Regel, daß der Wind mit der Sonne zu drehen scheint. Das bedeutet, daß er im Verlauf des Tages dreht, und zwar auf der Nordhalbkugel nach rechts. Man kann das deutlich an Ost-, West- und Südküsten feststellen. Daher sollte man unter diesen Bedingungen auf der Kreuz immer die Stb-Seite der Bahn bevorzugen. Die Regel für die Nordhalbkugel lautet also:

- Ein örtlicher Wind tendiert mit der Zeit zur Rechtsdrehung.

Auf folgendes ist dabei zu achten:

- Ein örtlicher Wind wird über einem Gebiet ohne Hindernisse wie zum Beispiel der offenen See mit einem flachen Hinterland leichter rechtsdrehen als ein Wind, der durch Flußtäler, Gezeitenmündungen oder Öffnungen in Hügel- oder Bergketten gesteuert wird.
- Die Drehung ist selten langsam und stetig. Sie erfolgt in einer unberechenbaren Serie von Böen, die sogar manchmal kurz rückdrehen, bevor sie wieder rechtsdrehen.
- Die üblichen Bedingungen für diese Erscheinung, die von taktischem Nutzen sind, sind Sonne und Seebrise.

Leichtwetter

Regatten bei leichtem Wind können die taktisch interessantesten sein. Alle bisher diskutierten Faktoren treten bei Leichtwindwetterlagen normalerweise verstärkt auf, und die thermischen Einflüsse sind proportional größer. Viele Segler glauben, daß Siege bei leichtem Wind überwiegend auf Glück zurückzuführen sind. Wenn man sich jedoch einzelne Ergebnisse anschaut, stellt man fest, daß dem nicht so sein kann. Es gewinnen zu oft dieselben Steuerleute.

Erfolgreich bei wenig Wind zu segeln, erfordert Geduld, höchste Konzentration und Aufmerksamkeit. Nicht nur das, man muß auch berücksichtigen, daß bei leichtem Wind die möglichen Distanzgewinne um ein Vielfaches größer sind als bei mittlerem oder starkem Wind. Das kommt daher, daß jedes Boot eine maximale, die Rumpfgeschwindigkeit hat, die es ohne zu gleiten nur wenig überschreiten kann. Diese Geschwindigkeit wird bei mittlerem Wind leicht erreicht. Danach sind Verbesserungen vergleichsweise weniger gewinnbringend. Bei Leichtwetter ist die Bootsgeschwindigkeit allentscheidend, denn man hat die Möglichkeit, sie von Null bis zur Rumpfgeschwindigkeit zu steigern, bei einer nur minimalen Zunahme der Windgeschwindigkeit *(5.32).*

Die Suche nach dem besten Wind und die Taktik, ihn richtig auszunutzen, sind die primären Aufgaben des Steuermanns. Es lohnt sich daher manchmal, weit vom direkten Kurs abzuweichen, um besseren Wind oder günstigeren Strom zu erwischen oder einer Behinderung des Luftstromes auszuweichen.

Man kann sehr schnell und leicht in einem Flautenloch hängenbleiben und zusehen, wie die Konkurrenten es umsegeln. Daher muß man auf folgendes achten:

- Immer daran denken, daß Böen direkt hinter sich (nach Luv) Löcher haben. Vermeide bei einem Schraler, in so ein Loch zu wenden *(5.17)*.
- Segle bei aufkommenden Wolken dorthin, wo ein absteigender Wind unter deren Vorderfront zu finden sein sollte *(5.13 bis 5.18)*.
- Achte auf thermische Einflüsse, indem durch Rauch, andere Segel, dunkle Flecken von Kräuselwellen nahe dem Horizont und schließlich auch die Wolken beobachtest.
- Denke daran, daß bei Seewindeinfluß ein Kalmengürtel parallel zur Küste verläuft, der sich weiter nach draußen verlagert, wenn der Wind zunimmt, und zurückkehrt, wenn er abflaut. Das Abflauen kann sehr plötzlich erfolgen, von beispielsweise Stärke 3 auf 0 *(4.9)*.
- Bei leichtem Wind erstreckt sich der Abwind von anderen Segeln oder von Hindernissen an Land oder auf dem Wasser sehr weit, und es dauert eine ganze Zeit, um wieder einen gleichmäßigen Luftstrom herzustellen. Vermeide, in solche Gebiete zu segeln.
- Wenn man in einem großen Feld startet, kann man auf Stb-Bug einen entscheidenden Raumer erwischen *(5.33)*, um sich beispielsweise aus einem vermasselten Start herauszuarbeiten.
- Schließlich sind bei Leichtwetter die „Wettertaktiken“ und die Bemühungen, die optimale Bootsgeschwindigkeit zu erlangen, viel wichtiger und lohnender als die reine Regattataktik. Dennoch

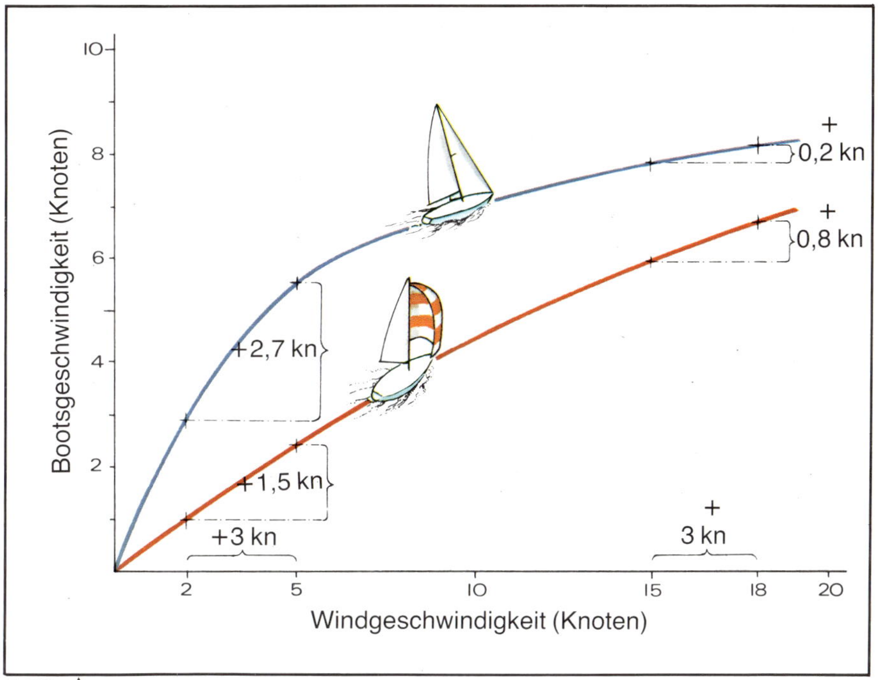

5.32 ▲

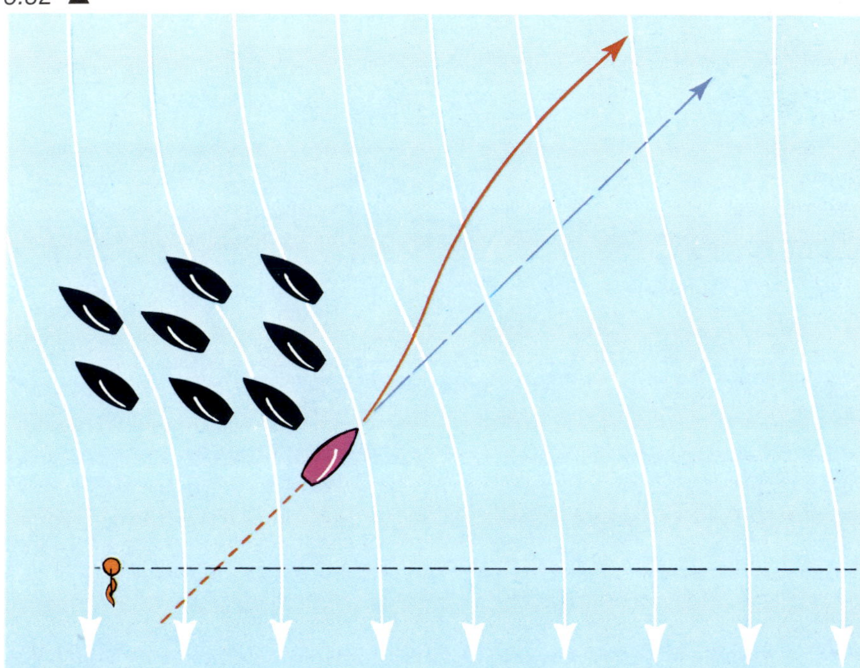

5.33 ▲

▲ 5.34

muß man die Hauptkonzentration darauf verwenden, die Konkurrenz abzudecken, sobald man die Führung übernommen hat. Verteidige dabei nicht zu dicht, sondern halte dich ungefähr in der Gegend auf, während du nach dem besten Wind Ausschau hältst.

Ein Beispiel für eine Flautenzone unter Seewindeinfluß ereignete sich während einer Eintonner-Regatta. Beim Start um 1100 Uhr herrschte draußen ein leichter Wind, und fast eine Stunde später stellte sich die Situation wie in der Abbildung *5.34* dar.

Es war ein ungewöhnlicher Tag, der nach einem perfekten Seewind aussah, aber der vorherrschende Wind, obwohl leicht, verstärkte den ablandigen Nachtwind und wurde sogar allmählich stärker. Es war diesig, und die Cumuli im Binnenland, die den Beginn des Seewindes ankündigten, bauten sich langsam auf. Es entwickelte sich ein Kampf: Die Flautenzone der Seewindfront, die normalerweise über der Küste steht und sich dann landeinwärts bewegt, wurde vom vorherrschenden Wind hinausgedrückt mit Unterstützung der Tide, denn es hatte in den Binnenbuchten von Chichester Harbour gegen 0730 Uhr angefangen zu ebben und brachte nun Wasser in die See, das wesentlich wärmer war. Die Front blieb ungefähr zwei Meilen vor der Küste stehen, genau bei der Leetonne.

Rund 70 Meter seewärts der Tonne blies die landwärts gerichtete Seebrise, 45 Meter landwärts der Tonne wehte der vorherrschende Landwind. Die Boote häuften sich in diesem windstillen Streifen, als ihre Spinnaker zusammenfielen. Einige Minuten lang schien nichts zu passieren, außer daß die beiden führenden Boote sich, bedingt durch einen sehr leichten Strom, der Landseite der Flautenzone näherten. Der Wind füllte ihre Segel, und sie waren bald eine Meile nach Luv davongesegelt.

Niemand sonst erreichte den ablandigen Wind, denn der Seewind gewann die Oberhand. Die Seebrisenfront wanderte langsam zur Küste und wir mit ihr unter Spinnaker, wobei die launenhaften Frontböen des Seewindes uns vor sie schoben. Für den Rest des Tages herrschte ein auflandiger Seewind mit Stärke 3, dessen seewärtige Flautenzone, wo die absinkende Nachschubluft die Wasseroberfläche erreicht, mehrere Meilen vor der Küste lag. Wir starteten eine Nachtregatta, als dieser Wind einzuschlafen begann. Und so gingen wir schließlich fünf Meilen vor der Küste in der äußeren Flautenzone des nachlassenden Seewindes vor Anker *(5.35)*.

Eine dreiviertel Stunde später hatte sich das Land genügend für die nächtliche Landbrise abgekühlt, die verstärkt wurde durch einen zunehmenden Gradientwind. Er wischte die Flautenzone weg und erreichte in den frühen Morgenstunden gelegentlich Stärke 5.

Dieses typische Beispiel könnte für eine Mannschaft sehr verwirrend sein, denn die Seebrisenfront hätte in diesem Fall eigentlich über dem Binnenland liegen sollen. Es wurde aber bald offenkundig, daß dieses nicht der Fall war. Der Gradientwind hatte die Aufstiegszone über das vom Ebbwasser aufgewärmte Küstenwasser abdrängen können. Die Abstiegszone, die Flautenzone, lag noch weiter draußen seewärts.

5.35 ▲

5.36 ▲

Schwerwetter
Dies ist in mehr als nur einem Sinne das Gegenteil von leichtem Wetter *(5.36)*. Zum Beispiel ist das dichte Abdecken unter diesen Bedingungen nicht nur sehr wirksam, sondern es ist auch sehr nützlich, um möglichst nahe beim Gegner zu bleiben. Die Boote segeln mit Rumpfgeschwindigkeit, zuweilen etwas schneller, und der Wind ist ziemlich konstant. Gemeinhin ist die Gefahr von Windlöchern, in denen man hängenbleibt, oder von unerwarteten Winddrehungen gering. Auf der Kreuz sind die Unterschiede in der Bootsgeschwindigkeit gewöhnlich sehr klein, obwohl Jollen bei freiem Wind ins Gleiten kommen können. Bei schwerem Wetter ist Wettsegeln mehr eine Sache der Bootsbeherrschung und der Nahkampftaktik, die erheblich wichtiger sind als die wetterabhängige Taktik. Die taktische Maxime lautet: dicht abdecken, wenn man führt, durchzubrechen versuchen, wenn man zurückliegt (siehe Teil 3).

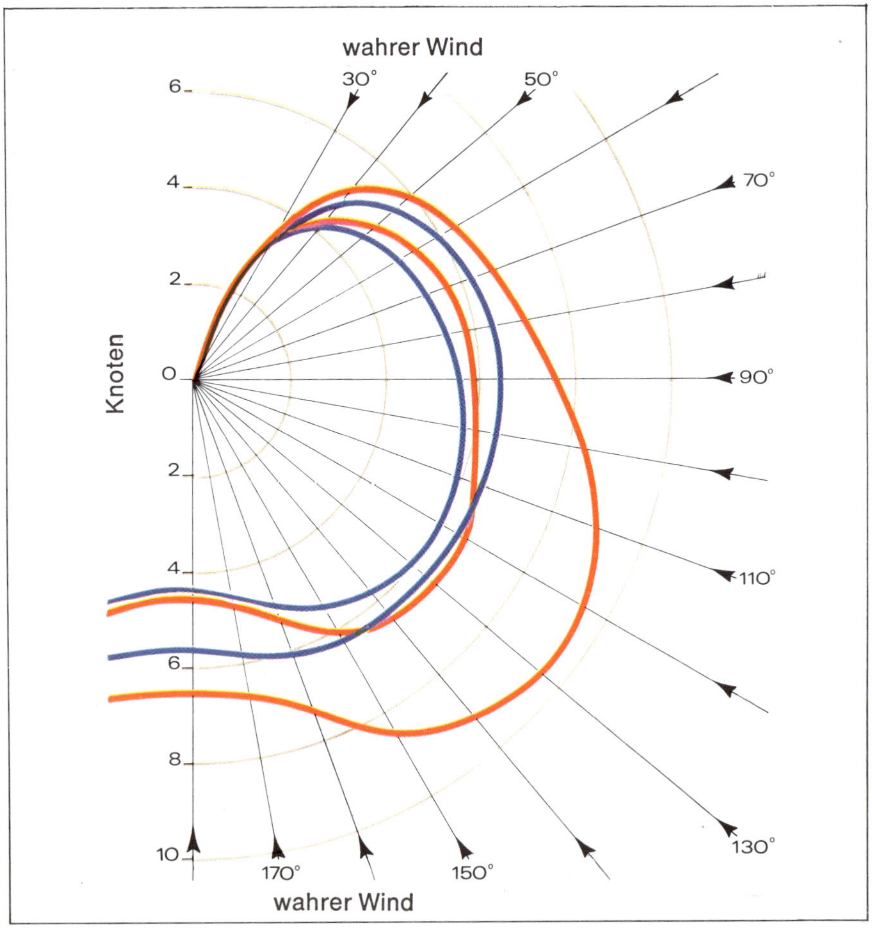

◀ *5.37*

Polardiagramme der Bootsgeschwindigkeit
Wir sollten uns das Verhältnis zwischen Windeinfallswinkel, Windgeschwindigkeit und Bootsgeschwindigkeit ansehen, damit der Steuermann sich ein Bild von den Auswirkungen machen kann, wenn er den Kurs um einige Grade verändert. In dem Polardiagramm *(5.37)* stellen die roten Linien die Bootsgeschwindigkeit unter jedem Kurswinkel zum wahren Wind von schnellen Gleitjollen wie 505er oder FD dar, die Trapez und Spinnaker fahren. Die blauen Linien stellen dasselbe für ein kleines Regatta-Kielboot mit Arbeitssegeln und Spinnaker dar. Die äußeren Linien sind typisch für einen mäßigen konstanten Wind zum Gleiten, die inneren für eine stetige leichte Brise.

Bemerkenswert ist der extreme Bukkel (hohe Geschwindigkeit), der hervorgerufen wird durch die Kraft des Trapezes und die große Relation Segelfläche zu Gewicht unter Spinnaker (äußere rote Linie). Selbst bei leichtem Wind kurbelt der Spinnaker auf Jollen die Geschwindigkeit erheblich an, allerdings nur in einem ziemlich begrenzten Bereich der Windeinfallswinkel (innere rote Linie).

Das Kielschiff dagegen besitzt nur eine geringe Kapazität, seine Geschwindigkeit zu vergrößern. Bei frischen Winden hält sie sich im Bereich um sechs Knoten für einen sehr weiten Winkelausschnitt.

Die zweite Tatsache, die zu beachten ist, ist der ausgeprägte Geschwindigkeitsabfall, wenn sich die Boote dem

Kurs hoch am Wind nähern – das gilt stärker für die Gleitjolle, als mancher erwartet hätte, wenn sie aus dem Gleiten zurückfällt, und es gilt mehr für beide Bootstypen bei leichtem Wind, wie aus den doppelten Bukkeln unten erkennbar ist.

Interessant aber sind diese Polardiagramme, weil sie zeigen, wie weit man von der direkten Linie vorm Wind abweichen kann *(5.38)*. Beachte, daß das Kielschiff bei stärkerem Wind so gut wie gar nicht abzufallen braucht. Die Jolle besitzt im Gegensatz dazu eine große Reserve, um die Geschwindigkeit vorm Wind gewaltig zu steigern. Noch deutlicher zeigt sich das bei Katamaranen, die vorm Wind fast kreuzen.

Bei der Betrachtung der Polardiagramme sollte man daran denken, daß der scheinbare Wind vorlich des wahren Windes einfällt und daß seine Stärke von der Bootsgeschwindigkeit abhängt. Eine Jolle zum Beispiel setzt bei frischem Wind den Spinnaker bei einem scheinbaren Windeinfall aus 95° bis 100° zum Bootskurs. Das könnte dann ein Einfallswinkel von 130° bis 140° zum wahren Wind sein.

Die Probleme, die sich stellen, um ein sauberes Ablesen und somit akkurate Kurven zu erzielen, sind zu groß, als daß diese Methoden für Regattamannschaften praktikabel wären. Der Einfluß zum Beispiel von Abdrift und Segelkonturen, wenn man den optimalen Kurs am Wind herausfinden will, ergibt kaum meßbare Abweichungen. Daher findet man den besten Kurswinkel durch Erfahrung *(5.39)*.

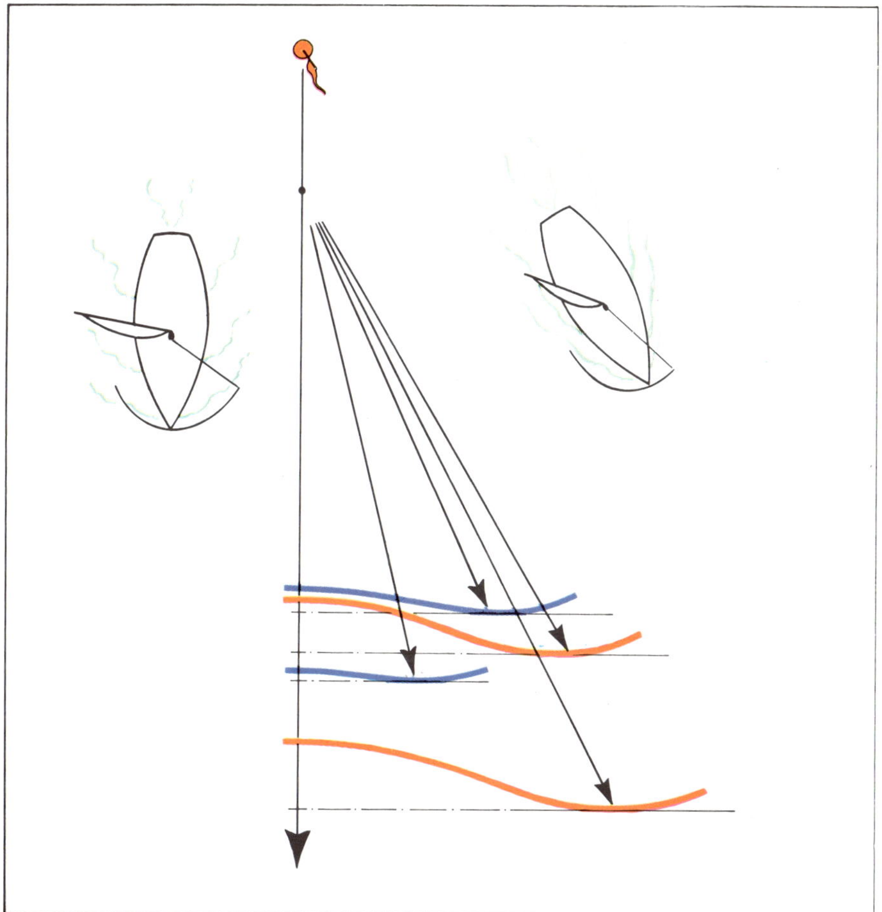

5.38 ▲

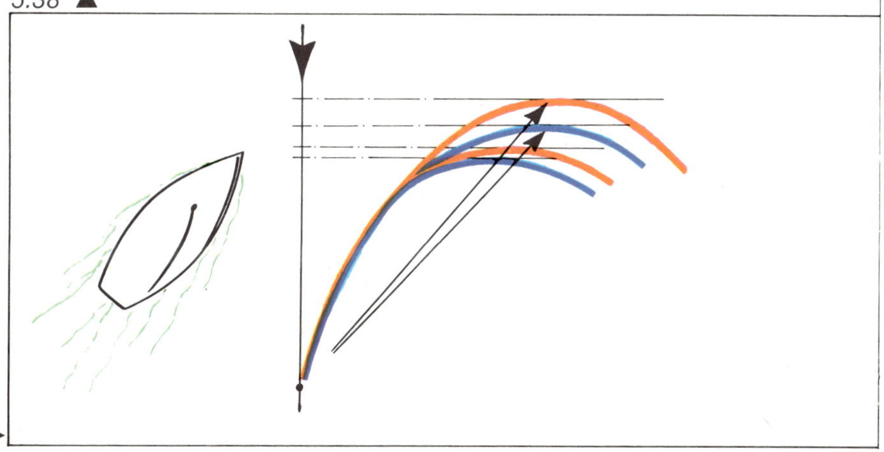

5.39 ▶

Kapitel 6

Die Taktik und die Wettfahrtleitung

Die Wettfahrtleitung erkennen
Die Haltung und die Aktionen der Wettfahrtleitung haben einen grundlegenden Einfluß auf das Regattageschehen. Wenn man noch nie als Funktionär mit Flaggen, Signalpistole und Uhr gearbeitet hat, dann sollte man das schleunigst nachholen. Denn wenn man nicht die Probleme der Wettfahrtleitung kennt, wird man niemals wissen, worauf man bei der Planung der Regattastrategie zu achten hat *(6.1)*.

Einige Beispiele dafür:
Wird die Regatta von einem starken Komitee organisiert oder einem solchen, das seiner selbst nicht ganz sicher ist? Im ersten Fall kann man darauf vertrauen, daß die Wettfahrten rechtzeitig gestartet werden, die Linien gut ausgelegt sind, streng nach den Regeln verfahren wird und Frühstarter notiert und zurückgerufen werden.

6.1 Die Wettfahrtleitung.

Eine schwache Wettfahrtleitung wird eine schlechte Linie auslegen und sich dann wundern, daß sich alle Boote an einem Ende zusammenballen. Viele Boote werden beim Start zu früh über die Linie gehen, und es wird fortlaufend *allgemeine Rückrufe* und Startwiederholungen geben, ohne daß die Grundübel beseitigt werden. Die Segelanweisungen werden Doppeldeutigkeiten enthalten, die Bahn wird unsauber ausgelegt sein, die Wettfahrt wird bei dem geringsten Anzeichen von Abflauen des Windes abgekürzt und aus Mangel an Sicherungsbooten bei Wind über Stärke 4 gar nicht erst gestartet werden.

Bei einer starken Regattaleitung weiß man, woran man ist. Man kann seine Taktik planen in der Gewißheit, daß die Wettfahrten wie ein Uhrwerk ablaufen. Das Komitee wird aus den Wind- und Strombedingungen das Beste machen und für eine Verschiebung, Abkürzung oder Aufhebung einen plausiblen Grund haben.

Der Mangel an Erfahrung oder Wissen, den eine schwache Wettfahrtleitung zeigt, kann manchmal durch Meinungsäußerung der Segler auf dem Wasser wettgemacht werden. Aber selbst wenn eine schlecht ausgelegte Linie auf diese Weise korrigiert werden kann, so ist sie doch ein Armutszeugnis für die Regattaleitung.

Die Übungswettfahrt einer Serie sollte für die Wettfahrtleitung als Möglichkeit genutzt werden, nicht nur alle Vorrichtungen zu testen, sondern auch den Teilnehmern den Eindruck zu vermitteln, daß sie fest im Sattel sitzt.

In einer Finn-Gold-Cup-Übungsregatta signalisierte die Wettfahrtleitung am Start allgemeinen Rückruf, tat aber sonst nichts weiter. Sie kürzte den Kurs unnötigerweise ab und veröffentlichte eine Zieldurchgangsliste, in der die Frühstarter nicht als disqualifiziert ausgewiesen waren. Eine Übungswettfahrt sollte genauso behandelt werden wie eine richtige Wettfahrt, und obgleich unabhängig von der Meisterschaft, sollte es dennoch einen kleinen Preis für den Sieger geben. Es sollten auch normale Protestverhandlungen abgehalten und die Schuldigen disqualifiziert werden. So erkannten die Segler schon nach diesem Übungsrennen, daß es sich um eine schwache Wettfahrtleitung handelte. Die übrigen Wettfahrten waren denn auch von geringem Niveau. Es gab eine beträchtliche Anzahl von allgemeinen Rückrufen, und an einem Tag wurde überhaupt nicht gesegelt – nach neun vergeblichen Startversuchen. Kaum jemand wurde wegen Frühstarts disqualifiziert aus dem nur allzu bekannten Grund, daß es auch andere Frühstarter gab, deren Segelnummern nur nicht auszumachen waren. Bei dem Versuch, gerecht und freundlich zu sein, erwies die Wettfahrtleitung letztlich allen einen schlechten Dienst. Das geht sogar so weit, daß mir diese Meisterschaft selbst nach vielen Jahren als eine der schlechtesten in Erinnerung geblieben ist.

Bei einer anderen Gelegenheit erhielt die Wettfahrtleitung, was sie verdiente. Sie hatte einen Start vorm Wind gegen einen sehr starken Strom angesetzt. Dabei war die Linie nicht nur zum Startschiff hin begünstigt, dazu noch ohne innere Begrenzungsboje, sondern dieses Ende war auch noch äußerst bevorteilt durch den Strom. Boote, die sich der Linie näherten, um zu starten, deckten die vor sich ab, liefen auf sie auf und fanden sich dann in einer Situation, wo sie wegen anderer Boote um sich herum weder nach rechts noch nach links ablaufen konnten. In der unvermeidlichen Wuling wurde das Startschiff schwer beschädigt *(6.2)*.

▼ *6.2*

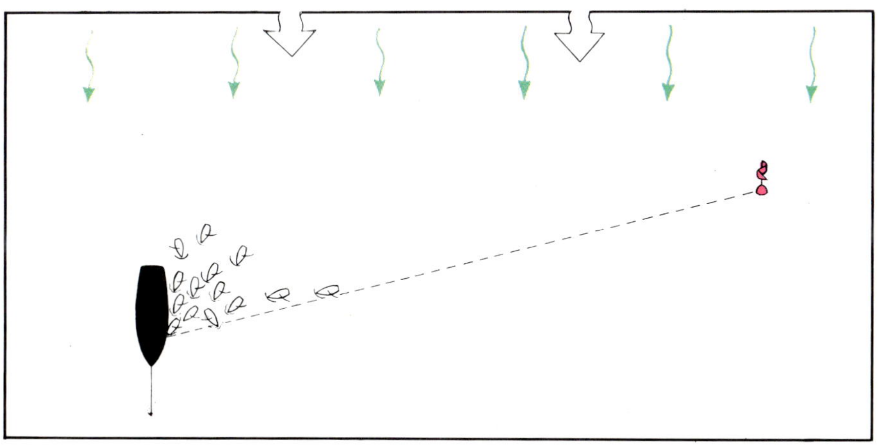

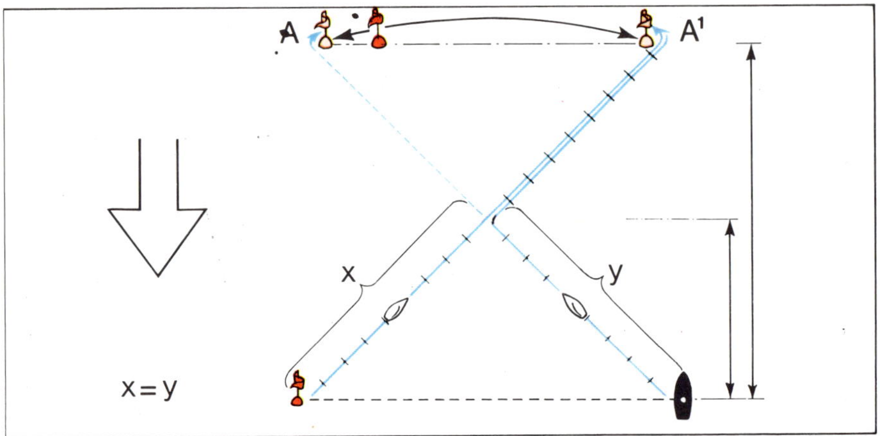

▲ 6.3

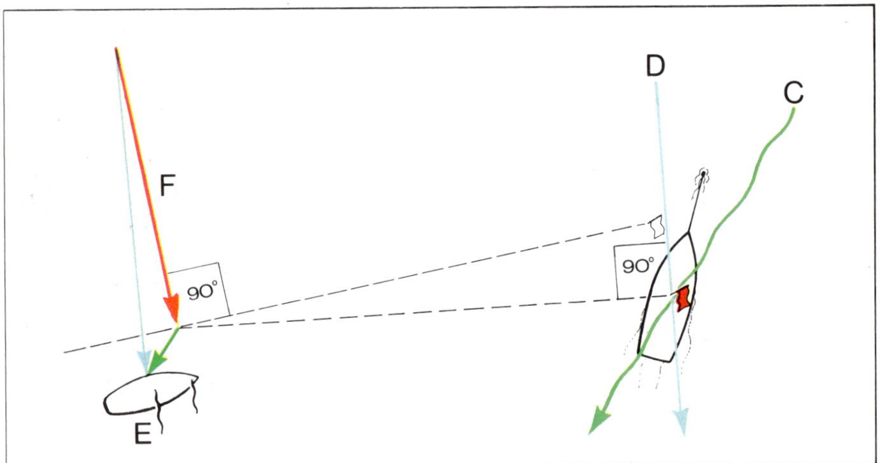

▲ 6.4

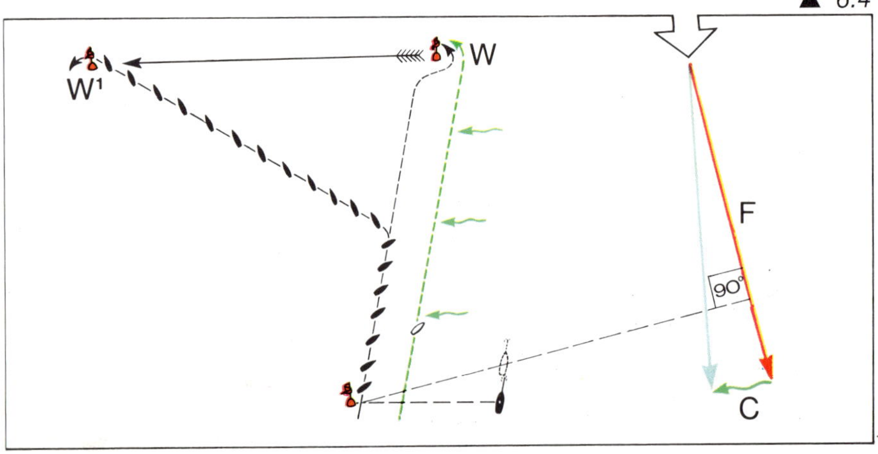

◀ 6.5

Das Auslegen des Kurses

Steuerleute sollten wissen, wie ein Kurs ausgelegt wird, nicht nur weil sie dann die Probleme verstehen, sondern weil sie dann auch taktische Vorteile aus etwaigen Irrtümern der Wettfahrtleitung ziehen können. Viele Segler regen sich darüber auf, wenn die Startlinie oder der Kurs nicht perfekt sind. Sie sind niemals perfekt, und so wird der kluge Mann seinen Nutzen aus dem Unvermeidlichen ziehen. Regattasegeln ist kein exakt meßbarer Sport. Um so mehr kommt es auf das Urteilsvermögen des einzelnen an.

Jeder Regattasegler weiß, daß eine Startlinie für einen Kreuzstart gegen den Wind und nicht gegen den tatsächlichen Kurs ausgelegt werden muß, so daß jeder Punkt in dem Amwindsektor *(6.3 A bis A^1)* von jedem Ende der Linie in der gleichen Zeit erreicht werden kann. Dabei kann die Tonne auf jedem Punkt dieser Linie liegen. Wenige Wettfahrtleitungen jedoch merken, daß ein Strom *(6.4 C)* diese Situation verändern kann. Obgleich für das verankerte Startschiff, dessen scheinbare Windrichtung *D* ist, die Linie senkrecht zum Wind liegt, sieht es für die frei treibenden Regattaboote *E* ganz anders aus. Für sie ist der scheinbare Wind *F,* und die Linie sollte demgemäß senkrecht verlegt werden.

In *6.5* haben wir eine Situation mit dem Strom *C* von der Seite. Die Bb-Seite der Linie liegt dem scheinbaren Wind *F* näher. Daher ist nicht nur die Linie falsch ausgelegt, sondern auch die Luvtonne *W* liegt am falschen Platz. Um eine Kreuz zu erhalten, bei

der gleich viel auf Bb- wie Stb-Bug gesegelt wird, sollte sie im Punkt W^1 liegen. Dies war die Situation in mehr als der Hälfte aller Wettfahrten bei einer Soling-Weltmeisterschaft. Auch waren die übrigen Bedingungen schlecht.
Wenn du mit einem solchen Kurs konfrontiert wirst, versuche herauszufinden, ob du die Luvtonne mit einem Schlag (gestrichelte grüne Linie) erreichen kannst, was manchmal bei leichteren Winden sogar von dem leewärtigen Ende aus möglich ist. Wenn der Wind abflaut, werden sich alle Boote auf dem Raumschots- oder gar Vormwindkurs gegen den Strom (gestrichelte schwarze Linie) zur Tonne hin finden. Dann haben die Leeboote einen wesentlichen Vorteil, sowohl hinsichtlich Bootsgeschwindigkeit als auch hinsichtlich Distanz.

Wettfahrtleitungen sollten Wind- und Stromgeschwindigkeiten messen und sie miteinander in Beziehung setzen, um den auf die Boote wirkenden scheinbaren Wind herauszufinden. Eine einfache Methode, um die Stromgeschwindigkeit zu messen, ist das Relingslog. Man merke sich die Faustregel:

- Ein Meter pro Sekunde entspricht annähernd zwei Knoten.

Dabei mißt man die Zeit, die ein treibender Gegenstand für eine festgelegte Distanz benötigt. Entweder schmeißt man ein Stück schwimmenden Abfall über Bord und stoppt die Zeit, wenn es eine festgelegte Markierung weiter hinten passiert, oder man loggt mit Hilfe eines Holzstückchens und einer dünnen Leine von bestimmter Länge. Man wirft das Holz über Bord und mißt die Zeit, bis die Leine steifkommt *(6.6)*. Die Abbildung *6.7* stell den Zusammenhang dar zwischen Geschwindigkeit, Zeit und Distanz.

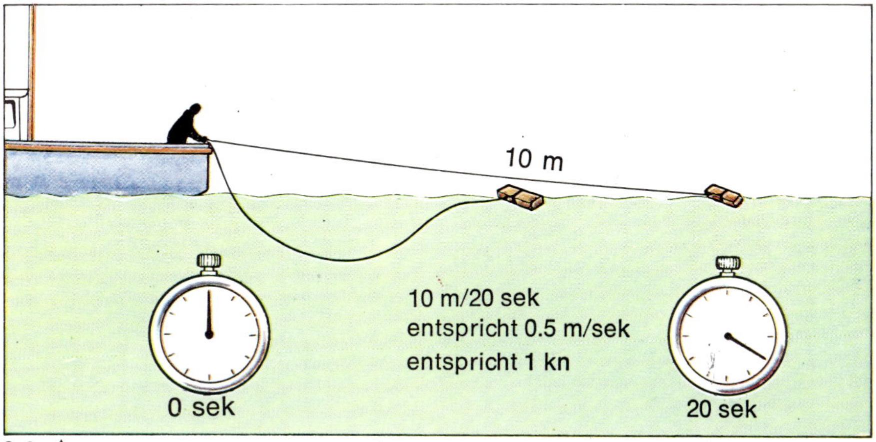

6.6 ▲

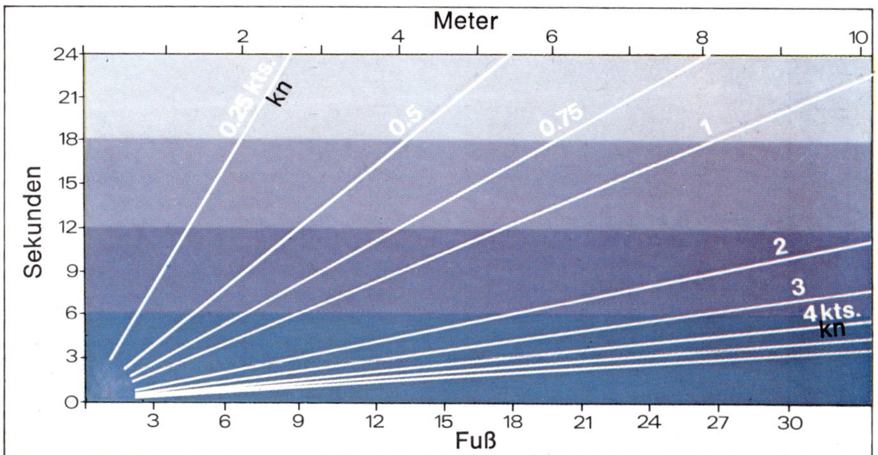

6.7 ▲

Dann zeichnet man die wahre Windgeschwindigkeit und -richtung *(6.8 D)* und die Stromgeschwindigkeit und -richtung *(C)* als Vektordreieck auf, um die scheinbare Windgeschwindigkeit und -richtung für die Boote zu erhalten *(F)*. Nun lege man die Luvtonne in dieser Richtung aus und die Startlinie im rechten Winkel dazu.

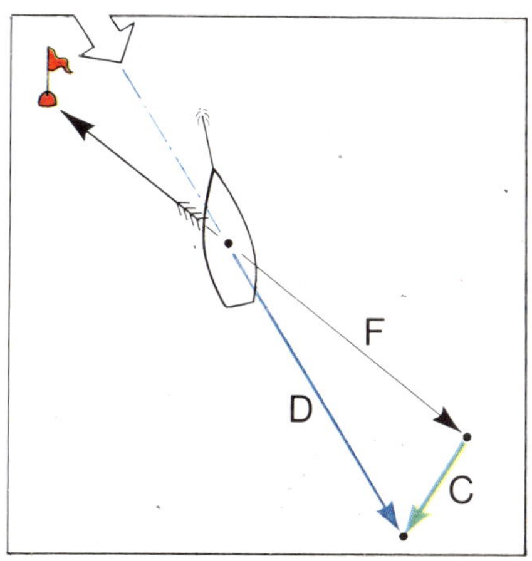

6.8 ▶

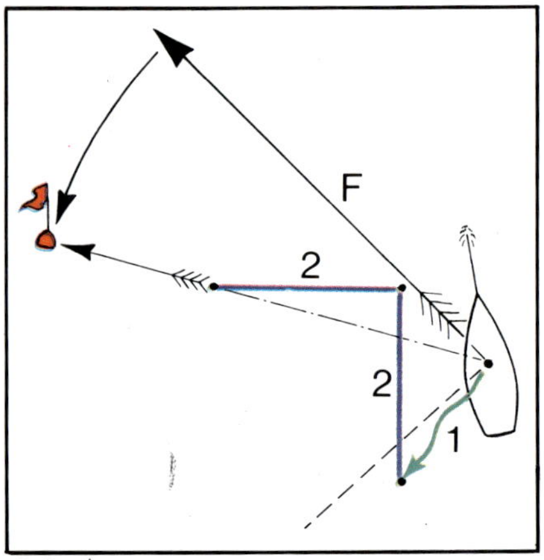

6.9 ▲

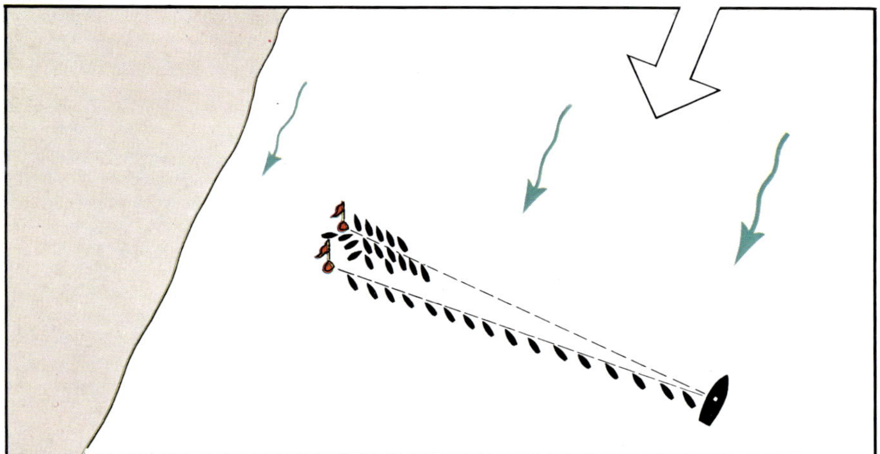

6.10 ▲

▼ 6.11

Doch auch dies gibt nicht die korrekte Richtung für die Luvtonne wieder, damit Stb- und Bb-Schläge gleich sind, denn die sind abhängig von der Bootsgeschwindigkeit und der Stromgeschwindigkeit.

Die Zeichnung *6.9* veranschaulicht, wie man das herausarbeitet. Dabei nehmen wir an, daß die Boote mit 4 kn (zwei plus zwei Einheiten) segeln und der Strom eine Geschwindigkeit von 1 kn (einer Einheit) hat. Wenn die Luvtonne auf die eine oder die andere Seite dieser festgelegten Peilung ausgebracht wird, muß man darauf gefaßt sein, mehr Zeit für den einen oder den anderen Schlag zu benötigen. Diese Kenntnis könnte die Starttaktik maßgeblich beeinflussen.

Auf kleinen Booten kann man allerdings nicht immer eine komplette Analyse erstellen, wenn auch der Wettfahrtleiter dies grundsätzlich tun sollte. Dennoch, eine schnelle Überprüfung der relativen Position der Luvtonne kann man vornehmen, indem man kreuzt und dabei die Kurse notiert. Man beachte, daß *mit dem Strom* die Tonne dort liegen sollte, wo sie auch in einem stromfreien Gewässer liegen würde.

Probleme beim Start

Der wichtigste Teil der Regatta ist der Start. Sind die Boote erst einmal von einer guten Linie klar weggekommen und können sich verteilen, dann kann auch die Wettfahrtleitung mit späteren Strom- und Windänderungen leichter fertig werden und die Tonnen dementsprechend auslegen.

Der Start unter Stromeinfluß ist immer schwierig, aber viele Clubs haben keine andere Wahl, als die am wenigsten unzulängliche Methode anzuwenden. Wenn der Strom beim Start gegenansteht, sollte die Linie länger ausgelegt werden, denn die Boote werden gerade eben in der Lage sein, sie zu kreuzen, und werden daher mehr Raum beanspruchen. Die dem Ufer nächstgelegene Seite, wo der Strom geringer ist, wird bevorteilt sein. Daher sollte man diese Tonne ein Stückchen weiter in Stromrichtung verlegen, um so zu verhindern, daß sich alle Boote an diesem Ende drängen *(6.10)*.

Läuft der Strom mit, muß das Startschiff vorn und achtern verankert sein, damit es nicht zu treiben beginnt *(6.11)*. Die Boote werden mit Sicherheit zu früh über die Linie gehen, und ein Wiederholungsstart wird unausweichlich, wenn nicht schon vom ersten Start an die *Ein-Minuten-Regel* gilt. Wenn sie gilt, sollten die Teilnehmer in den Segelanweisungen und bei der Steuermannsbesprechung klar darauf hingewiesen werden. Die Ein-Minuten-Regel umfaßt alle anderen Zeitangaben, die in den Segelanweisungen niedergelegt sind, und soll verhindern, daß Boote in der angegebenen Zeit vor dem Start (in diesem Fall eine Minute) über die Linie sind. Der Vorteil dabei ist, daß sich das Feld von der Linie fernhält. Und falls doch einige Boote zu früh drüber sind, hat der Wettfahrtleiter die Möglichkeit, einzelne Segelnummern schon im vorhinein zu notieren.

Ist man innerhalb dieser Zeit zu früh über die Linie, gibt es zwei mögliche Folgen. Zum einen können die Boote erneut starten, indem sie die *Enden der Startlinie runden* und von der Wettfahrtleitung Bestätigung erhalten *(6.12)*. Viel härter ist es, jedes über der Linie gewesene Boot zu disqualifizieren, ohne daß es umkehren und neu starten darf. Das wird dann gemacht, wenn ein ehrgeiziges Feld besonders schwierig ist. Auf offenen Revieren ist es oft am besten, für alle Starts die Ein-Minuten-Regel anzuwenden und die Möglichkeit, die Enden der Startlinie zu runden, aufzuheben, wenn es einen allgemeinen Rückruf und eine Startwiederholung gegeben hat.

6.12 ▲

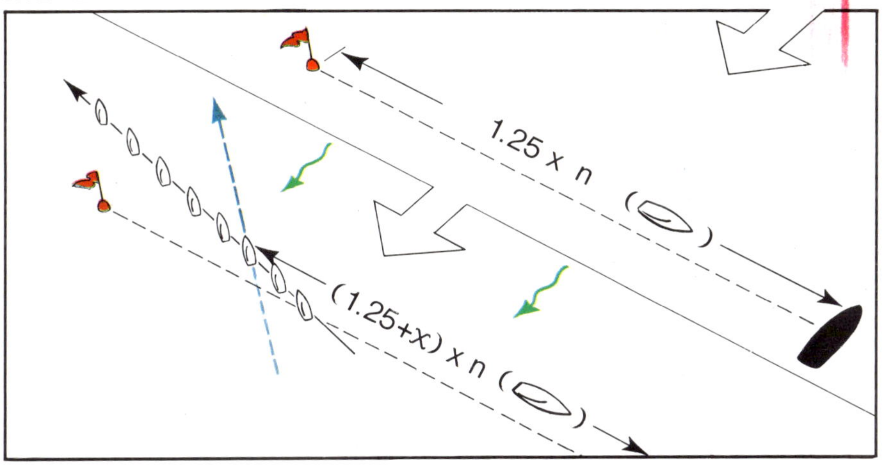

6.13 ▲

6.14 Eine lange Startlinie hängt fast immer durch. ▶

Ein weiterer Grund für schlechte Starts mit vielen vorzeitigen Startern ist eine zu kurze Linie. Empfohlenes Richtmaß ist die eineinviertelfache Länge aller Boote *(6.13)*. Noch mehr wird benötigt bei leichterem Wind oder Strom gegenan, weniger bei raumen Starts.

Wenn die Linie zu kurz ist, drängen alle Boote vorwärts und verursachen in der Mitte eine Ausbuchtung. Andererseits hängt eine überlange Linie in der Mitte durch *(6.14)*. Außerdem beeinflußt die Länge der Linie auch ihre notwendige Neigung. Lange Linien lassen sich viel schwerer auslegen. Sie sollten nahezu völlig senkrecht zum Wind liegen. Wird die Länge der Linie verdoppelt unter Beibehaltung des gleichen Neigungswinkels, so verdoppelt sich auch der Vorteil eines Bootes am Ende. Eine perfekte Linie würde bedeuten, daß Boote, die von je einem Ende auf *entgegengesetztem Bug* gestartet sind, aller Voraussicht nach kollidieren würden. Da die meisten Boote auf Bb-Bug starten, empfiehlt es sich für das Boot auf der Stb-Seite, gleich nach dem Start zu wenden, wenn es auch etwas an Distanz verliert *(6.15 rot X zu schwarz X)*. Die Linie sollte so ausgelegt sein, daß sie danach auf Kollisionskurs liegen *(y = y)*. Das also ist der Grund für die Neigung der Linie, aber sie sollte bei Jollen höchstens eine Bootslänge betragen und bei Yachten vielleicht zwei oder drei Längen. Empfohlene Neigungswinkel bei offenem Wasser ohne weitere Einflüsse könnten so sein wie in der Tabelle auf dieser Seite angegeben. Bei gegenläufigem Strom sollte die Wettfahrtleitung zunächst die scheinbare Windrichtung und -geschwindigkeit für die Boote ermitteln und dann erst den Neigungswinkel festlegen. Es gibt natürlich auch noch andere Gründe für mehr oder weniger Neigung.

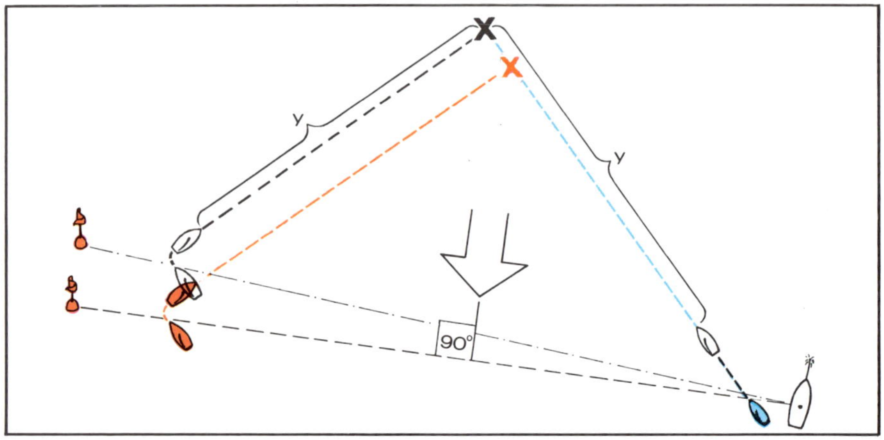

▲ *6.15*

Vormwindstarts können erfolgreich verlaufen, wenn sie mit dem Strom durchgeführt werden. Aber man muß einiges dabei beachten. Der Winkel der Linie zum Wind ist nicht so entscheidend, aber die Wettfahrtleitung sollte sich fragen, welche Seite aufgrund von Strom oder anderen Faktoren bevorteilt ist. Sie sollte daher den Neigungswinkel so genau wie möglich bemessen, um die Unterschiede auszugleichen.

Die erste Tonne nach dem Vormwindstart sollte, wenn möglich, an Stb gelassen werden, und der folgende Schenkel sollte eine Kreuz sein. Nur dann haben alle Boote eine Chance, freizukommen. Bleibt die Tonne an Stb, fängt die Wettfahrt fast so an wie bei einem Torstart *(6.29)*, und die meisten Boote haben einen vernünftigen Start. Beim Runden nach Bb können die führenden Boote auf Bb-Bug umlegen und auf einem sehr engen Raum für ein großes Durcheinander sorgen. Wenn jedoch der zweite Schenkel ein raumer Kurs ist, wird die ganze Wett-

NEIGUNGSWINKEL

Länge der Linie (m)	100	200	300	500	800
Winkel für Jollen	6°	3°	2°	–	–
Kielboote	11°	6°	3°	2°	–
12-m-Yachten	–	11°	6°	3 1/2°	2°

6.16 ▶

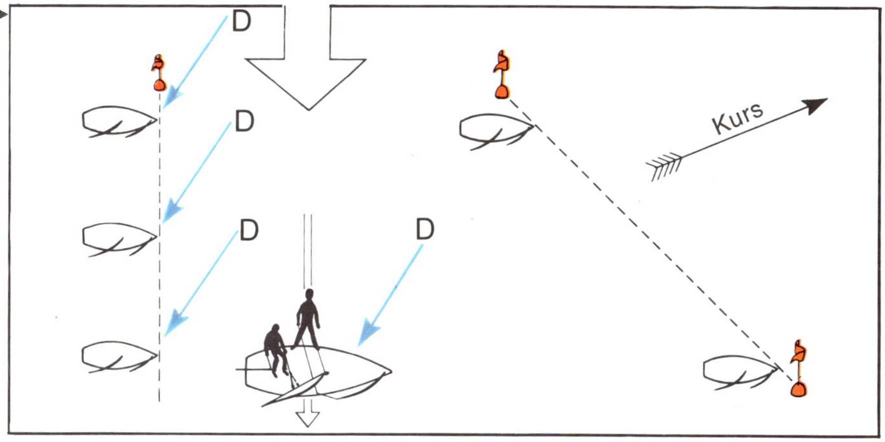

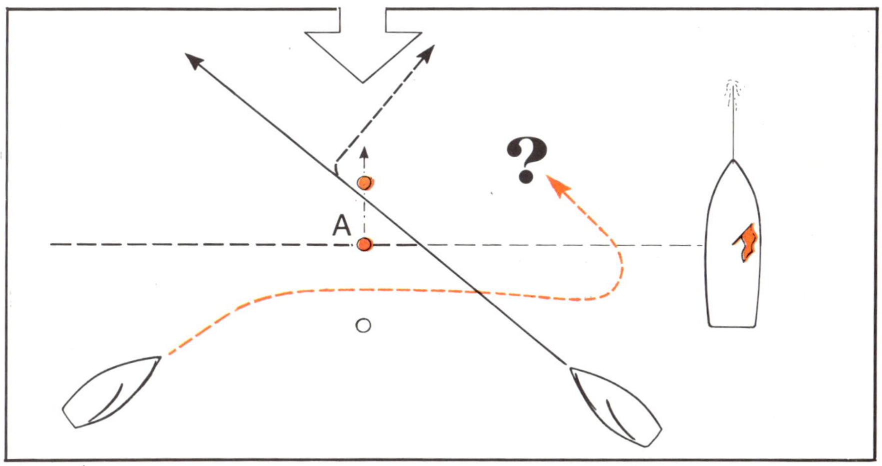

6.17 ▲

fahrt zu einer stumpfsinnigen Angelegenheit, auch für die Teilnehmer. Der Platz an der ersten Tonne entscheidet über die Endplacierung.

Raume Starts sind kaum zu empfehlen. Wenn es jedoch unvermeidlich ist, dann sollte der erste Kurs so weit wie möglich rechtwinklig zum Wind ausgelegt werden. Wenn die Linie nicht rechtwinklig zum Wind liegen kann, aber rechtwinklig zum Kurs, dann sollte sie natürlich für den jeweiligen Bootstyp sorgfältig geneigt werden. Bei Kielbooten stellt sich für die Teilnehmer die Frage, ob sie einen Spinnaker fahren können. Daher werden sie sich ziemlich gleichmäßig an der Linie verteilen, aber gewöhnlich ist es am besten, das Lee-Ende der Linie ein wenig zu bevorteilen *(6.16).*

Trapezjollen sind halbwinds oft am schnellsten, aber wenn die Luvseite im Vorteil ist, wird, außer jenem ganz in Luv, jedes Boot abgedeckt sein. Wahrscheinlich ist es am besten, die Linie quer zum Kurs auszubringen, da die Bootsgeschwindigkeit den scheinbaren Wind ohnehin vorlicher als dwars einfallen läßt *(D).* Je spitzer der erste Halbwindkurs ist, desto mehr sollte die Leeseite bevorteilt werden, bis die Linie, auf der die Luvtonne ausgelegt werden kann, senkrecht zum Wind liegt. Die Strategie des Seglers muß sein, herauszufinden, was die Wettfahrtleitung gemacht und warum sie es gemacht hat. Dann kann er aufgrund seiner eigenen Position bestimmen, ob die Wettfahrtleitung richtig gehandelt hat oder nicht. Der beste Fehler ist ein kleiner, denn dann könnte man der einzige sein, der ihn bemerkt hat!

Das Auslegen der Wendemarken

Bei Kreuzstarts soll das Startschiff am Stb-Ende der Linie liegen und durch eine innere Begrenzungsboje *(6.17 A)* geschützt sein, so daß die Boote ferngehalten werden und der Linienrichter freie Sicht hat. Diese Boje sollte sich auf der Linie oder in Luv davon befinden. Wenn sie in Lee liegt, könnte leicht ein Zweifel darüber aufkommen, ob ein Boot zwischen ihr und der Linie vor dem Start legal passieren darf *(6.20).* Es ist daher klüger, diese Quelle möglicher Störungen auszuschalten *(6.17).*

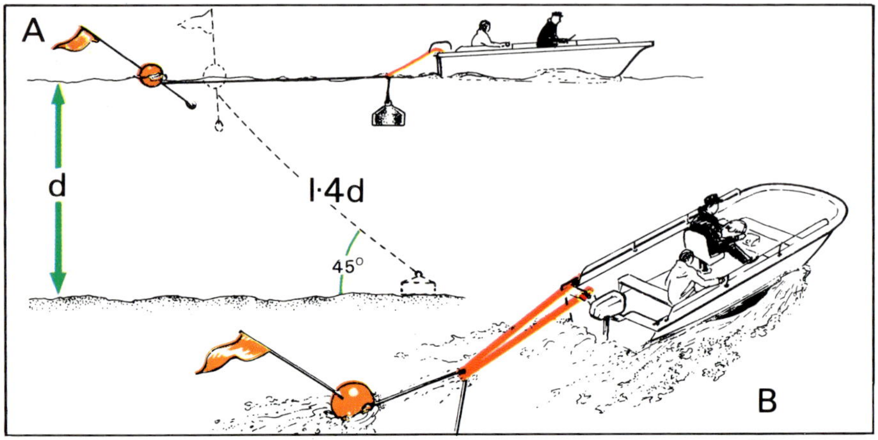

6.18 ▲ ▼ 6.19

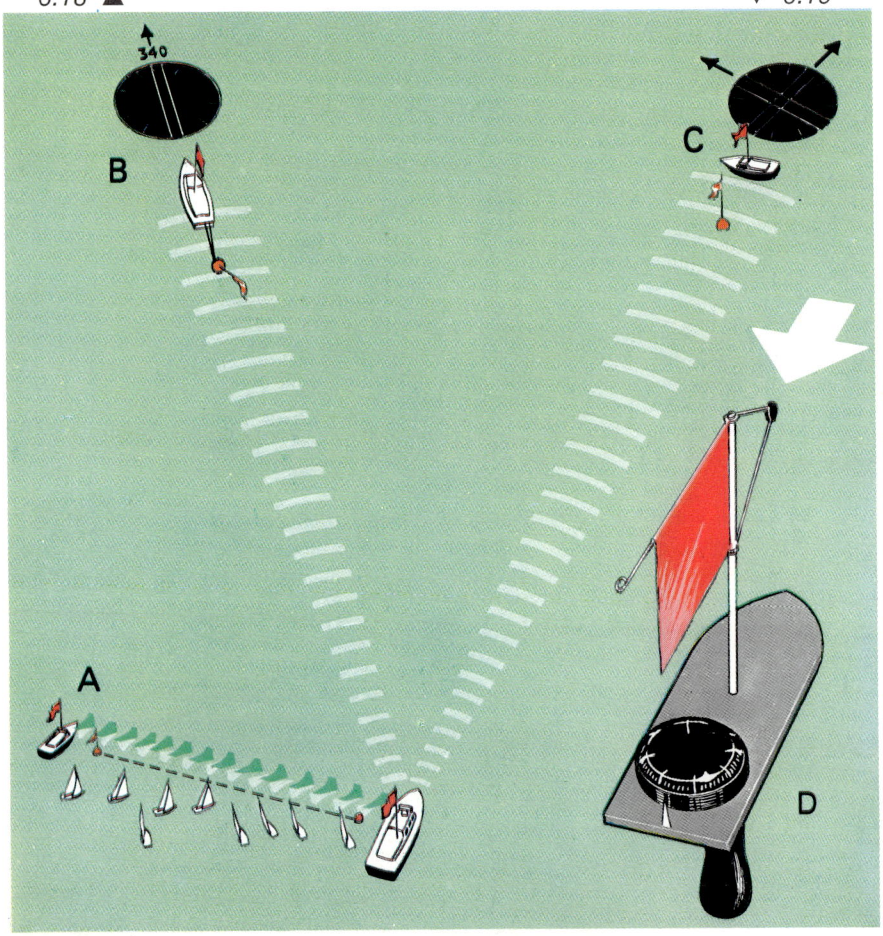

Die Wettfahrtleitung sollte auch stets ein kleines Motorboot zur Verfügung haben, um Bahnmarken oder die äußere bzw. innere Startbegrenzungstonne rasch verlegen zu können *(6.18 A und B;* die Ankerleine sollte so lang wie die eineinhalbfache Wassertiefe sein). Bei schwierigen Seebedingungen, bei Windschwankungen oder wenn es sich bei der äußeren Bahnmarke um eine nicht verholbare Tonne handelt, ist es besser, auf die innere Tonne zu verzichten und sicherzustellen, daß das Startschiff leicht und schnell verholt werden kann. Dazu braucht man viel Ankerleine und zwei gute Anker, so daß es an Bug und Heck verankert werden kann, ohne daß es gezogen werden muß *(6.11).* Dann kann der Winkel der Linie verändert werden, indem die eine Leine gefiert, die andere dichtgeholt wird. Wettfahrtleitungen sollten eine weitere Möglichkeit offenhalten, indem sie die Linie durch einen an der Reling versetzbaren Startmast anstelle des festen Bootsmastes markieren.

Alles dies sollte eine gute Wettfahrtleitung wissen. Doch nicht alle Wettfahrtleitungen haben genügend Erfahrung, da sie sich meist aus ehrenamtlichen Helfern zusammensetzen.

Für den Segler ist noch folgendes wichtig zu wissen:

- Gibt es einen Linienrichter auf beiden Seiten der Linie *(6.19 A)?* Wenn ja, dann muß er in Funkkontakt mit dem Startschiff stehen. Das wiederum bedeutet, daß die Wettfahrtleitung beim Start hart durchgreifen wird.
- Sind die Tonnen mit Hilfe von Radar ausgelegt worden?

Wenn ja, kann man sicher sein, daß ihre Positionen besonders genau sind. Man kann auch eine Peilscheibe *(D)* benutzen und Boote mit bekannter Geschwindigkeit und festem Kurs für eine bestimmte Zeit vom Startschiff abfahren lassen *(B)*, oder man gibt den Tonnenbooten Kreuzpeilungen zu Landmarken an, um die für das Auswerfen der Tonnen richtige Position zu finden *(C)*. Nichts jedoch ist so gut wie eine Radarposition, doch manchmal liegen die Tonnen weitab von ihrer Position. Achtgeben muß man auch auf Tonnen, die vom Strom vertrieben worden sind. Wird eine Tonne vertrieben, dann sollte die Wettfahrtleitung sie durch ein Boot oder eine andere Tonne mit der Flagge M (weißes X auf blauem Grund) ersetzen.

- Gibt es ein Pfadfinderboot, das den Weg zeigt? Das erleichtert zwar vieles, aber darüber darf man die Kontrollen vor dem Start nicht vernachlässigen, denn der Pfadfinder fährt nur auf dem ersten Schenkel, allenfalls auf der ersten Runde mit.

- Befinden sich die Startbegrenzungstonnen genau auf der Linie, oder sind sie nach Luv oder Lee versetzt, und wenn ja, um wieviel? Eine kluge Wettfahrtleitung wird sie so dicht wie möglich an die Linie legen. Liegen sie nämlich nach Luv, drängen die Boote beim Start dorthin, und das führt zu schlechten Starts und allgemeinen Rückrufen. Liegen sie mehr als eine Bootslänge nach Lee, besteht die Möglichkeit, daß einige Boote zwischen Tonne und Linie segeln und legal die Linie dicht beim Startschiff kreuzen. Bei manchen Linien kann dies ein großer Vorteil sein. Ist der Abstand geringer als eine Bootslänge, verstößt es gegen die Regeln, dazwischen zu segeln *(6.20)*.

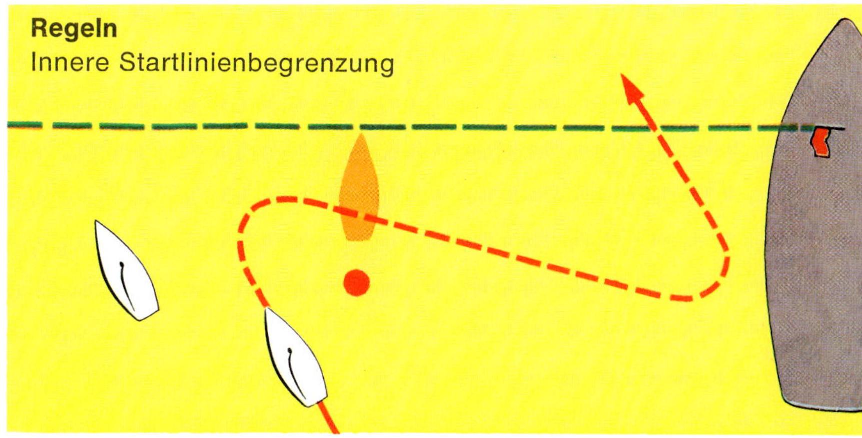

6.20 ▲

6.21 Das Berühren der Wendemarke kann durch einen 720er wiedergutgemacht werden.

6.22 Start und Ziel zwischen Start-(Ziel-)Schiff und C. Tonnen A, B, C müssen an Bb gelassen werden, jeweils zwei Runden lang.

6.23 Die rote Markierung zeigt die falsche Rundung an. Grün zeigt die Abwicklung und das korrekte Runden.

6.24 Grün zeigt die Wiederholungsrunde. Diese Regel für das nochmalige Runden gilt so lange, wie sie nicht durch die Segelanweisungen aufgehoben ist.

6.25 Tonne A ist an Stb, Tonnen B und C sind an Bb zu lassen. Nur der rote Kurs rundet A.

6.26 Die Starttonnen müssen beim nochmaligen Runden außen gerundet werden.

6.27 Tonnen A, B, C, D sind an Bb zu lassen. A kann auf dem zweiten Bein ignoriert werden, wenn die Boote unter Land gehen wollen, um dem stärksten Gegenstrom auszuweichen.

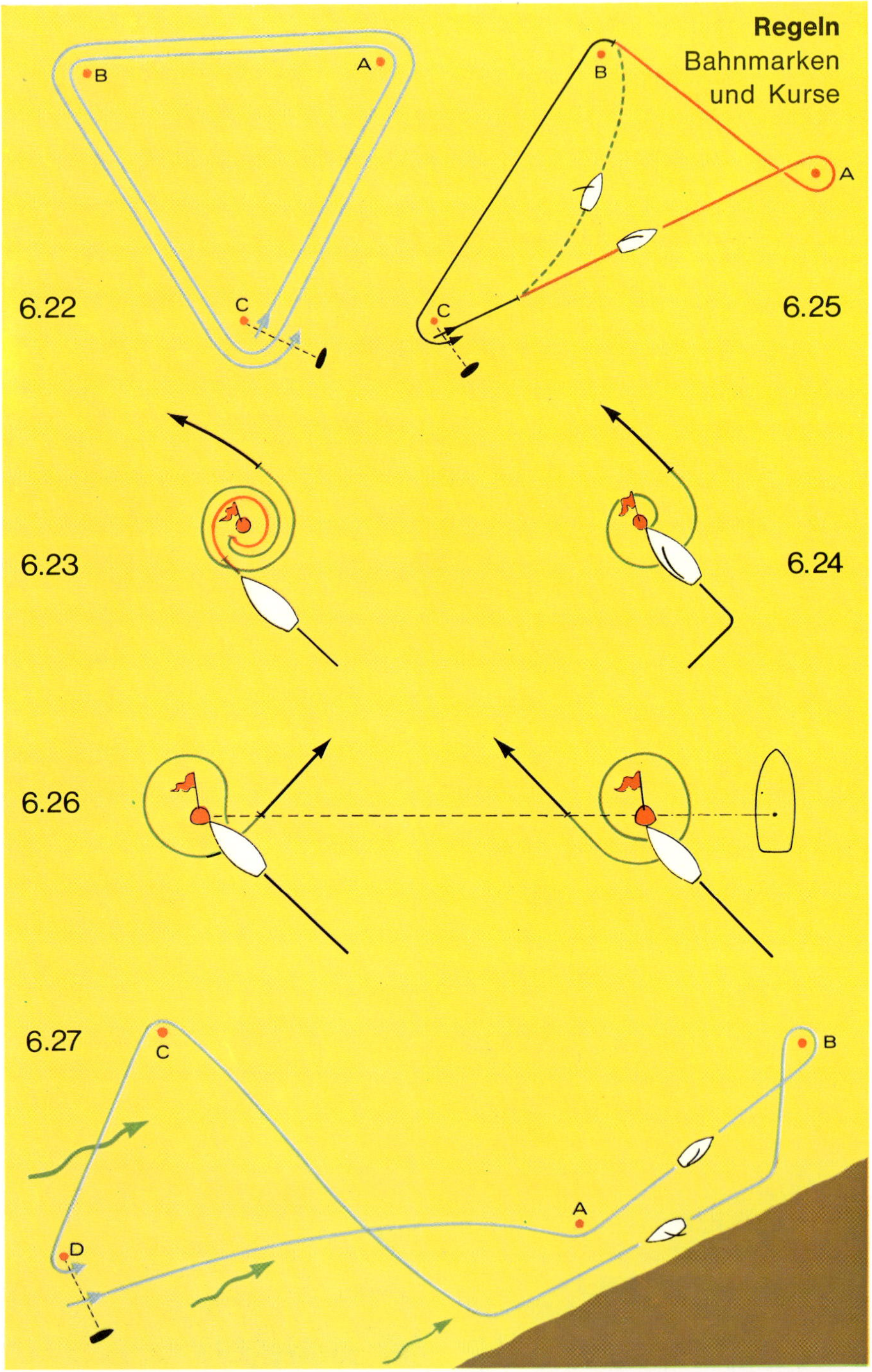

Das Absegeln des Kurses
Gemäß den Regeln muß jede Tonne in der genauen Reihenfolge gerundet oder passiert werden, so daß ein dem Boot folgender Faden alle Tonnen in der richtigen Anordnung einschließen würde *(6.22)*. Wenn also eine Tonne falsch gerundet wird, kann der Kurs nur korrigiert werden, wenn man zuerst den Faden abwickelt *(6.23)*.

Hat ein Boot eine Bahnmarke berührt, so kann es seine Disqualifikation vermeiden, indem es sich unverzüglich von allen anderen Yachten freisegelt und einen 720er (zwei 360-Grad-Drehungen hintereinander in derselben Richtung) ausführt. Hat die Berührung der Tonne auf der falschen Seite der Bahn stattgefunden, muß die Bahnmarke außerdem noch ordnungsgemäß gerundet werden.

Manchmal legen die Wettfahrtleitungen mit Absicht eine Bahn mit einer Schleife aus. Dies ist eine gemeine Falle, denn wenn der Kurs in den Anweisungen nicht ganz genau beschrieben ist, kann diese leicht ausgelassen werden *(6.25)*. Es wird allgemein anerkannt, daß, wenn in den Segelanweisungen von „runden“ die Rede ist, dieses auch gemeint ist. Eine so definierte Tonne muß „gerundet“ und nicht in irgendeiner Entfernung passiert werden. Ein Kurs jedoch, der als eine Reihe von Nummern oder Buchstaben auf einer Tafel *(0.17 und 7.9)* aufgeführt ist, sollte keine Schleifen beinhalten, wenn nicht wenigstens zwei Tonnen mit einer Schleife zu runden sind. Dann ist es unmöglich, die Absicht falsch zu interpretieren. Berührt man Starttonnen, müssen diese außen herum nochmals gerundet werden, auf der Stb-Seite im Uhrzeigersinn, auf dem Bb-Ende entgegengesetzt *(6.26)*.

6.28 Die Ankerkette gilt nicht als Teil der Bahnmarke. Man darf sie zwar berühren, sich aber nicht davon abstoßen. Das wäre ein „nicht erlaubtes Vortriebsmittel“.

Nach den Wettsegelbestimmungen sind Bahnmarken nur dann relevant, wenn sie auf dem Schenkel liegen, den das Boot gerade segelt. Daher gelten vom Vorbereitungssignal an bis zum Runden der Luvtonne die Startmarken, die Luvtonne selbst und jede andere Bahnmarke, die vom direkten Kurs keine Abweichung erfordert, als Bahnmarken, die nicht berührt werden dürfen, auf der richtigen Seite zu passieren sind und auf die die „Faden“-Regel angewandt wird.

Hat man eine Bahnmarke erfolgreich gerundet, können alle vorhergehenden Bahnmarken außer acht gelassen werden. Sie zählen nur noch als Hindernisse, während man den nächsten Schenkel segelt, und nur Marken auf diesem Kurs sind dann relevant *(6.27)*.

Grundgeschirr zählt nicht als Teil der Bahnmarke. Das Boot auf dem Foto *6.28* verhält sich also richtig, vorausgesetzt, die Mannschaft stößt sich nicht ab, was als „unfaires Vortriebsmittel“ gilt. Boote oder andere Objekte, die vorübergehend an Bahnmarken festgemacht haben, zählen ebenfalls nur als Hindernisse und können berührt werden, wenn nicht die Segelanweisungen anders lauten.

6.29 Der Torstart:
A Torboot
B Pfadfinder
C Juryboot
D Startboje
E Startschiff
F Ende der Startlinie
G Boote, die auf den Start warten

Abstände:
A bis B beträgt ungefähr die dreifache Länge von B.
C ist ungefähr 30 m voraus und 10 m in Lee von B.
D bis F beträgt ungefähr drei Minuten Segelzeit in einem großen Feld.
Die Boote G segeln so dicht wie möglich hinter dem Heck von A durch.
Die Boote G dürfen nicht zwischen A und B oder B und C hindurchsegeln.

Torstart

In manchen Gegenden wird der Tor- (oder Pfadfinder-)start angewandt, um eine große Flotte von Einheitsbooten auf die Bahn zu schicken. Die Zeichnung *6.29* zeigt die übliche Methode. Vorausgesetzt, der Wind bleibt konstant, während der Pfadfinder das Tor öffnet, ist ein bemerkenswert ausgeglichener Start die Folge. Häufig wird ein sehr großer Teil des Feldes an der Luvtonne zusammen ankommen. Einige Leute meinen, dies sei ein Nachteil des Torstarts in sich, weil die Zusammenballung an die Luvtonne verlegt wird. Aber wenn die Kreuz angemessen lang ist, gibt es genügend Möglichkeiten für die Boote, sich zu verteilen.

Ein interessanter Einwand ist der, daß durch den Torstart viel von der Spannung beim Start verlorengeht. Dem erfahrenen Regattasegler nimmt diese Methode viel von seinen Chancen, aber dem weniger erfahrenen gibt sie die Möglichkeit, den ersten Schenkel ohne Nachteil gegenüber den Experten zu beginnen.

Der Pfadfinder ist gewöhnlich das zehnte Boot des vorangegangenen Rennens; als Ersatzpfadfinder gilt das elfte. Der Pfadfinder selbst ist gehalten, so schnell und hoch wie möglich zu segeln, denn schon während der Öffnung des Tores segelt er gegen die frühen Starter. Die schnellsten Boote werden daher gewöhnlich früh starten, und die langsamen werden versuchen, durch spätes Starten so wenig Distanz wie möglich zu den führenden Booten zu verlieren.

Es gibt noch weitere Vorteile: Man kann die vorher geplante Regattataktik leichter ausführen, weil man beim Start nicht gestört wird; alle Boote können an der bevorteilten Stb-Seite in freiem Wind starten, und wenn es ihnen gelingt, sich eine Lücke zu dem nächst hinteren zu schaffen, können sie frei wenden oder weitersegeln, ganz nach Wunsch; normalerweise können weniger Regeln verletzt werden; niemand kann zu früh starten; niemand braucht zu hasten, weil die Tonne frei treibt.

Andererseits ist es nicht so einfach, die Boote in das richtige Startgebiet zu dirigieren; die Stb-Begrenzung der Linie ist nicht genau bekannt, bevor das Tor offen ist; läuft etwas schief, einschließlich Störung des Pfadfinders, ist es nicht so leicht, einen neuen Start zu organisieren.

Ist der Wind sehr schwankend oder leicht, ist die Methode ungeeignet, denn das Tor kann sich in der Öffnungsphase schneller oder langsamer öffnen. Auch die Richtung kann sich ändern. Anders als bei einer festen Linie, wo alle Mannschaften sehen können, wenn der Wind dreht, ist das Tor und mithin seine Begrenzung nicht fixiert, bis das Tor offen ist, und bei leichtem Wind gar könnte es sich niemals öffnen.

In der Theorie bereitet schweres Wetter keine Schwierigkeiten, aber Wettfahrtleitung und Pfadfinder könnten Mühe haben, die notwendige perfekte Reihenfolge des Vorgangs bei rauhen Bedingungen einzuhalten.

Bei starkem Strom wird der Einfluß des scheinbaren Windes automatisch aufgehoben – außer dem, der sich auf die Luvtonne bezieht –, weil der Pfadfinder und alle Konkurrenten frei treiben. Die einzige Schwierigkeit bereitet die Tonne am Bb-Ende, die auf dem Grund verankert sein kann. Obwohl daher die Linie anfangs erfolgreich gekreuzt wird, könnten manche Boote nicht in der Lage sein, die Bb-Begrenzungstonne anzuliegen. Bei querlaufendem Strom sollte die Wettfahrtleitung die Luvtonne nach den gleichen Prinzipien auslegen wir für eine feste Linie.

Die Taktik beim Torstart ist einfach: spät starten, wenn man sich auf der Stb-Seite aufhalten will, früh, wenn man nach Bb zu gehen beabsichtigt. Am besten bleibt man auf der Linie ein Stück vor dem Pfadfinder und taucht mit Höchstgeschwindigkeit dicht hinter dem Heck des Torbootes durch. Dabei muß man allerdings auf die Boote in Lee mit dichten Schoten achten. Sie brauchen keinen „Raum an einer Startmarke" zu geben. Es ist gefährlich, den Pfadfinder auf Stb-Bug zu begleiten, um dann irgendwann hinter ihm durchzutauchen, da man kein Wegerecht hat und der Platz zum Manövrieren begrenzt ist. Mit diesen Einschränkungen ist der Torstart sicherlich eine sehr erfolgversprechende Alternative zu dem herkömmlichen Start, besonders auf offenem Wasser an der Kreuz, bei mittlerem, beständigem Wind.

Feste Startmarkierungen an Land
Bei Clubregatten ist es meist üblich, eine feste Peilung an Land zu haben, mit einer oder zwei Begrenzungstonnen auf dem Wasser *(6.30)*. Manchmal kann man den Winkel der Linie verändern, indem die Peilmasten versetzt werden. Gewöhnlich bedeutet das, daß die Begrenzungsbojen auch verlegt werden müssen.

Ist das Wasser vor der Küste sehr tief, etwa an Felsküsten, Berg- oder Stauseen, kann die Länge der Linie unbegrenzt sein. Dann kann es jedoch passieren, daß das Feld auf der der Küste zugewandten Seite einer festen Bahnmarke einige hundert Meter vor der Küste passieren muß. Das bedeutet, daß man sich seine Position an der Startlinie sehr sorgfältig aussuchen muß, ebenso wie die Taktik für das Runden der Tonne, wenn ein klares Wegkommen gesichert werden soll.

Wenn die Luvtonne an Bb zu lassen ist *(6.31)*, wäre der perfekte Kurs ein Schlag mit Bb-Wind an die Küste und dann ein Stb-Wind-Schlag, mit dem man die Tonne klar anliegen kann. Es ist dabei unerläßlich, einen Probeschlag zu machen und den Punkt an der Küste *(A)* festzuhalten, den man erreichen muß, bevor man sicher die Bahnmarke anliegen kann; verfehlt man sie auf Anhieb, wäre das katastrophal, weil man noch einmal auf den Bb-Wind-Bug zurückgehen und ohne Wegerecht auf die Marke zufahren müßte *(X)*. Lasse dich nicht von Stb-Wind-Booten mit auf offenes Wasser abdrängen *(Y)*. Gehe hinter ihrem Heck durch, wenn es notwendig ist *(Z)*, um den markierten Punkt zu erreichen.

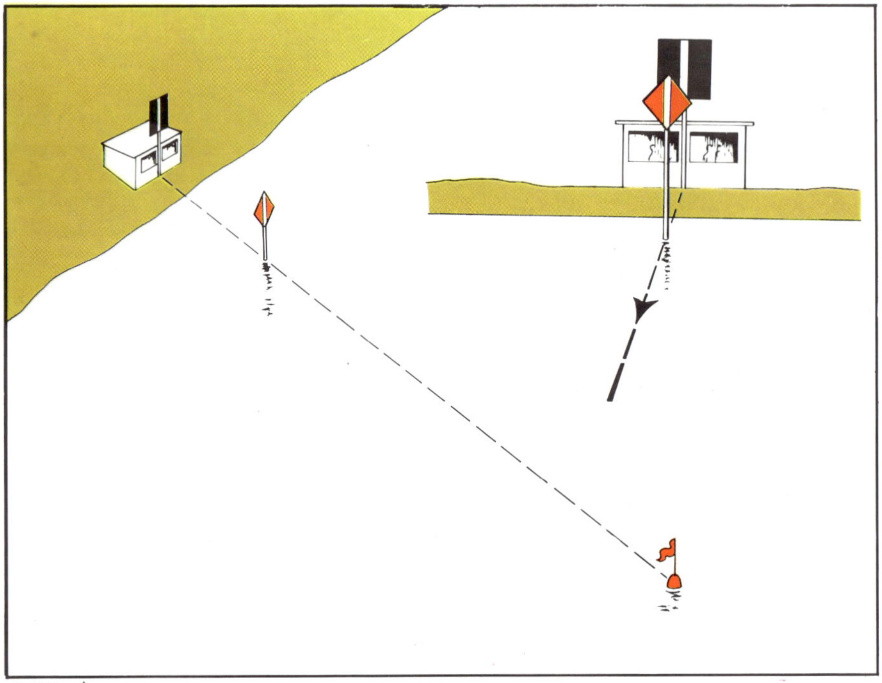

6.30 ▲

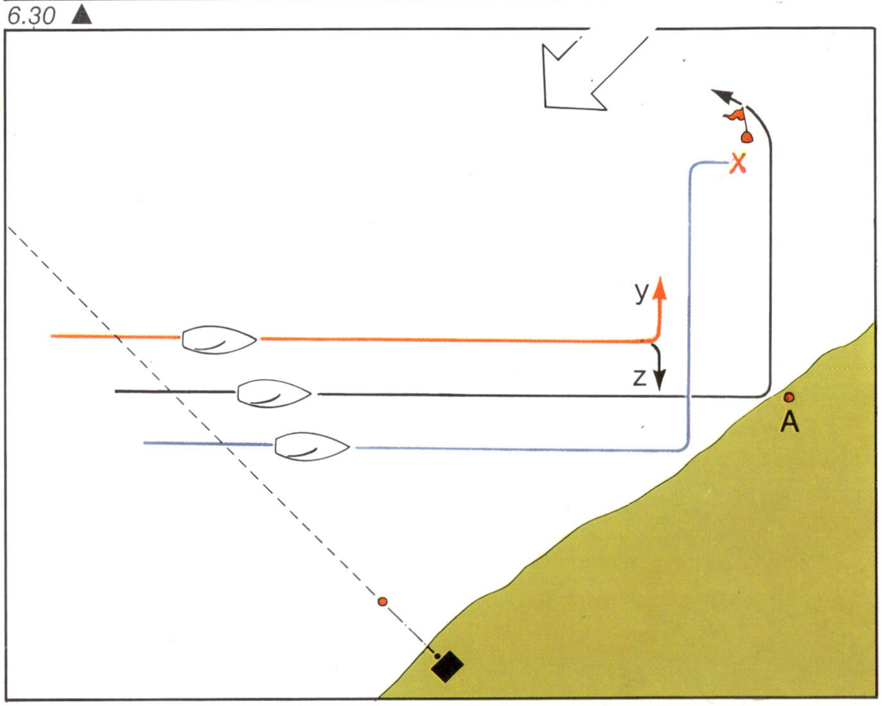

6.31 ▶

Eine an Stb zu rundende Tonne kann mit einem Stb-Wind-Schlag erreicht werden *(6.32),* aber jeder möchte an diesem Punkt auf der Linie sein *(A).* Weiterhin muß man eine ganze Anzahl von Fallen vermeiden (siehe Teil 3 hinsichtlich Wenden und Überlappungen an Bahnmarken). Die Wettfahrtleitung wäre gut beraten, die Tonne weiter nach draußen zu legen, um Drängeleien und unmögliche Wegerecht-Situationen zu vermeiden, wenn sie nicht die ganze Nacht in Protestverhandlungen sitzen will.

Raumschotsstarts auf einer derartigen Linie müssen sehr trickreich bewerkstelligt werden *(6.33).* Der Erfolg hängt davon ab, ob man beim Schuß mit voller Geschwindigkeit und mit der besten Kurs- und Abstandskombination an der Linie *(A)* ist. Die Zeitplanung muß perfekt sein, und wenn der Navigator das nicht schafft, kann man einen guten Anlauf erzielen, wenn man vorher einige Probeläufe macht (siehe auch *5.39).*

Verwirrung kann an den Bahnmarken entstehen, wenn sich plötzlich die Wegerechtsverhältnisse ändern, so von der *Luv-Lee-Regel,* nach der das Leeboot Vorfahrt hat (das heißt *C vor B),* zu einem Punkt zwei Längen vor der Bahnmarke, wo die *Raum-an-der-Tonne-Regel* gilt und die Verhältnisse umgekehrt liegen (also *B vor C* in den dargestellten Positionen). Unmittelbar nach der Tonne dürfen die führenden Boote möglicherweise nicht wenden, da sie der Regel über *zu dichtes Wenden* unterliegen. (Weitere Erklärungen zu diesen Regeln siehe Anhang.)

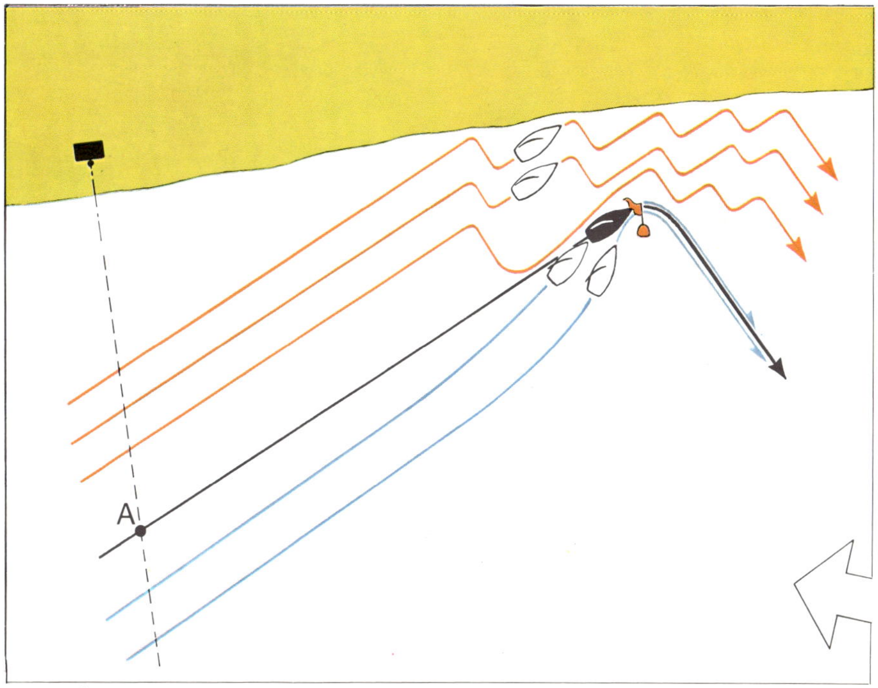

6.32 ▲

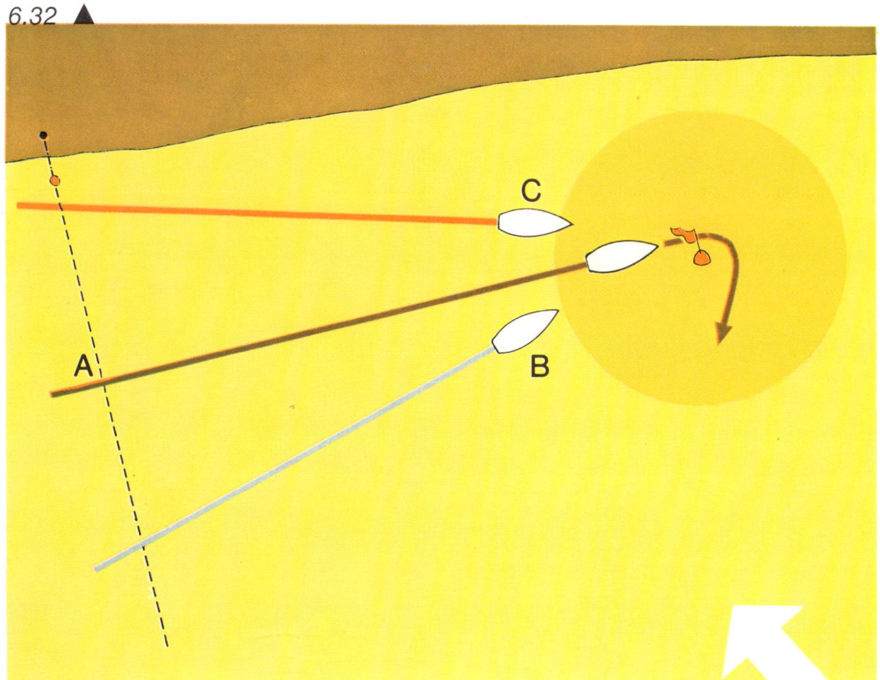

6.33 ▶

Startlinien auf offenem Wasser

Abgesehen von der unbegrenzten Peilungslinie *(6.34 A)* sind viele Kombinationen von Bojen und Startschiffen gebräuchlich. Am verbreitetsten ist eine Linie zwischen einem verankerten Startschiff oder -floß und einer festen Boje *(B)*. Gewöhnlich gibt es noch eine kleine innere Begrenzungsboje, die zwar nicht Teil der Linie ist, wohl aber als Starttonne zählt. Sie hält die Boote vom Startschiff fern *(C)*. Manchmal fehlt die innere Boje, und manchmal auch gibt es zwei Startschiffe mit inneren Begrenzungen auf jeder Seite *(D)*, die in Sprechfunkkontakt miteinander stehen, möglicherweise sogar mit doppelten Signalen.

Für den Steuermann ist das beunruhigendste Problem, zu erkennen, wann er an der Linie ist. Bei Peilungslinien mit guten und hohen Endmarkierungen vermag man die Entfernung von der Linie leicht abzuschätzen, aber auf die kleinen, unauffälligen Begrenzungstonnen auf offenem Wasser kann man sich als Peilung nicht verlassen. Auch werden sie zu leicht von anderen sich nähernden Booten verdeckt *(6.35)*.

Das beste Mittel ist, sich eine eigene Peilmarke im Hintergrund zu suchen *(6.36)*. Das ist auf offener See natürlich nicht möglich, aber selbst dann kann man in der entscheidenden letzten halben Minute eine Wolke oder ein Schiff als Peilmarke nehmen.

Wenn man kein Peilobjekt finden kann, bleibt einem nur, mit dem Auge abzuschätzen, wie dicht man an der Linie ist. Naturgemäß ist das leichter

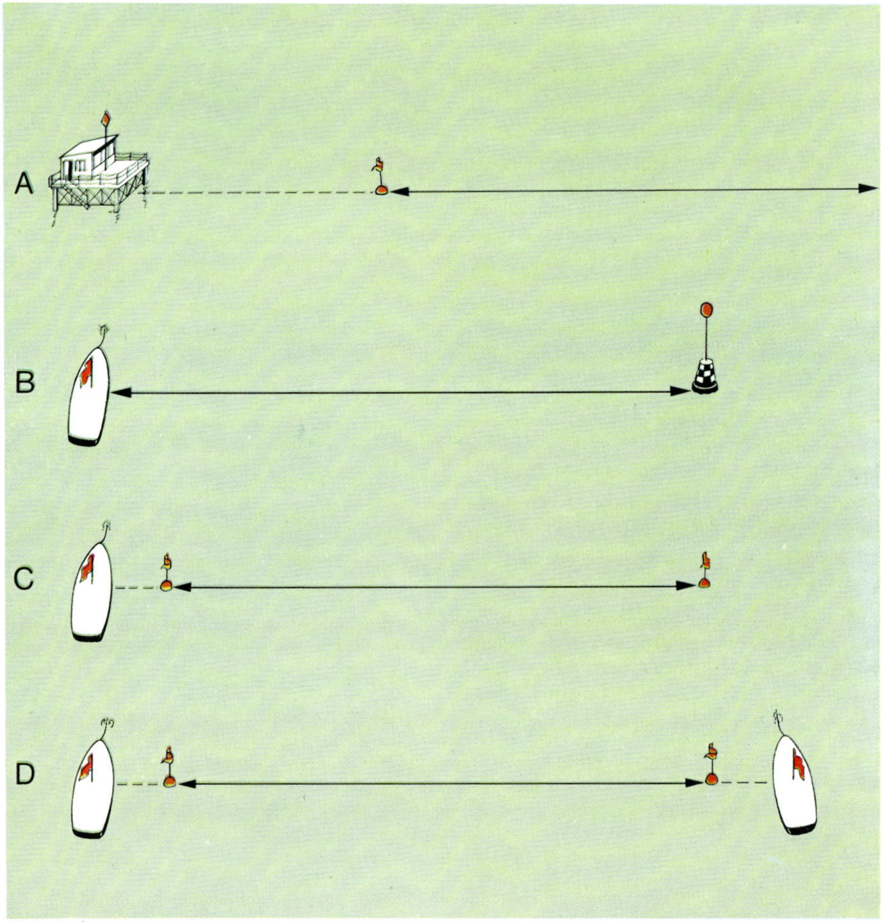

6.34 ▲

6.35 Im letzten Moment wird die Linie verdeckt. ▶

6.36 ▶

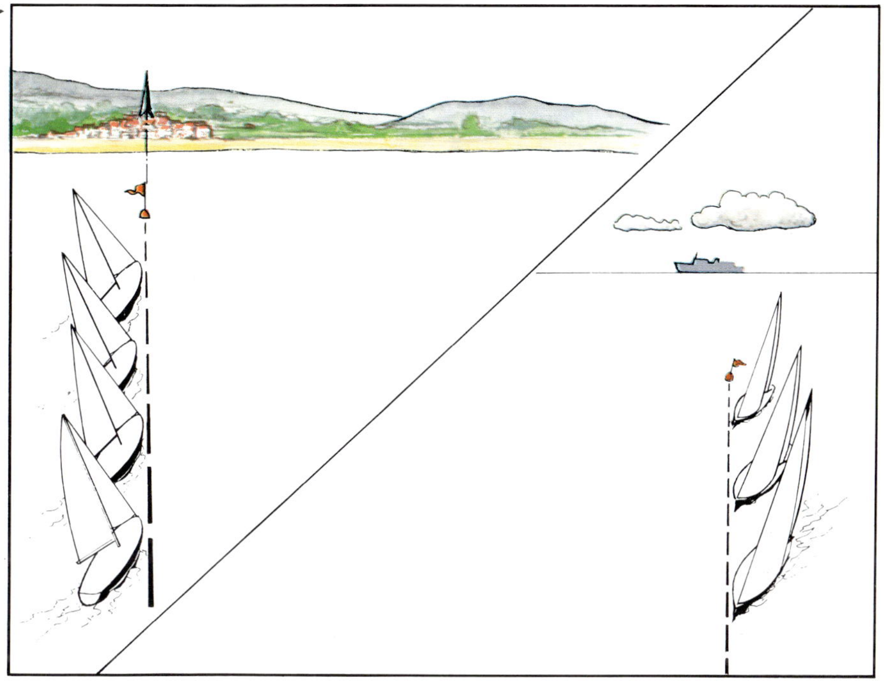

an den Enden, aber die Erfahrung zeigt, daß die Boote in der Mitte sich meistens zurückhalten. Sie könnten gewöhnlich näher an die Linie heran, als sie meinen *(6.14)*. Die einzige Ausnahme ist, wenn irgendein äußerer Einfluß die Boote dichter heranschiebt, zum Beispiel ein gegen den Wind laufender Strom. Wenn dann eine kleine Gruppe von Booten die Linie verdeckt, kommen auch alle anderen nach vorn, und das Ergebnis ist gewöhnlich ein allgemeiner Rückruf.

Sei also kühn! Du wirst erstaunt sein, wie oft du richtigliegst.

Deckpeilungen

Peilobjekte werden unbewußt die ganze Zeit auf dem Wasser benutzt. Du wirst nach einer Weile merken, daß du automatisch deine Position in Relation zu zwei anderen Objekten einpeilst, indem du ihre wechselnden Positionen, eine nach der anderen, festhältst.

Es gibt eine Grundregel bezüglich der Peilungen, die von größtem Wert beim Regattasegeln ist. Wenn du dich einem Objekt, gleich ob es sich bewegt oder festliegt, näherst, achte auf den Hintergrund. Wenn der *Hintergrund* nach *rechts* von dem Objekt auswandert, wirst du ebenfalls *rechts* passieren und umgekehrt *(6.37)*.

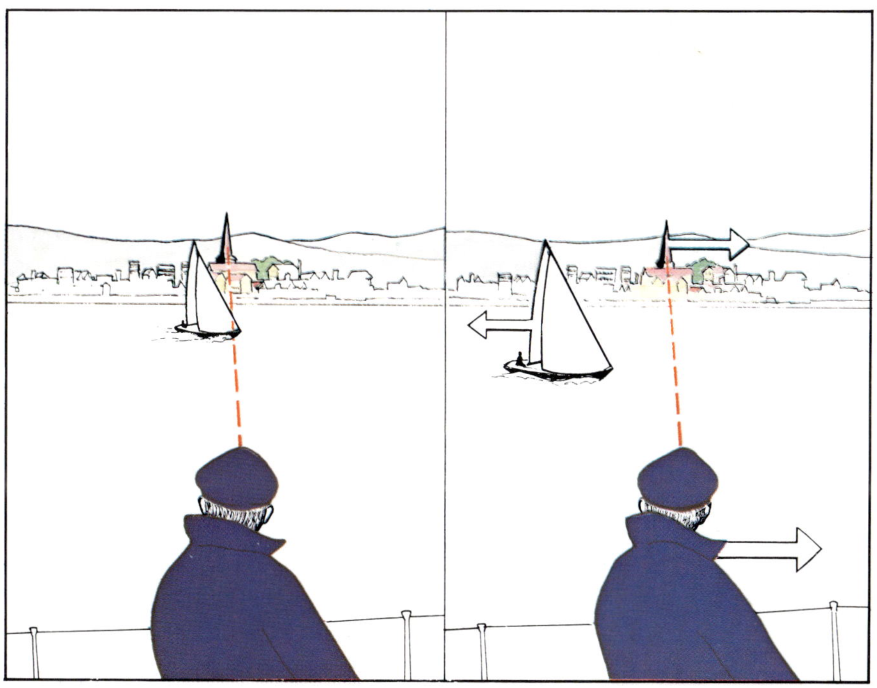

6.37 ▶

6.38 ►

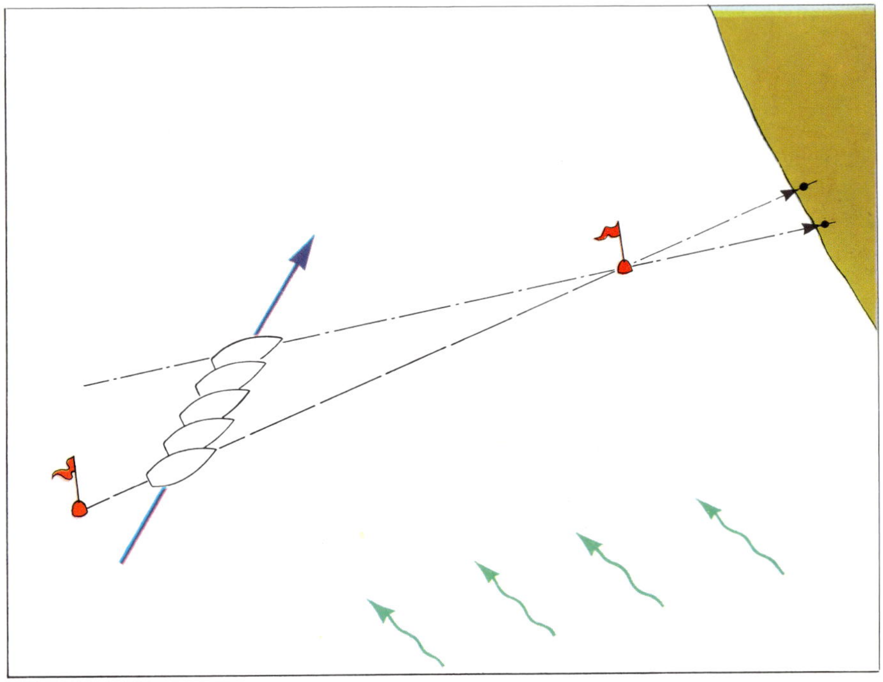

In *6.38* drückt ein Strom von der Seite das Boot aus der direkten Linie zur Bahnmarke. Vorhalten, wie in *6.39*, führt dazu, daß ein fester Punkt im Hintergrund *(X)* in Relation zur Bahnmarke konstant bleibt – ein direkter Kurs über Grund ist das Resultat.

Diese Tatsache wird auf zwei wichtige Weisen genutzt:

- *Einen Kurs absetzen zur nächsten Bahnmarke.* Wenn der Hintergrund hinter der Marke sich bewegt *(6.38)*, steuere zur einen oder anderen Seite, bis er konstant bleibt *(6.39)*. Dann weißt du, daß du auf diesem Kurs automatisch Strom oder Abdrift oder beides berücksichtigt hast.
- *Um augenblicklich zu wissen, ob du vor oder hinter einem anderen Boot passieren wirst,* beobachte den Hintergrund – du wirst auf der gleichen Seite passieren, in die der Hintergrund auswandert *(6.37)*.

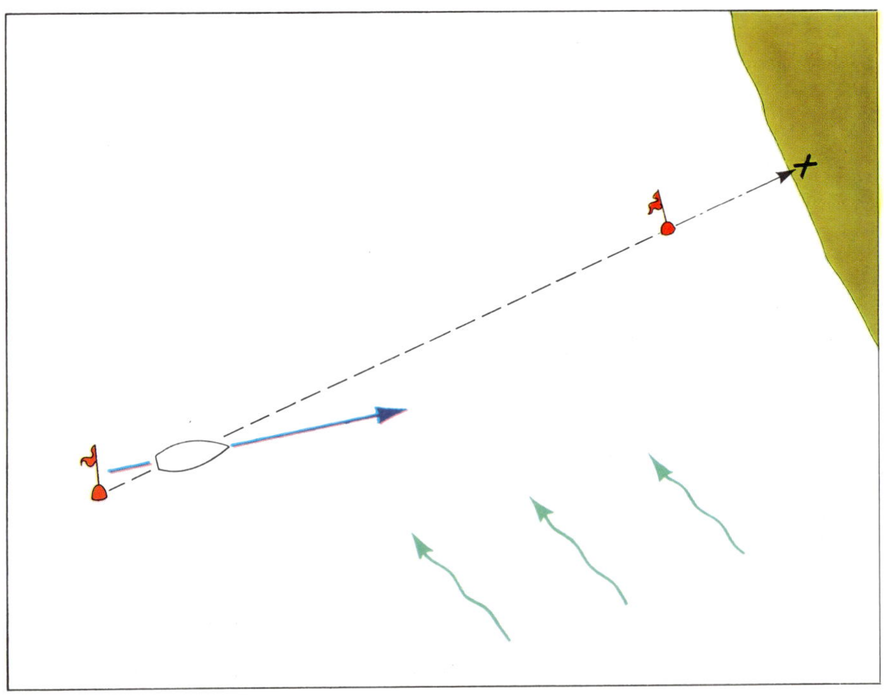

6.39 ►

6.40 ▶

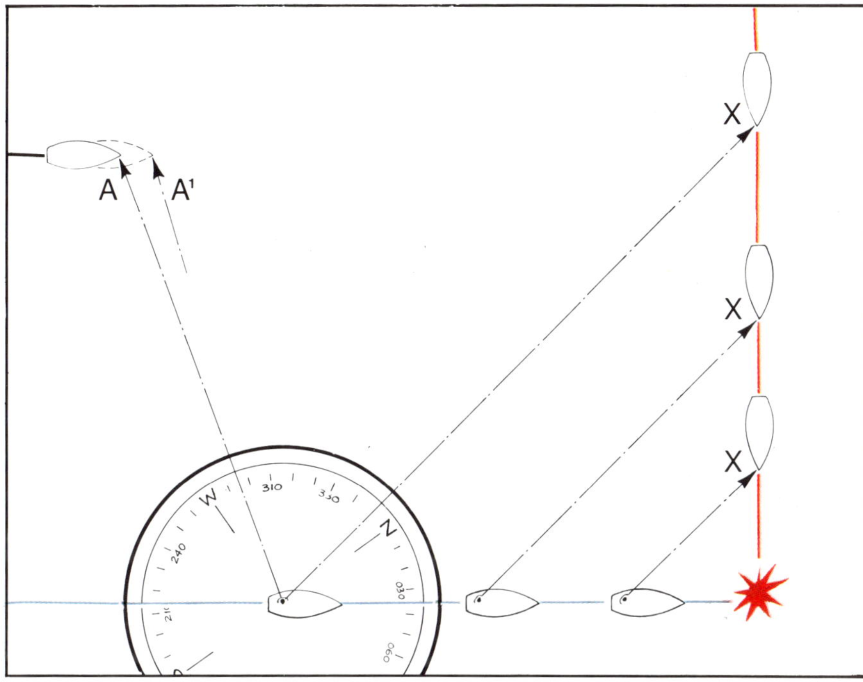

Stehende Peilungen

Auf größeren Booten, wo ein Handpeilkompaß benutzt werden kann *(3.12),* kann man sich mit Hilfe der stehenden Peilung zusätzliche Informationen verschaffen. Wiederholte Peilungen zu einem anderen Boot *(6.40 A)* zeigen, ob es gemessen an deinem eigenen Boot an Entfernung gewinnt *(A¹)* oder verliert oder ob es vor oder hinter dir passieren wird. Wenn die Peilung steht, gewinnt es, oder es wird in Kürze zu einer Kollision kommen *(X).*

Weiter kann man damit herausfinden, wie nahe man an der Kurslinie zur Luvtonne ist. Der kritische Kurs wurde bei der Startvorbereitung ausgearbeitet (340° in diesem Fall). Man braucht dann nur noch die Peilung zur Tonne mit dem Kurs zu vergleichen und weiß, wie weit man noch zu fahren hat. Einer der am häufigsten vorkommenden Fehler ist, über die Tonne hinauszufahren. Wenn man sich des Fehlers rechtzeitig bewußt wird, kann man die Auswirkungen zumindest verringern, indem man von diesem Moment an voller segelt *(6.41).*

Wenn man sich der Tonne aus einiger Entfernung nähert, ist es notwendig, den Strom zu kennen. Wenn es nur einen flachen Horizont als Hintergrund gibt, geben wiederum wiederholte Kompaßpeilungen die Antwort. Nachts ist dies der einzig verläßliche Weg, um die eigene Position zur Tonne zu erkennen, die in diesem Fall meist eine Leuchttonne ist.

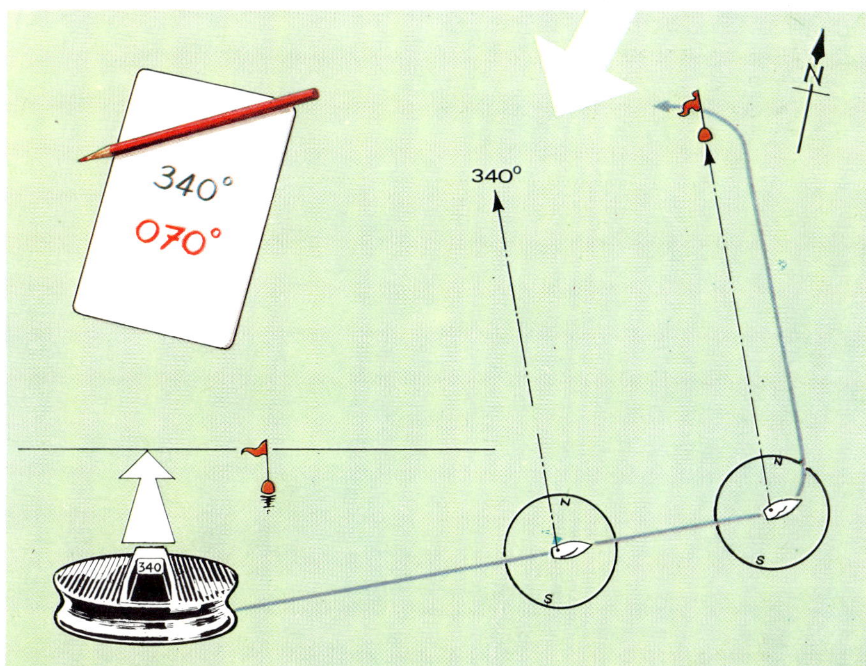

6.41 ▶

Teil 3

Das Rennen

Um die Regattataktik und die Wettsegelbestimmungen in einen logischen und richtigen Zusammenhang zu bringen, ist es erforderlich, eine Regatta von vor dem Start bis nach dem Ziel zu durchdenken. Wir müssen sie also im Detail betrachten und feststellen, welche Regeln auf die verschiedenen Boot-zu-Boot-Situationen zutreffen, die gewöhnlich in allen Rennen dieselben sind, und wie eine Mannschaft diese Regeln anwenden kann, um einige Standardtaktiken für sich zu entwickeln.

Es gibt Situationen, die sich immer wiederholen und die oft bei einer Mannschaft eine Reaktion hervorrufen, die mit Sicherheit zur Niederlage führt. So kann man nach dem Start häufig beobachten, daß Boote für eine erstaunlich lange Zeit im Abwind der Boote in Luv segeln und deshalb jede Sekunde an Boden verlieren. Ein anderes Beispiel ist, wenn sich zwei Boote auf gegensätzlichem Kurs mit dichten Schoten begegnen. Das Boot mit Bb-Wind wird nicht abfallen, um hinter dem Boot mit Stb-Wind zu passieren, weil es dies instinktiv als Niederlage ansieht. Also wendet es und wird sofort überlaufen – es fällt unweigerlich zurück.

Zu allererst muß die Mannschaft lernen, den Wind zu „sehen“. Sie muß auch lernen, das Wettfahrtgeschehen aus der Vogelperspektive zu betrachten, so daß sie die relativen Positionen der Boote zueinander und die Windströmungen, die sie vorantreiben, erkennen kann.

7.1 *Start einer Admiral's-Cup-Wettfahrt.*

Der zweite Fall ist ein Beispiel dafür, wie man immer vorausdenken muß. Versuche im Geiste eine Karte des Regattageschehens zu entwickeln, die auch ein, zwei weitere Züge mit einschließt.

Der Schlüssel zur Regattabahn
Präge dir die Zeichnung *7.2* ein, auf der zahlreiche Situationen in einer typischen Wettfahrt dargestellt sind. Und bei der folgenden Beschreibung des Rennens und der Analyse der möglichen Vorfälle, die auf verschiedenen Teilen des Kurses vorkommen können, vergegenwärtige sie dir.

Folge den farbigen Booten über den Kurs und gib Obacht auf die unterschiedlichen Manöver, die im einzelnen in den folgenden Kapiteln erörtert werden.
Vergiß nicht, daß es der Sinn einer Regatta ist, die Linie als erster zu passieren. Was zwischen Start und Ziel geschieht, ist eine Synthese von Kampf, Spiel, Erfahrung und Bootsbeherrschung, und es ist das Anliegen dieses Buches, dir dabei zu helfen, dieses komplizierte, aber faszinierende Spiel zu verstehen und zu beherrschen.

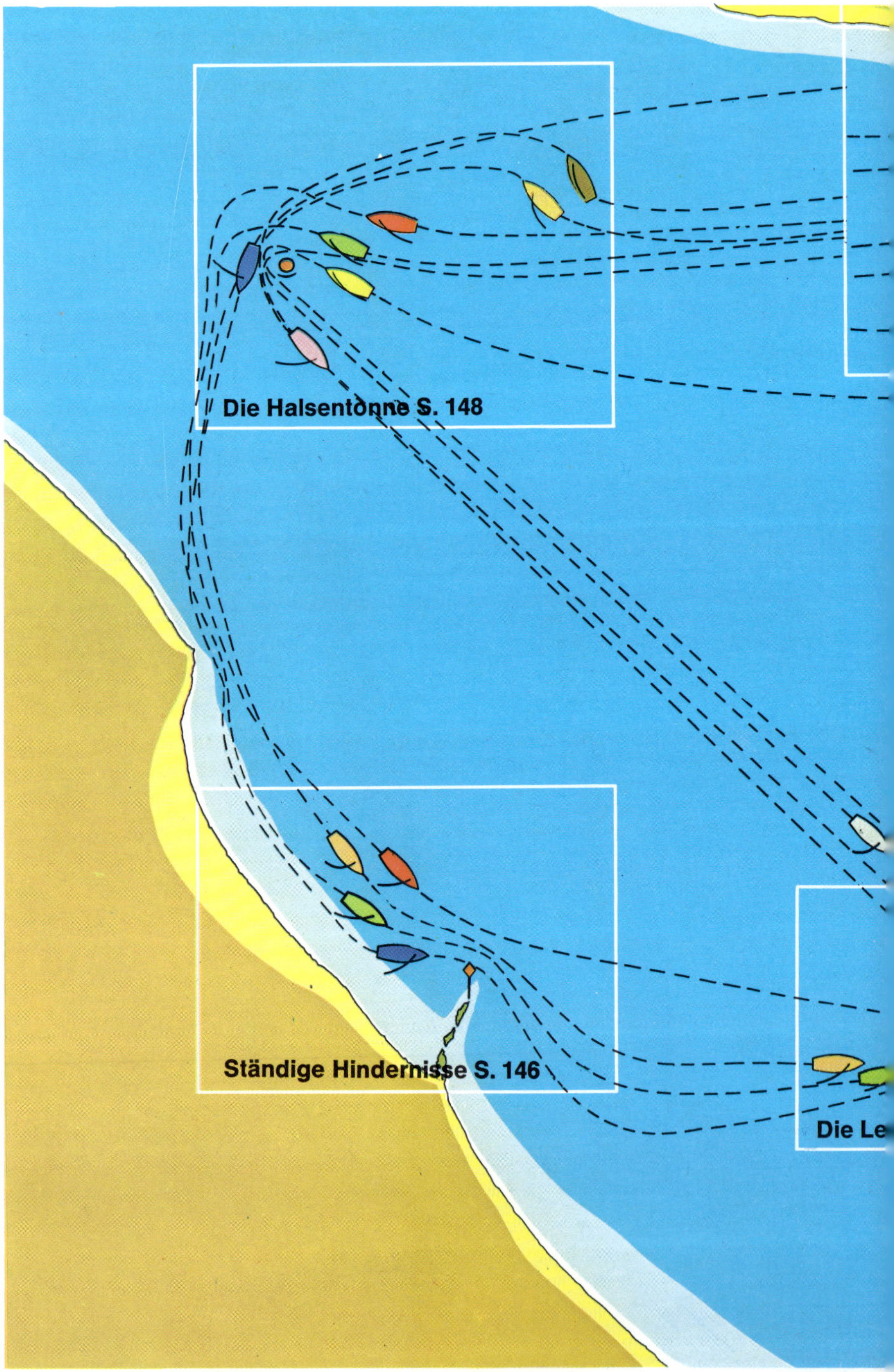

7.2 ▶

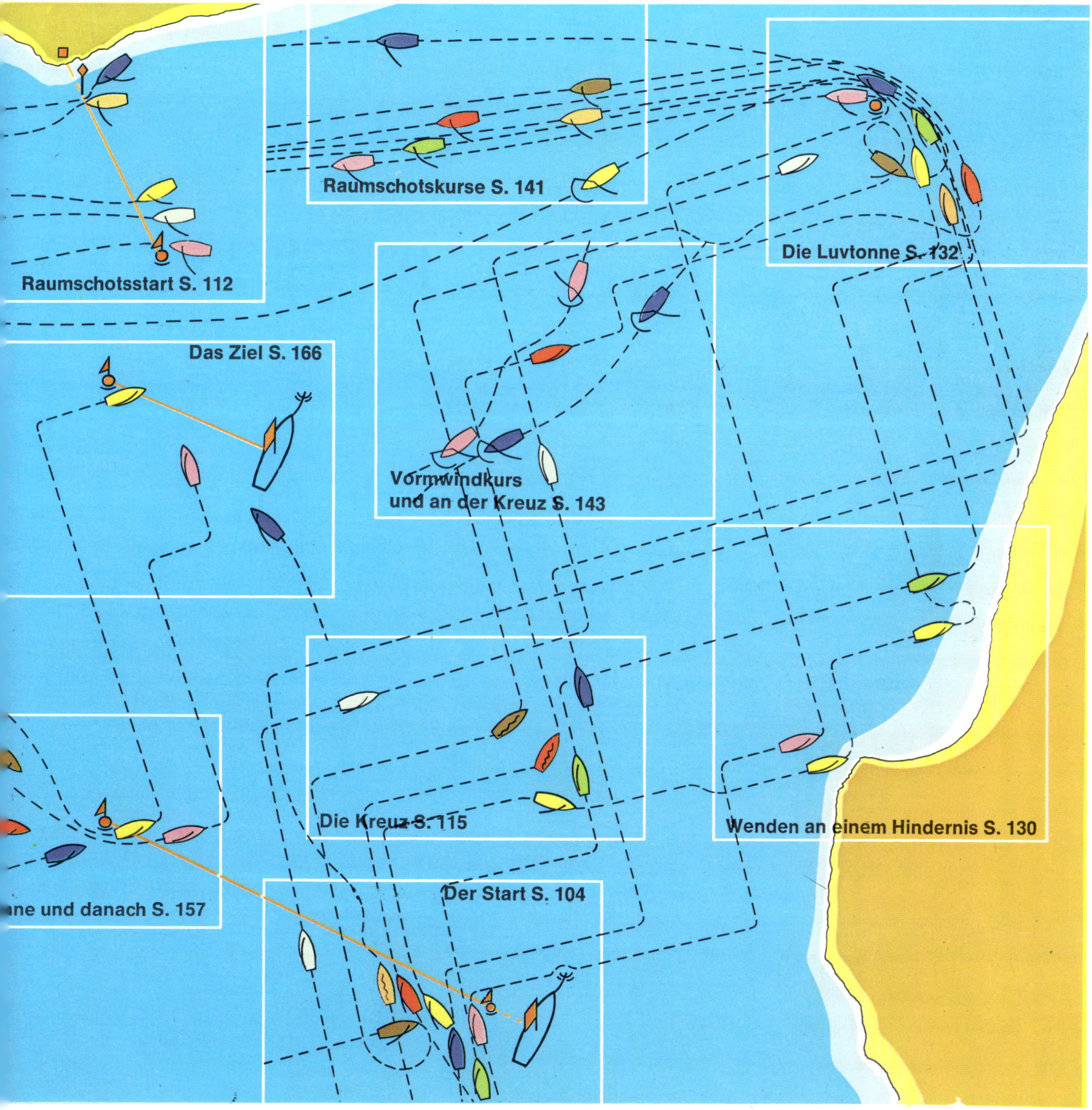
Raumschotsstart S. 112
Raumschotskurse S. 141
Die Luvtonne S. 132
Das Ziel S. 166
Vormwindkurs
und an der Kreuz S. 143
Wenden an einem Hindernis S. 130
Die Kreuz S. 115
ane und danach S. 157
Der Start S. 104

Kapitel 7

Vor dem Start

Bevor du zum Start hinausfährst, solltest du dir über die generelle Strategie im klaren sein. Die Strategie kann jedoch maßgeblich beeinflußt werden durch etwas, mit dem wir uns im folgenden befassen werden.

Punktwertung
Wir haben bis jetzt angenommen, daß du versuchst, die Wettfahrt für dich zu entscheiden. Du könntest aber auch mehr darauf konzentriert sein, eine Serie zu gewinnen. Das würde bedeuten, daß du vermeiden mußt, von dem jeweiligen Punktersten abgedeckt zu werden, oder aber, wenn du selbst führst, daß du dich gegen jeden Herausforderer verteidigen mußt. Bevor du also zum Start segelst, solltest du den aktuellen Punktstand ermitteln und, wenn es die letzte Wettfahrt einer Serie ist, wer unter welchen Umständen gewinnen kann.

Man unterscheidet zwischen zwei Hauptarten von Punktsystemen: lineare und abgestufte. Beim linearen Punktsystem wird jedem Boot die gleiche Anzahl von Punkten angerechnet, gewöhnlich einer. Beim abgestuften Punktsystem erhalten die besseren Placierungen einen abgestuften Bonus. Manchmal reicht dieser Bonus in abgeflachter Progression bis zum letzten Platz; das international verbreitete olympische Punktsystem jedoch begünstigt nur die ersten sechs Plätze.

Zwischen den Punktsystemen mit hohen oder niedrigen Punktzahlen gibt es keinen theoretischen Unterschied, obwohl die letzteren, die dem Gewinner null oder einen Punkt geben, leichter zu handhaben sind und sich besser mit den Punkten für solche Boote messen lassen, die aufgegeben haben oder disqualifiziert wurden. Manchmal gibt es eine zusätzliche Punktstrafe für Boote, die aufgrund eines Protestes disqualifiziert werden, im Gegensatz zu Booten, die während des Rennens freiwillig aufgeben. Wichtig ist auch, ob eine Streichung erlaubt ist oder nicht. Wenn die Punkte für die schlechteste Wettfahrt von der Gesamtzahl abgezogen werden können, wird dadurch die laufende Punktsituation stark beeinflußt.

Die Punktsysteme sind heutzutage etwas Zwiespältiges. Regattaserien wurden eingeführt, um den wahren Gewinner zu ermitteln, in der Annahme, ein einziges Ergebnis unterliege zu sehr dem Zufall. Darüber läßt sich durchaus debattieren, denn es hängt wesentlich davon ab, wieviel Mühe der einzelne in die Startvorbereitungen steckt. Viele Segler allerdings gehen Hals über Kopf die Regattasegelei an, so daß es für sie, deren Meinung schließlich überwogen hat, sicherlich zutrifft.

Nun wurden also Punktserien eingeführt, um die Auswirkungen des Zufalls zu vermindern, aber schon ertönte der Schrei, daß dies nicht fair sei, denn eine schlechte Wettfahrt könne die Chancen eines Bootes ruinieren. Also wurde eine Streichung erlaubt, um dem Zufall noch mehr vorzubeugen. Schließlich jedoch wurde ein abgestuftes Punktsystem entwickelt, um die Gewinner wiederum zu begünstigen.

Sicherlich wird irgend jemand einwenden, daß jedes System unfair ist, aber alles ist unfair, was bindend ist. Jedes Spiel hat seine Regeln, an die man sich hält, wenn man es spielt. Hältst du von den Regeln nichts, spielst du entweder nicht mehr mit, oder du machst ein anderes Spiel. Der echte Taktiker unter den Seglern studiert seine Regeln sorgfältig, und er arbeitet damit, um das Beste daraus zu machen. So solltest du dir das Punktsystem für dieses besondere Rennen einprägen und deinen taktischen Plan danach ausrichten, um nach diesen Regeln zu gewinnen und nicht nach Regeln, die deiner Meinung nach hätten angewandt werden sollen. Dies ist vielleicht der nützlichste Ratschlag, den man jemandem geben kann, der irgendeinen Sport treibt.

Die Auswirkungen unterschiedlicher Punktsysteme veranschaulichen folgende Beispiele:

1. Bei Anwendung eines linearen Punktsystems hat nach fünf Wettfahrten

   er 1, 2, 6, 3, 14 = 26 Punkte
   du 2, 1, 5, 6, 4 = 18 Punkte

Bei Streichung der schlechtesten Wettfahrt besteht Punktgleichheit. Ist die letzte Wettfahrt entscheidend, dann wärst *du* vorn. Die Methode „wer schlägt wen öfter" würde dieses Beispiel nicht lösen. Geht man danach, wer die meisten Siege, zweiten und dritten Plätze hat, dann würde *er* die Serie gewinnen. Es könnten auch noch andere Methoden angewandt werden – man muß nur die Segelanweisungen nachlesen, um die für die Serie jeweils gültige herauszufinden.

Wenn *du* in diesem Beispiel sechster oder schlechter bist, dann mußt du *ihn* in der letzten Wettfahrt schlagen, um die Serie zu gewinnen.

2. In einem anderen, extremeren, gleichwohl typischen Beispiel wirst *du* gewinnen, selbst wenn *du* aufgibst und *er* schlechter denn als achter endet:

   er 1, 1, 1, 6, 20 = 29 Punkte
   du 3, 4, 3, 2, 5 = 17 Punkte

Hier besteht eine gute Chance für genaues und hartes Decken, um *ihn* so weit wie möglich nach hinten zu segeln. Es wäre jedoch kein „faires Segeln", den Gegner zu behindern oder *ihn* mit illegalen Mitteln nach hinten zu drängen und dann selbst aufzugeben.

In diesem Fall schwinden deine Chancen zunehmend, wenn *er* besser denn als achter endet. Wenn *er* fünfter wird, mußt *du* erster werden, um die Serie zu gewinnen.

Abgestufte Punktsysteme komplizieren die Berechnung noch mehr. Die Tabelle unten zeigt die Punkte beim olympischen Punktsystem.

Beim zweiten Beispiel gäbe es folgende Punkte:

er 0, 0, 0, 11.7, 26 = 37,7
du 5.7, 5, 5.7, 3, 10 = 32,4

Wenn *du* gewinnst, kannst du *ihn* nur schlagen, wenn er sechster wird. Wirst *du* dritter, müßte *er* elfter oder schlechter werden, damit *du* sicher bist. Eine sehr viel schwierigere Aufgabe.

Deine Strategie hängt also vom System ab. Beim abgestuften System ist es viel wichtiger, in den einzelnen Rennen auf Sieg zu segeln, als konstant vorn zu sein – ganz im Gegensatz zu dem, was allgemein angenommen wird.

Olympisches Punktsystem

Anmerkungen: Grundlage ist eine Serie von sieben Regatten – davon eine gestrichen – oder, wenn erforderlich, eine Serie von sechs oder fünf Wettfahrten, von denen eine in jedem Fall gestrichen wird, aber niemals weniger als fünf.
Boote, die in der Wettfahrt nicht gestartet sind *(DNS),* die nicht zu Ende gesegelt oder freiwillig aufgegeben haben *(RET)* oder die zu früh gestartet sind *(PMS),* erhalten Punkte für einen Platz gleich der Anzahl der Meldungen für die Serie plus einen. Ein disqualifiziertes Boot *(DSQ)* oder eines, das versäumt, innerhalb einer angemessenen Zeit seine Aufgabe zu melden *(ebenfalls DSQ),* erhält die Zahl der Meldungen plus zwei, während gemeldeten, aber nicht teilnehmenden Booten drei Punkte zusätzlich angerechnet werden.

Platz:	1.	2.	3.	4.	5.	6.	7. usw.
Punkte:	0	3	5,7	8	10	11,7	Platz + 6

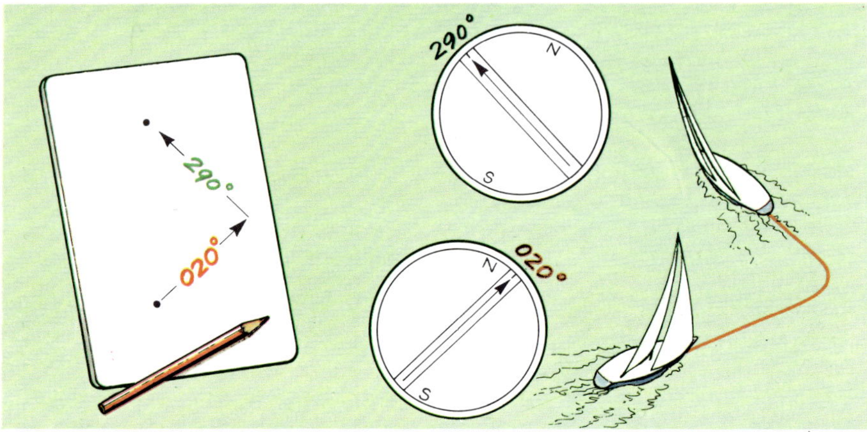

▲ 7.3

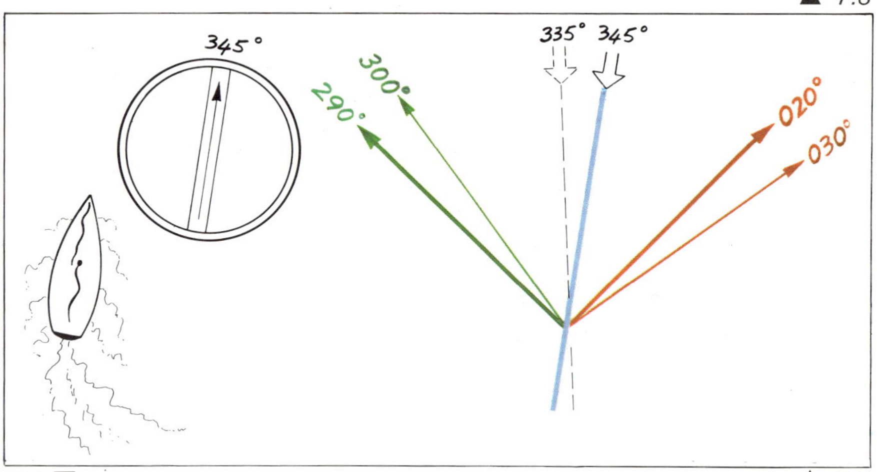

7.5 ▼

▲ 7.4

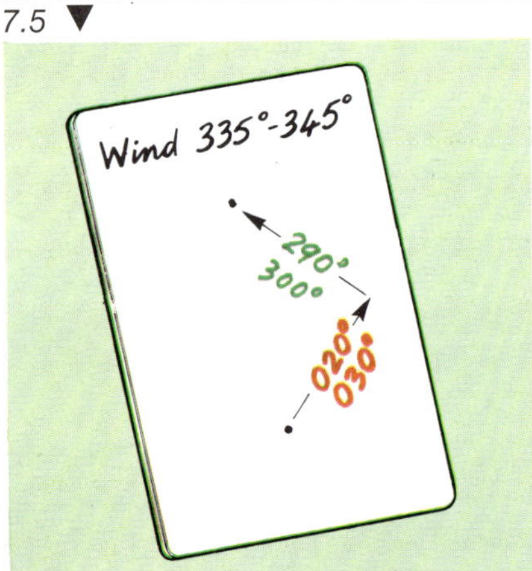

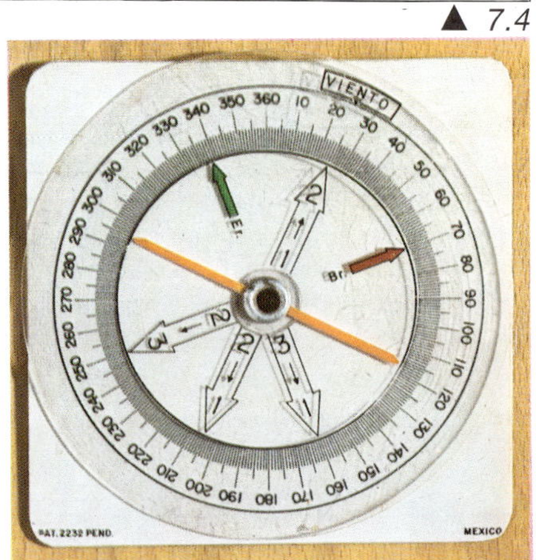

Kontrollen vor dem Start

Vom Wind hängt es ab, welche Segel gefahren werden, wie das Boot getrimmt und die Bahn auf idealem Kurs abgesegelt wird. Mittlerweile dürfte es offenkundig geworden sein, daß es in unserer Regatta am besten ist, nach dem Start nach Stb zu gehen. Dementsprechend muß der Start angelegt werden. In so einem Fall könnte es am besten sein, nahe dem Stb-Ende der Linie zu starten, so daß es leichter ist, ohne allzu viele Störungen bald nach Stb zu wenden.

Es müssen immer noch eine Anzahl von Kontrollen gemacht werden, zum Teil, um die Wetterlage und die Regattastrategie zu überprüfen, aber auch, um den Kurs so genau wie möglich festzulegen. In der Wettfahrt darf keine Zeit damit vergeudet werden, weder nach Bahnmarken an der falschen Stelle zu suchen noch den Spinnaker auf der falschen Seite zu setzen, noch von der Leemarke auf dem ungünstigen Schlag loszusegeln. Es ist absolut notwendig, diese Dinge vorher zu wissen.

Bei Benutzung des Kompasses und der Notiztafel (siehe auch *5.21*) wäre die Liste der mechanischen Kontrollen vor dem Start wie folgt (nicht alle werden in jeder Art von Wettfahrt erforderlich sein):

1. Sei früh im Startgebiet. Bringe das Boot unter den vorherrschenden Bedingungen an der Kreuz auf Höchstgeschwindigkeit, was wichtig ist, wenn die Ergebnisse der folgenden Messungen einen Sinn haben sollen.

◀ *7.6 Eine einfache Kursscheibe für einen 90°-Dreieckskurs.*

2. Kreuze sorgfältig und notiere den Kurs auf jedem Bug *(7.3)*.
3. Stelle das Boot genau in den Wind und notiere die Windrichtung *(7.4)*. Vergleiche sie mit den beiden Kursen, und wenn eine Diskrepanz auftritt, versuche die Ursache herauszufinden. Vielleicht hat der Wind gedreht, oder Wellen verursachten das bessere Laufen auf dem einen Bug. Versuche das rhythmische Muster herauszufinden und notiere es *(7.5)*.
4. Stelle fest, welches Ende der Startlinie näher zum Wind liegt *(7.7)*. Die Wettfahrtleitung könnte die Linie senkrecht zur Peilung der Luvtonne (330°) ausgelegt haben, was in diesem Fall falsch wäre. Sie könnte ihr auch absichtlich etwas Neigung gegeben haben. Segle genau auf der Linie, so daß nur noch die Latten des Großsegels ziehen und die Fock voll gefiert ist. Dann kehre auf der Linie zurück, ohne daß die Großsegelstellung verändert wird. Wenn jetzt mehr vom Großsegel zieht, liegt das Luvende der Linie hinter dir, wenn weniger, ist es umgekehrt *(7.8)*. Kompaßpeilungen kann man häufig nicht nehmen, weil die Linie durch andere Boote verdeckt ist.
5. Überprüfe sogleich wieder die Windrichtung, und vergleiche sie mit dem Muster der rhythmischen Winddrehungen. Ist ein Ende bei der nächsten Drehung sogar noch mehr begünstigt, oder neigt sich das Gleichgewicht der anderen Seite zu?

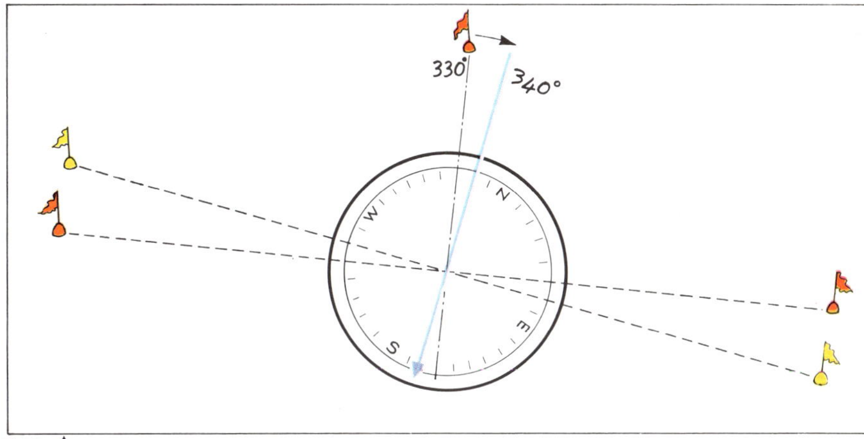

7.7 ▲

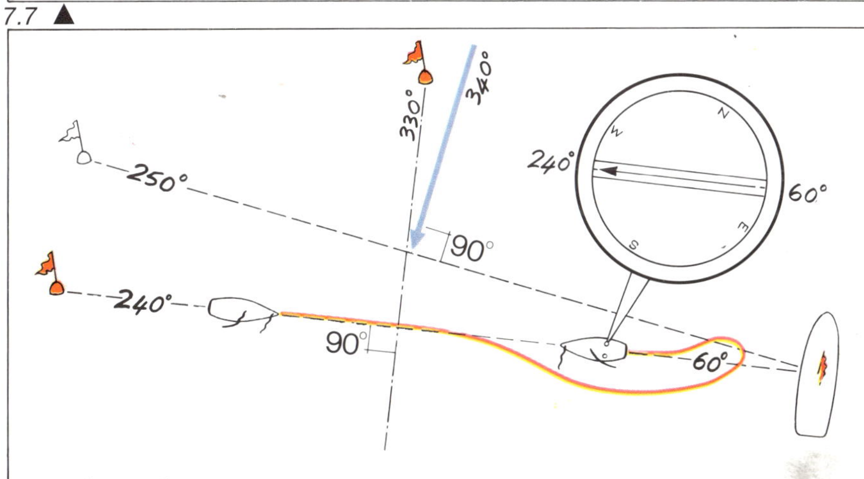

7.8 ▲

7.9 Bahnanzeige auf dem Startschiff: Die Tonnen Karo, A und K bleiben an Backbord. Gesegelt werden drei Runden. Die Luvmarke liegt in 270°. ▶

6. Überprüfe den Kurs. Mittlerweile wird es zehn Minuten vor dem Start sein, und die Wettfahrtleitung sollte den Kurs festgelegt haben und in der Lage sein, den Kompaßkurs zur ersten Tonne anzugeben *(7.9)*. Versuche die Tonne auszumachen. Eine kleine Kursscheibe ist bei allen diesen Vorbereitungen sehr nützlich *(7.6)*.
7. Beobachte den Strom an verankerten Tonnen oder Markierungsbooten *(7.10)*.
8. Auf der vorbereiteten Notiztafel trage die Luvtonne und die Kurse zwischen den Tonnen ein und berechne den Stromvorhalt, wenn der Strom erkennbar ist *(7.11+3.6)*.
9. Packe den Spinnaker samt Zubehör für das erste Setzen auf die richtige Seite *(7.12)*.
10. Überprüfe die Windrichtung erneut und überdenke noch einmal alles. Beobachte den Himmel, sieh auf deine Notiztafel, und entscheide dich schließlich, auf welcher Seite der Linie du starten und auf welche Seite des Kurses du gehen willst.
11. Irgendwann in der Vorbereitungszeit laufe noch einmal für eine bestimmte Zeitspanne die Linie entlang. Dies gibt dir eine Grundlage für den letzten Anlauf, aber denke daran, daß es schließlich wegen der Windstörungen immer etwas länger dauert.
12. Vorbereitungsschuß. Überprüfe die Zeit. Klare das Boot auf. Überprüfe Schwert und Ruderanlage auf Schwachpunkte. Eine letzte Kontrolle des Trimms. Eine letzte Kontrolle der Windrichtung. Begib dich in deine Startanlaufposition.

▲ *7.10*

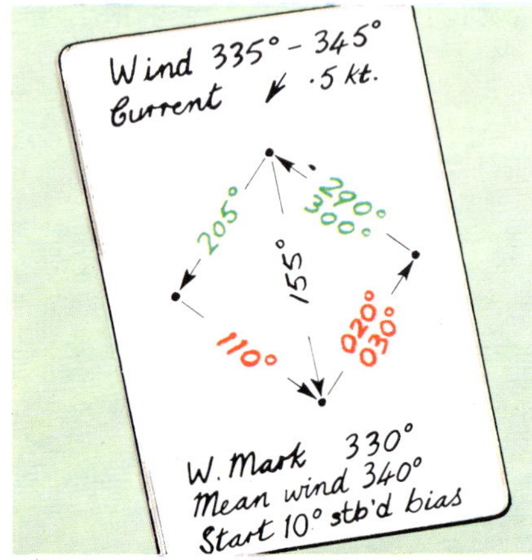

▲ *7.11*

Kurs-Kalkulatoren

Die einfache Kursscheibe wie in *7.6* gezeigt kann, wenn sie *in die Windrichtung gehalten* wird, sofort die theoretischen Kurse zur Luvtonne angeben, wie auch die theoretischen Winkel für die Startlinie. Die Neigung der Startlinie und die tatsächliche Richtung der Luvtonne können auf dem Deck oder auf der Notiztafel notiert werden. Aus der Differenz zwischen diesem Kurs und dem wahren Wind läßt sich schließen, ob und auf welcher Seite der Spinnaker auf einem Raumkurs gesetzt werden kann.

Wenn der *Zeiger erneut auf die Peilung zur Luvtonne* eingestellt wird, gibt der Kalkulator auf einem olympischen Dreieckskurs auch die Kompaßpeilungen zu den Bahnmarken an.

Ein verfeinerter Kalkulator *(7.13)* hat zwei drehbare Scheiben und eine Grundscheibe. Der Vorteil ist, daß die Peilung zur Luvtonne und die wahre Windrichtung zur gleichen Zeit eingestellt werden können. Nicht nur das, auch die tatsächlich zu segelnden Kurse können notiert werden. Er zeigt auch die korrekte Halse auf dem Vormwindkurs an und macht daher eine Notiztafel überflüssig.

Auch Gridkompasse können viele dieser Informationen geben. Sie haben noch den zusätzlichen Vorteil, daß sie über die Nadel oder die Kompaßrose genau anzeigen, wann man anluvt oder wann man abfällt *(5.21)*.

7.13 *Eine verfeinerte Kursscheibe mit zwei Scheiben.*

◀ 7.12 *Kann der Spinnaker auf dem ersten Kurs gesetzt werden oder auf dem zweiten? Auf welcher Seite?*

Kapitel 8

Der Start

Als ich noch internationale Regatten im Finn segelte, hatte ich manchmal den Eindruck, daß ich schneller war und bessere Ergebnisse erzielte, wenn ich den Liegeplatz spät verließ, gerade kurz vor dem Schuß das Startgebiet erreichte und Hals über Kopf über die Linie ging. Die Angst, nicht zu spät zu kommen, erhöhte unzweifelhaft meinen Adrenalinspiegel, und der notwendige Kampfgeist wurde ebenfalls angestachelt, so daß daraus eine aggressive Taktik resultierte, die oft zum Erfolg führte. Dennoch kann diese Art zu starten nicht empfohlen werden. Abgesehen davon, daß die Zeitplanung allzusehr dem Zufall überlassen bleibt, wird sie nur bei sehr guter Revierkenntnis

8.1 Mirror-Dinghies bei einer Regional-Meisterschaft.

klappen. Als ich mit einer Crew von sechs Mann eine Eintonner-Regatta segelte, mußte ich mich zu einer gründlichen Vorbereitung und praktischen Ausführung meines Planes zwingen. Es geht alles langsamer als auf der Jolle, und wenn man erst einmal gestartet ist, kann nichts mehr im gleichen Moment geändert werden wie etwa im Finn-Dinghy. Das Manöver mußte schon beim ersten Mal klappen, und für einen Jollensegler wie mich war es oft beängstigend, zu beobachten, wie die Winsch die Genua dichtzog, während die Yacht nur langsam Fahrt aufnahm *(8.3)*.

Durch einen wirklich einmaligen Start läßt sich eine Regatta gewinnen *(0.9)*. Ein schlechter Start kann bedeuten, daß es nur noch geringe Chancen auf einen vorderen Platz gibt. Es ist daher absolut notwendig, mit freiem Wind und höchster Bootsgeschwindigkeit wegzukommen. Jede Sekunde, die nach dem Schuß, aber vor dem Kreuzen der Linie verstreicht, multipliziert sich vielfach in dem angehäuften Defizit gegenüber dem Führungsboot. Dasselbe gilt für das Segeln im Abwind eines anderen Bootes: Die Führungsboote geraten jede Sekunde weiter außer Reichweite. Das Ziel ist, die Linie unmittelbar nach dem Schuß mit Höchstgeschwindigkeit und an der richtigen Stelle zu kreuzen. Das hört sich leichter an, als es ist. Dennoch kann die Technik gelernt werden, und es gibt

8.2 Solings beim Start zu einer Weltmeisterschafts-Wettfahrt.

8.3 Das Dichtnehmen der Genua auf einer großen Hochseeyacht ist Teamarbeit.

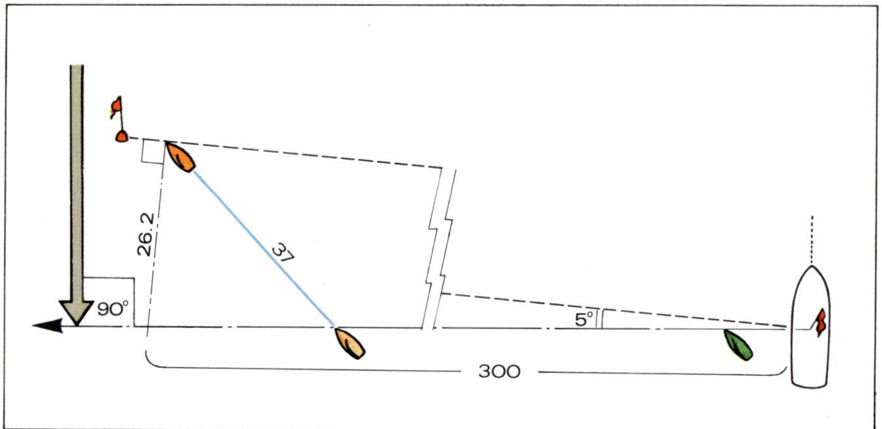

▲ 8.4

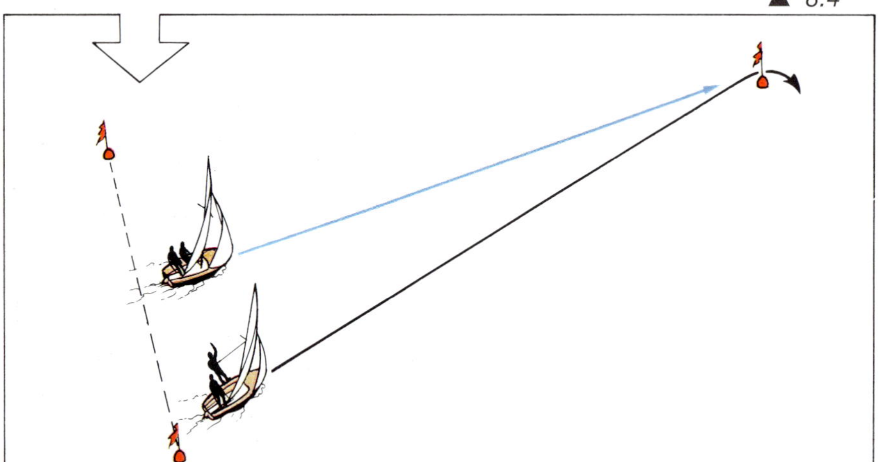

▲ 8.5

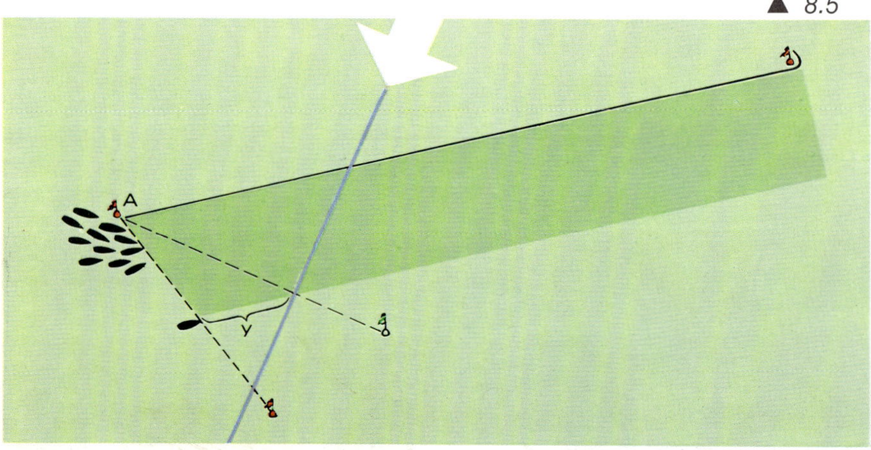

◀ 8.6

überhaupt keinen Grund, warum ein einigermaßen guter Start nicht völlig normal sein sollte. Richte dich nach dieser detaillierten Anweisung und exerziere sie auf dem Wasser. Ein bißchen Erfahrung gibt bald Sicherheit und Selbstvertrauen, und die Ergebnisse werden sich verbessern.

Wie man den Start richtig fährt, das liest du unter den folgenden Überschriften:

- Die Geometrie
- Die Strategie
- Die Regeln
- Taktik und Technik

Die Geometrie
Zunächst lerne, die richtige Geometrie zu erkennen. Wenn die Linie nicht perfekt ausgelegt ist, wird ein Ende immer günstiger sein als das andere. Wenn es ein Kreuzstart ist, wird ein Ende näher nach Luv liegen. Finde heraus, welches es ist, indem du die Windrichtung mit dem Kurs der Linie vergleichst oder indem du sie auf raumem Kurs abläufst *(7.8)*. Die erste Methode ergibt eine Standlinie, die annähernd in Distanz umgewandelt werden kann, die zweite Methode nur einen Vergleichswert, aber sie reicht normalerweise völlig aus.

Nehmen wir zum Beispiel eine Linie von 300 m Länge, deren linke Seite um 5° begünstigt ist. Wettfahrtleitungen geben der Startlinie häufig absichtlich eine derartige Neigung, damit die Boote sich mehr auf der Linie verteilen und sich nicht alle auf der populären Stb-Seite zusammendrängen. Dennoch, 5° kann man leicht auf dem Kompaß erkennen, und so werden diejenigen, die darum wissen, die Bb-Seite vorziehen. Wir sollten dann auch da sein.

Die Bb-Seite liegt ungefähr (300 × sin 5°) m näher zum Wind, das sind 26,2 m *(8.4)*. Da aber Boote an der Kreuz mit 45° gegen den Wind laufen und so ein Boot noch weiter nach Luv liegen würde, wäre es $\sqrt{2} \times 26{,}2$ m (also 37 m) voraus – auf einem Amwindkurs wären das über sieben Längen eines 470er. Was für eine Distanz, die man schon am Start verschenkt!

Ein großer Teil von Regatten wird auf festen Kursen gesegelt, ausgehend von festen Startlinien. Auch liegt die erste Marke nicht immer genau in Luv. Wieder muß man die Geometrie herausarbeiten. Wenn die Marke sich in Luv der Linie befindet, aber leicht mit einem Schlag von der Leeseite her erreicht werden kann zahlt es sich gewöhnlich aus, in Lee zu starten *(8.5)*. Nicht allein, daß dieses Ende näher liegt, moderne Boote sind meist auch schneller, wenn sie mit leicht geschrickten Schoten gesegelt werden statt mit weit aufgefierten. Außerdem sind die taktischen Möglichkeiten besser (siehe auch *5.37* und Kapitel 9 „Die Kreuz").

Wenn die Tonne nicht ganz erreicht werden kann, wird von den Wettfahrtleitungen oft der Fehler gemacht, die Linie senkrecht zum Kurs zur ersten Tonne auszulegen anstatt senkrecht zum Wind, wie er von den Seglern wahrgenommen wird. Das bedeutet, daß es nur einen Platz zum Start gibt *(8.6 A)*, und in einem ehrgeizigen Feld wird nahezu jeder dort sein. Startet man weiter unten, verschenkt man die Extra-Distanz y. Wenn es ein mit dem Strom *(8.7)* laufender Raumschotsstart ist, muß man vorausdenken, was an der ersten Tonne passieren wird. Die reine Geometrie der Startlinie ist von viel geringerer Bedeutung als die Position des Bootes an dieser Marke. Bei leichtem Wind rundet man sie am besten als letzter, um auf dem folgenden Kreuzkurs die Luvposition zu erlangen *(B)*.

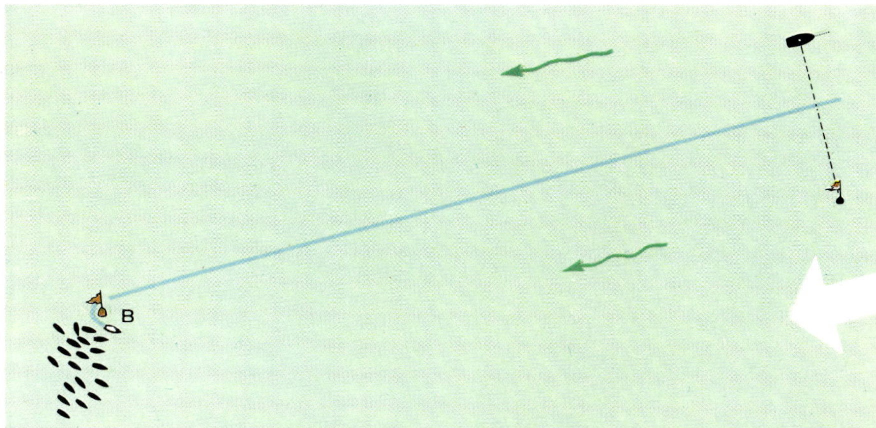

8.7 ▲

Die Strategie

Dieses letzte Beispiel zeigt, wie Strategie und Taktik sich überschneiden. Man kann die Strategie als die Langzeitversion der Taktik bezeichnen. Bei der Taktik denken wir an Manöver auf engem Raum. Wenn also die generelle Strategie für die Regatta beschlossen ist, wie soll man sie dann in die Praxis umsetzen?

Strategisch hat man beim Start verschiedene Möglichkeiten:

1 Nach dem Start: Man kämpft sich auf die linke Seite des Kurses vor.
2 Nach dem Start: Man segelt auf die rechte Seite.
3 Man deckt den größten Konkurrenten.
4 Man vermeidet, von einem Konkurrenten gedeckt zu werden.
5 Alles oder nichts, wenn es darum geht, einen guten Start zu fahren.
6 Gehe auf Nummer Sicher, wenn es entscheidend ist, Schwierigkeiten zu vermeiden.

Es versteht sich von selbst, daß, bei welchem Start auch immer, die goldenen Regeln der Regattasegelei beachtet werden:

- Bemühe dich um freien Wind.
- Achte auf Bootsgeschwindigkeit.
- Denke voraus.
- Vermeide Störungen.

Und noch eins:

- Erhalte dir deine Manövrierfreiheit.

Die tatsächliche Position des Bootes beim Start muß gewährleisten, daß nicht nur die Strategie durchzuführen ist, sondern daß auch diese goldenen Regeln vom Startschuß an berücksichtigt werden können.

Aus strategischer Sicht wird 1 erfüllt, wenn man nahe der Bb-Seite der Linie startet, wo man freien

8.8 Das Boot mit dem blauen Deck passiert die Bb-Begrenzungstonne der Startlinie ohne Schwierigkeiten, während 20302 kaum an der Tonne vorbeikommen wird.

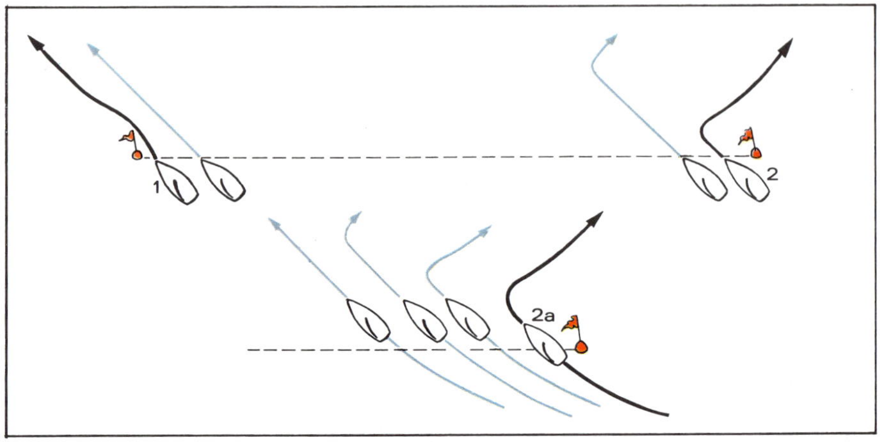

▲ *8.9*

Wind und freien Raum nach Lee hat und vor dem Feld liegt *(8.8 und 8.9, 1).*

2 verlangt einen Start auf der Stb-Seite, wo man die Freiheit hat, zu wenden oder das Boot auf andere Weise auf die Stb-Seite des Feldes zu manövrieren *(2).* Bei Amwindstarts zahlt es sich häufig aus, spät loszufahren, um sicher zu sein, daß man wegwenden kann *(2a).*

3 und 4 bedeuten, daß der jeweilige Konkurrent die ganze Zeit beobachtet werden muß – zumindest vom Vorbereitungssignal an – und geeignete taktische Maßnahmen zu ergreifen sind.

5 bedeutet, ein Risiko auf sich zu nehmen und, koste es was es wolle, die beste Startposition einzunehmen, so zum Beispiel bei einem Start mit Bb-Wind *(8.10, 5a)* von Luv hereinzutauchen oder *(5b)* aus dem „toten Winkel" *(5c)* zu starten.

6 setzt entweder einen späten Start voraus oder einen Start dort, wo sich die Boote nicht so dicht zusammendrängen.

▼ *8.10*

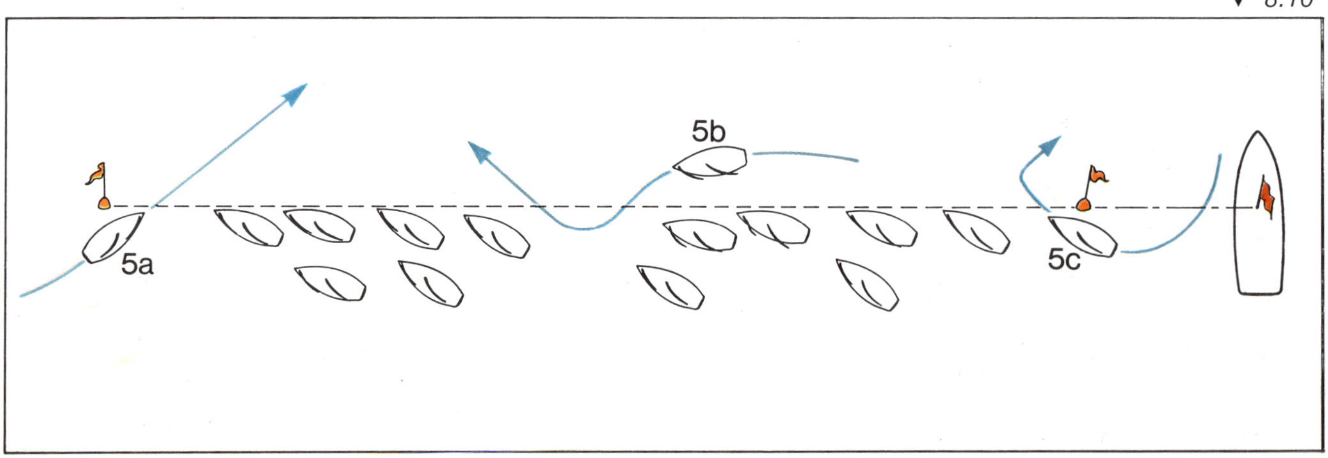

Die Regeln

Beim Start gelten folgende Hauptregeln *(8.11)*, die alle vom Vorbereitungssignal an (gewöhnlich der Fünf-Minuten-Schuß) in Kraft sind. *Beachte auch den Anhang, wo der volle Titel und die Numerierung aufgeführt sind.*

- *Stb-Wind hat Wegerecht.* Daher sollte man auch mit Stb-Wind an die Startlinie heransegeln, so daß man eine *Wegerechtsregel* weniger beachten muß *(1).*

- *Die Luvyacht muß sich freihalten.* Dies findet seine taktische Nutzanwendung in den letzten Sekunden vor dem Startschuß, wie wir sehen werden *(2).*

- Aber: *Das Luven vor dem Übersegeln der Startlinie* muß langsam vor sich gehen, und wenn sich der Mast hinter dem Steuermann der Luvyacht befindet, darf man nicht höher als bis zum Amwindkurs luven *(3a).* Abgesehen von direkten Boot-zu-Boot-Auswirkungen bedeutet das, daß man in diesem Fall nicht hochschießen und bis in den Wind luven darf, wenn dadurch das Luvboot beim Runden der Leetonne beeinträchtigt wird *(3b und 8.8).* Erinnern wir uns, daß es keinen „richtigen Kurs" vor dem Übersegeln der Startlinie gibt. Man darf also langsam bis in den Wind luven, vorausgesetzt, der Mast befindet sich vor dem Steuermann des Luvbootes. Deshalb können bei einem Raumschotsstart Boote, die von Lee kommen, an der Leemarke Raum beanspruchen *(3c)*, müssen aber unmittelbar nach dem Start auf ihren „richtigen Kurs" zurückkehren, wenn sie kein Luvrecht haben.

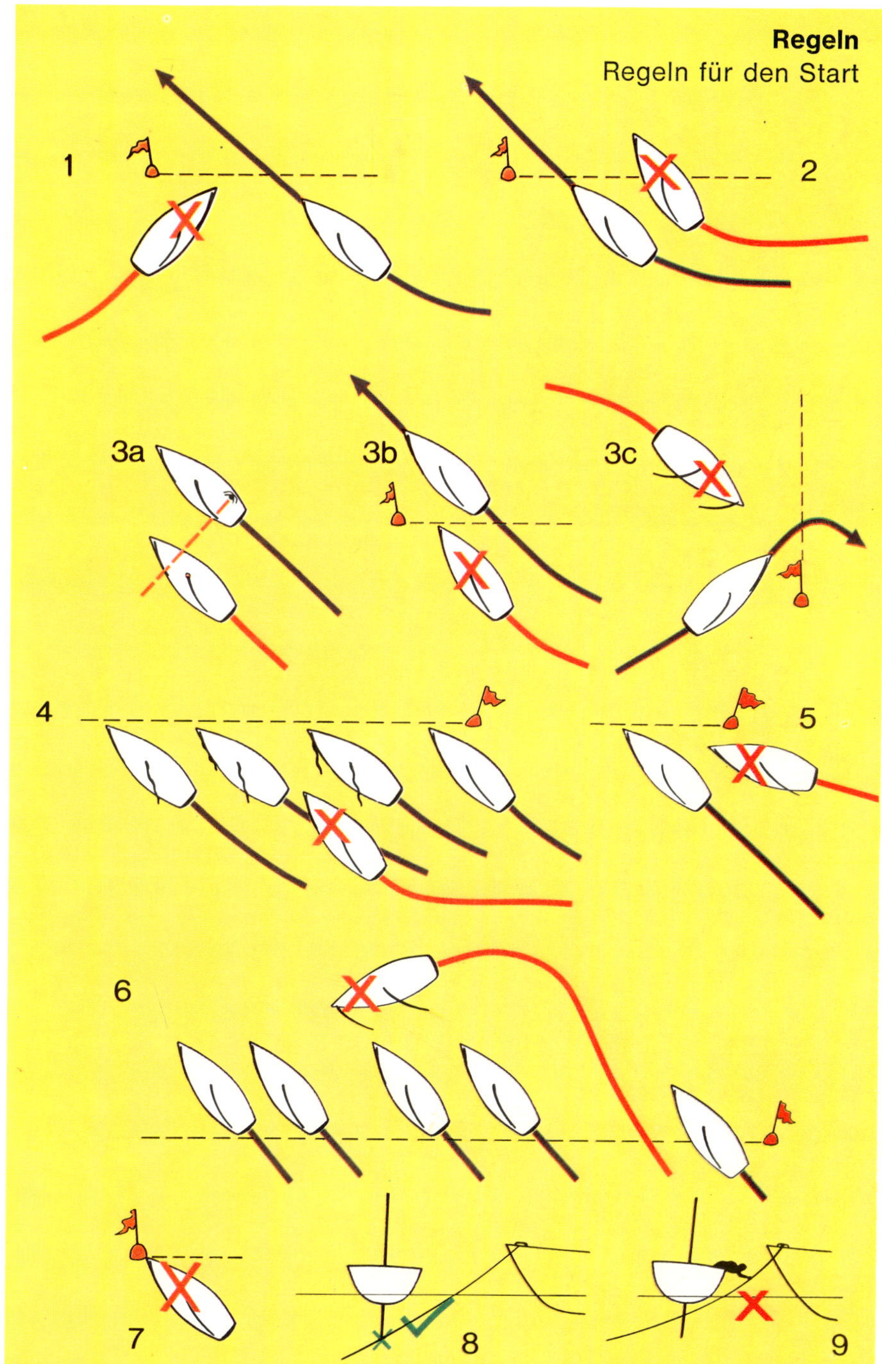

8.11 ▲

◀ *8.12 Das überholende Boot muß sich freihalten.*

8.13 Nicht an der Starttonne herumdümpeln! ▶

- *Überholende Yachten müssen sich freihalten.* Man darf einer Yacht, die hinter der Startlinie dümpelt, nicht in den Spiegel fahren *(4).*

- *Kein Reindrängeln* an einer Startmarke *(5),* die von offenem Wasser umgeben ist. Sobald der Start erfolgt ist, gelten andere Regeln, aber am Anfang, wenn man sich der Startmarke nähert, um in Lee davon zu passieren, sei es auf raumem Kurs, hoch am Wind oder auf einem Kurs, der unter dem zur ersten Bahnmarke liegt, ist es äußerst gefährlich, sich reinzudrängeln. Man hat dann kein Wegerecht.

- Ist man *vor dem Startschuß über die Linie,* muß man vollständig zurückkehren und neu starten *(6).* Während dieser Zeit hat man keine Rechte und darf andere Yachten nicht behindern.

- *Starttonnen* dürfen nicht berührt werden *(7).* Das Startschiff kann, muß aber nicht, eine Bahnmarke sein. Die Definition der Startlinie in den Segelanweisungen sollte genau studiert werden. Zu beachten ist, daß Ankerleinen oder alles, was nur vorübergehend an einer Bahnmarke befestigt ist, wie zum Beispiel ein Dingi oder anderes Boot, nicht Teil der Bahnmarke ist und daher ohne Bestrafung berührt werden kann *(8).* Allerdings darf man sich nicht daran entlanghangeln oder davon abstoßen, wenn man nicht dazu gezwungen wird. Sonst kommt man in Konflikt mit der Regel „Vortriebsmittel" *(9).*

▼ *8.14*

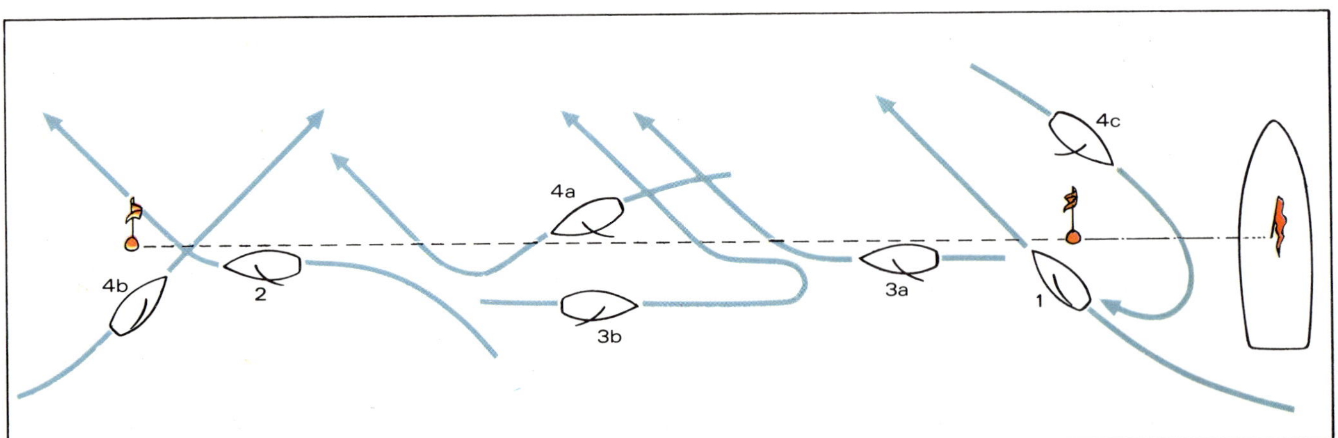

Taktik und Technik
Die grundlegende Methode ist, vorher die Anlaufzeit von einer geeigneten Position zum dem Punkt der Startlinie zu messen, von dem aus man starten will, und dann den Anlauf bei „Startzeit minus Anlaufzeit" zu beginnen. Das geht allerdings selten ohne Abweichungen vonstatten, weil häufig andere Boote dazwischenkommen *(8.21 und 8.22)*. Aus demselben Grund ist ein Start aus einiger Distanz mit dichten Schoten eng an der Stb-Marke vorbei zum Mißerfolg verurteilt. Man wird irgendwo unten an der Linie landen, zudem noch sehr spät. Wie bei allem, was die Rennsegelei betrifft, ist die Antwort ein Kompromiß. Man muß sich so viele Entscheidungen wie möglich so lange wie möglich offenhalten. Es gibt nur wenige Startarten *(8.14)*:

1. Start an der Stb- oder Luvseite mit einem Anlauf, der fast einem Herunterdrücken gleichkommt *(1)*.
2. Bb- oder Leestarts, die eine sorgfältige Zeitplanung erfordern, damit man nicht vor dem Schuß über die Linie gedrückt wird *(2)*.
3. Starts aus der Mitte in zwei Variationen:
   a) Man nähert sich langsam von Luv (Stb-Seite) und versucht nach Lee ein Loch offenzuhalten *(3 a)*.
   b) Man nähert sich von der Bb-Seite raumschots mit Bb-Wind und wendet in eine Lücke hinein *(3 b)*.
4. „Opportunisten"-Starts, die alle ziemlich gefährlich sind:
   a) In Luv der Startlinie dümpeln und dann mit voller Geschwindigkeit in der letzten Sekunde in eine Lücke hineinfahren *(4 a)*.
   b) Start mit Bb-Wind, der manchmal besonders erfolgreich sein kann, wenn er an der Bb-Marke gefahren wird *(4 b)*.
   c) Von der Luvseite in die „tote Ecke" tauchen *(4 c)*.

Bei den ersten drei Startarten muß die Geschwindigkeit sehr sorgfältig kontrolliert werden, während man sich mehr oder weniger langsam der Linie nähert. Entweder befindet man sich in der letzten halben Minute schon sehr nahe an der Linie und muß fast auf dem Fleck verharren, oder man ist in der zweiten Reihe und muß nach vorne durchbrechen. Das erfordert unterschiedliche Taktiken.

Im ersten Fall muß das Boot anluven. Das hat zwei Auswirkungen: Es wird langsamer, und nach Lee öffnet sich etwas Raum *(8.15)*. In den letzten Sekunden fällt man dann ab in diese absichtlich geschaffene Lücke, beschleunigt und schießt mit guter Geschwindigkeit über die Linie (orangefarbener Kurs).

Doch die Sache hat mehrere Haken. Erstens kann dich das Luven über die Linie bringen. Zweitens: Wenn du die Lücke nach Lee geöffnet hast, besteht die Gefahr, daß ein anderes Boot von hinten hineinfährt.

Es ist natürlich auch möglich, daß man sich in der umgekehrten Lage befindet und über die Linie geluvt wird *(8.16)*, so daß man sich aus dieser Situation so gut man kann herauswinden muß. Man kann kurzzeitig rückwärts segeln, indem man die Fock back hält, oder man treibt nach Lee, indem man das Schwert hochzieht. Denke aber immer daran, daß es sehr schwierig ist, die eigene Position zur Linie exakt zu bestimmen. Normalerweise ist man nicht so nahe an der Linie, wie man denkt. Also gerate nicht zu früh in Panik. Außerdem: Die Wettfahrtleitung kann dich vielleicht gar nicht sehen, weil andere Boote im Wege sind. Es ist also noch nicht alles verloren.

Das Hineinfahren in die Lücke in Lee läßt sich fast kaum verhindern, aber man kann die anderen Boote entmutigen, indem man mehrmals kurz anluvt *(8.15)*. Der gestörte Wind im Kielwasser und der regellose Kurs sollen überholende Boote veranlassen, ein paar Meter mehr nach Lee

8.15 ▶
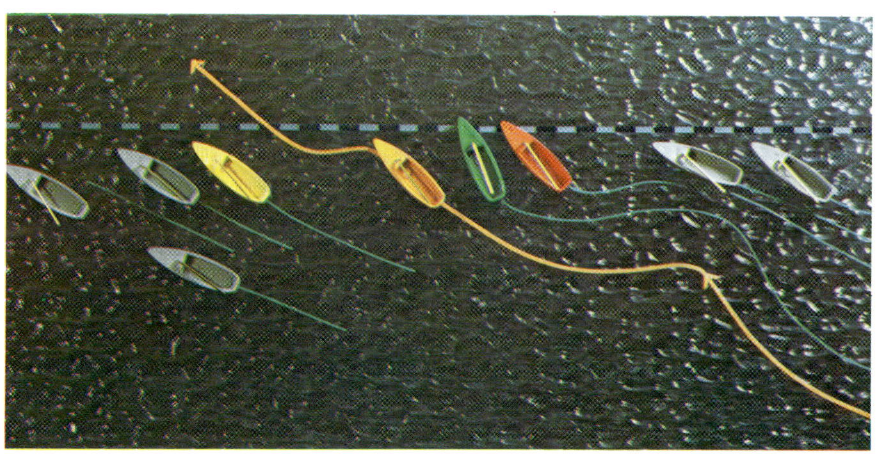

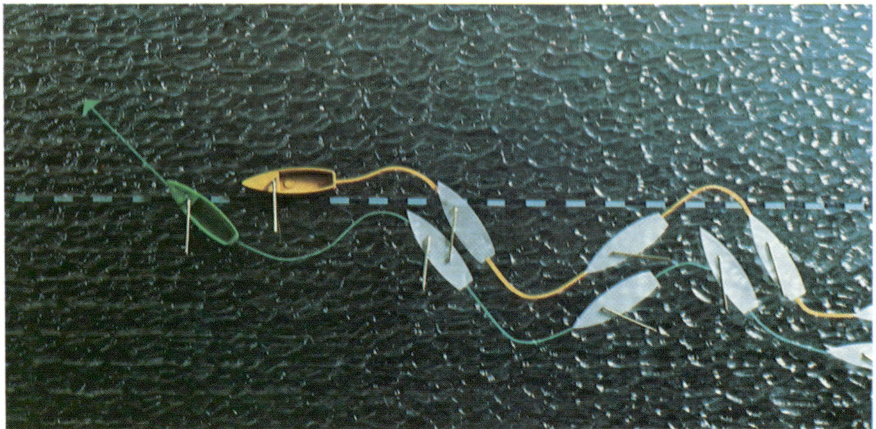

▲ 8.16

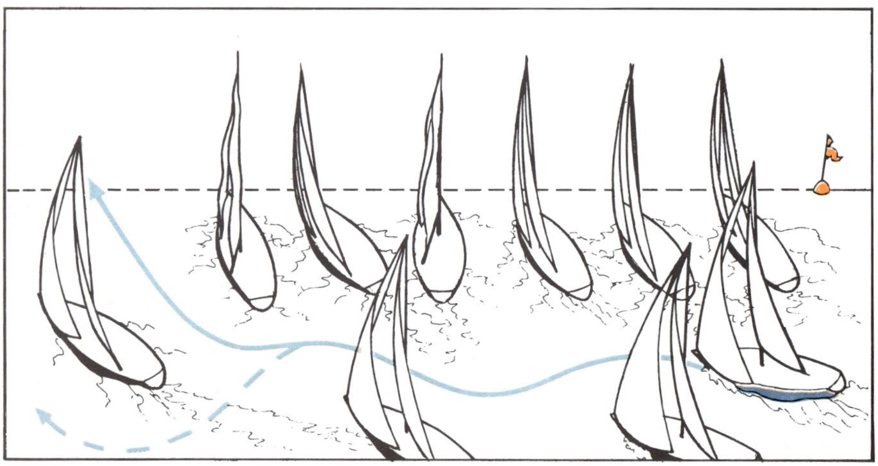

◀ 8.17

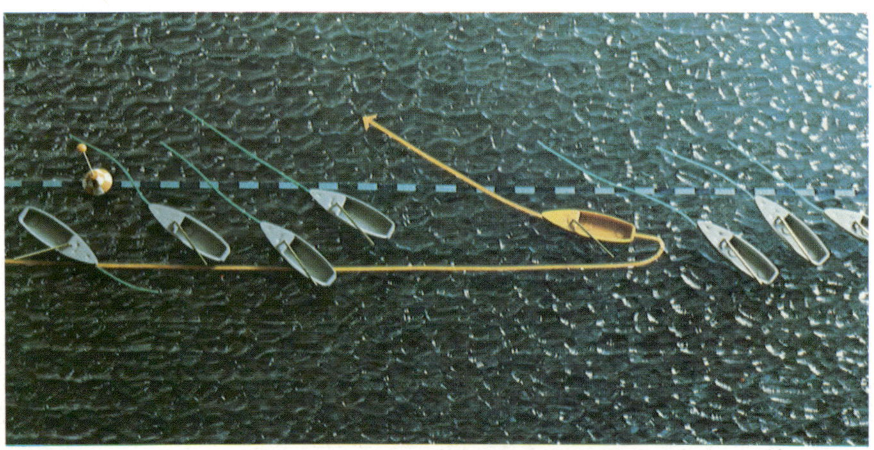

◀ 8.18

abzufallen. Und andere Boote in Luv können dadurch über die Linie gedrückt werden.

Umgekehrt erfordert die Annäherung aus der zweiten oder dritten Reihe viel aggressivere Taktiken. Die schlängelnde Annäherung hält auch hier einen breiteren Wasserstreifen offen, aber damit kommt man nicht durch die solide Wand vorn. Du kannst nicht in eine Lücke stoßen, indem du einfach anluvst, weil du an Geschwindigkeit und Manövrierfähigkeit verlierst und für ein langsam von Lee luvendes Boot ein einfaches Opfer bist. Du mußt kontinuierlich hinter dem Heck der vor dir liegenden Boote wegtauchen, bis du eine Lücke von ausreichender Größe findest *(8.17)*.

8.19 ▶

8.20 (ganz rechts) ▶

Deine Hauptwaffe ist die Geschwindigkeit deines Bootes, und sie ist das einzige Mittel, mit dem du dich aus Schwierigkeiten befreien kannst. Als überholendes Boot mußt du dich freihalten, bis du eine Überlappung hergestellt hast. Aber selbst dann darfst du das luvwärtige Boot nur langsam luven und mußt ihm dabei ausreichend Zeit lassen, dir Raum zu geben. Dazu hast du aber gar keine Zeit und mußt daher mit deiner Geschwindigkeit nach Lee wegtauchen. *Das Boot in Luv muß sich freihalten,* und so mußt du an den Steven der nahezu stationär dümpelnden Boote vorbeischießen und im Zickzackkurs deinen Weg durch das Feld suchen. Tust du dies, dann hast du wenigstens Fahrt beim Startschuß und kannst oftmals durch eine Lücke in den freien Raum schießen, sogar durch die Abdeckung eines anderen Bootes.

Oft drängt sich das Feld irgendwo zusammen und verursacht dadurch recht große Lücken. Wenn deine vor dem Start geplante Strategie zeigt, daß die Linie einigermaßen fair ausgelegt ist, dann versuche die Annäherung mit Bb-Wind. Wende direkt in Lee eines Pulks und lasse Raum nach Lee, damit du dann mit Fahrt abfallen kannst. Trotz der Annäherung mit Bb-Wind ist dies oft die sicherste und verläßlichste Methode zu starten *(8.18).* Es ist fast ein Leestart mit genug Raum nach Lee, so daß du frei und schnell segeln kannst, ohne in Gefahr zu geraten, im letzten Moment vor dem Schuß kein Wegerecht mehr zu haben.

Geht man streng nach den Regeln vor, so kann eine Yacht sich mit dichten Schoten und Stb-Wind von der falschen Seite der Linie nähern und sich, indem sie alle anderen dazu zwingt, sich freizuhalten, die Schlüsselposition beim Schuß sichern *(8.20).* Aber Regattasegeln ist genau wie Politik zu einem Großteil die Kunst des Möglichen. Es hat keinen Zweck, auf seinem Recht zu bestehen, wenn man mit Sicherheit von einer Horde mit Bb-Wind ankommender Boote überrannt wird, die alle *keine Möglichkeiten mehr haben, zu reagieren.* Ich sah einmal ein 12-Fuß-Dinghy, das dies in einem Feld von 150 Booten versuchte. Es wurde versenkt, die Mannschaft schwamm im Wasser, der Mast war gebrochen, und Bodenbretter und Ausrüstungsteile trieben umher. Das Boot hatte tatsächlich Wegerecht, aber es nützte ihm überhaupt nichts. Es verlor das Rennen und die Serie.

Am verläßlichsten stoppt man die Anlaufzeit, indem man von der Linie

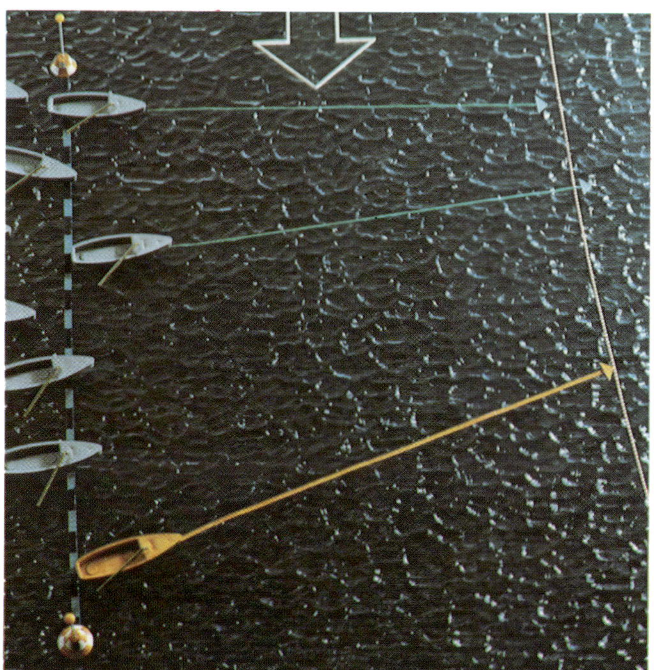

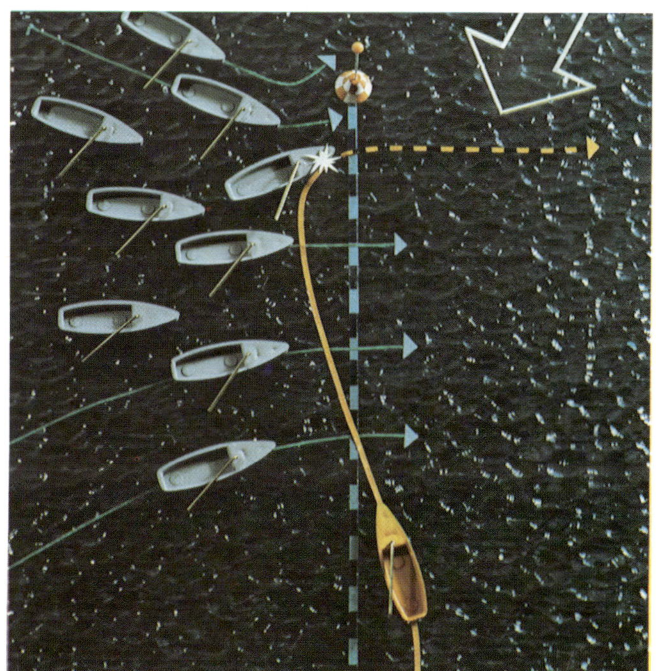

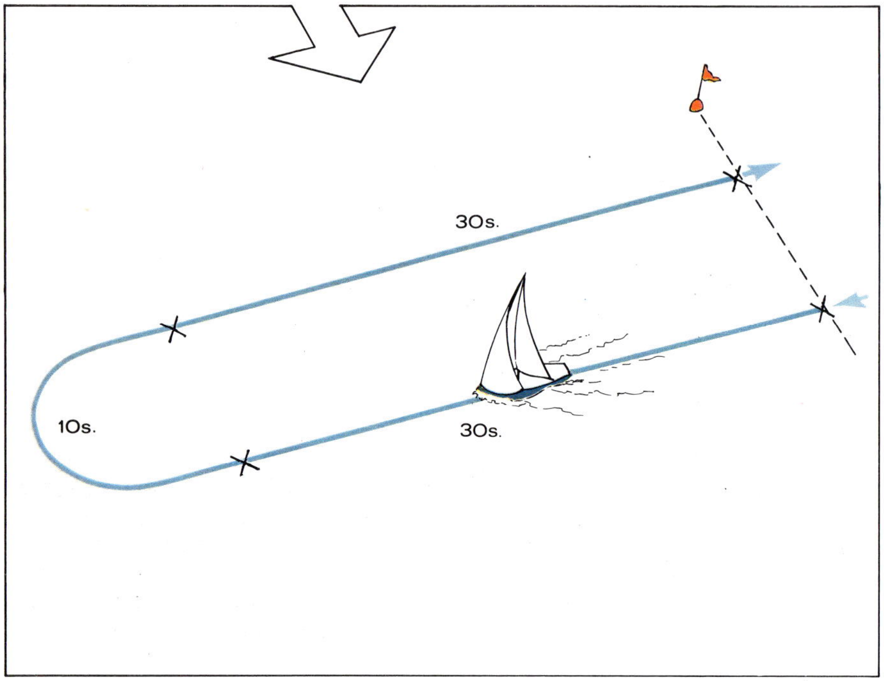

▲ 8.21

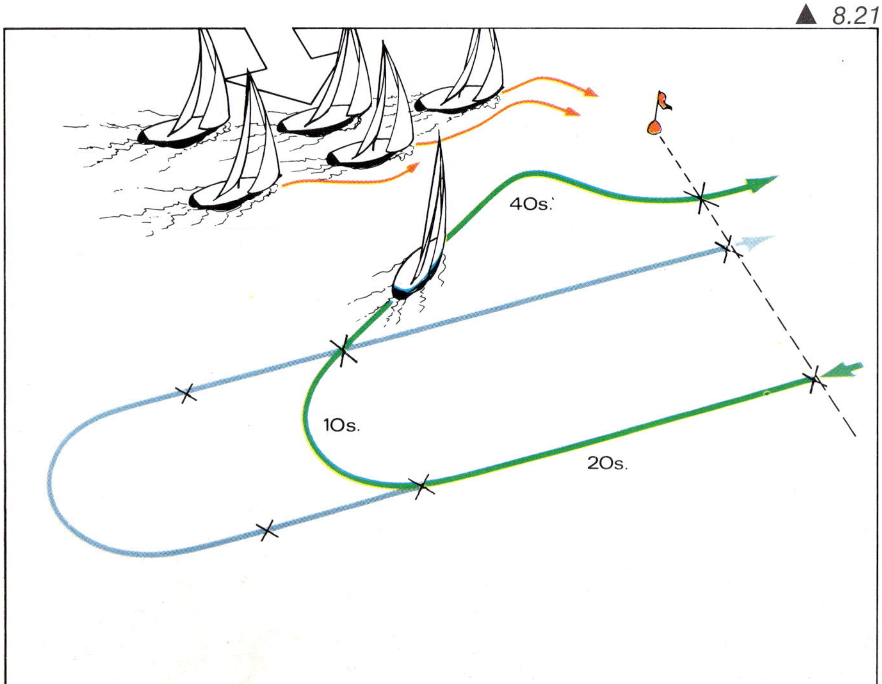

aus in entgegengesetzter Richtung startet, 30 Sekunden segelt, wendet – weitere 10 Sekunden – und 30 Sekunden lang zurücksegelt. Das macht zusammen 70 Sekunden *(8.21)*. Wenn Strom setzt, muß die gestoppte Zeit korrigiert werden. Ein 30 Sekunden langes Wegsegeln von der Linie könnte bedeuten, daß man drei Minuten lang zurücksegeln muß, und darunter könnte die Genauigkeit leiden.

Der Plan muß auch jederzeit modifizierbar sein. In Beispiel *8.22* mußt du früh wenden und dann luven, wenn klar wird, daß dein Schlag dich ins Lee eines anderen Pulks führt. Dies wird die notwendige Zeit für die Rückkehr verlängern. Außerdem werden die Luvboote gezwungen, anzuluven und dann langsamer zu werden. Dann falle ab und überquere die Linie mit maximaler Geschwindigkeit. Du solltest in der Lage sein, als bester zu starten, solange du die Initiative behältst.

◀ *8.22*

9.1 So eng beisammen sollte man nicht allzu lange segeln. ▶

Kapitel 9

Die Kreuz

Während des Kampfes unmittelbar nach dem Start vergißt man nur zu leicht das nächste Ziel: die Luvtonne. Am häufigsten stellt sich die Situation so dar: Das ganze Feld läuft mit Stb-Wind, und jeder versucht dabei etwas mehr Fahrt zu machen, um das Duell mit seinem nächsten Nachbarn zu gewinnen. Ganze Pulks können über lange Zeit miteinander segeln, als wenn sie zusammengeschweißt sind, wobei jeder versucht, schneller als der andere zu sein *(9.1)*. Auf diese Weise gewinnt man keine Regatta! „Denke voraus" – nach dieser goldenen Regel solltest du dich stets richten, dich auf die nächste Bahnmarke konzentrieren und nicht die vor dem Rennen geplante Strategie außer acht lassen. Und du darfst dich von den anderen Booten nicht

9.2 Laser wechseln ihre Positionen auf der Kreuz wie Schachfiguren.

festnageln lassen, eingedenk der anderen goldenen Regel „Erhalte dir deine Manövrierfähigkeit“ *(9.2)*. Der Start sollte so geplant werden, daß man entweder schnell und frei nach Bb (linke Seite der Startlinie) segeln oder nach Stb (rechte Seite der Startlinie) wenden kann. Da man auch von den anderen Booten abhängig ist, die alle dasselbe versuchen, sind die Chancen, den Plan frei und ungehindert durchzuführen, freilich gering. Was kann man also tun?

Die möglichen Situationen nach dem Start sind wie folgt:

a) Man hat seine Nase vor einem Boot auf der Luvseite *(9.3 a)*.
b) Man hat seine Nase vor einem Boot in Lee *(9.4 b)*.
c) Man fährt langsamer gegenüber einem Boot in Luv *(9.4 c)*.
d) Man verliert gegenüber einem Boot in Lee *(9.3 d)*.

a) und b) sind potentiell gute Situationen, aber man besitzt keine Handlungsfreiheit, bis man das Duell nicht gänzlich gewonnen hat. Dennoch sind die Chancen gut. Wenn man in Lee voraus liegt, wird der Abwind bald den Leeluftstrom des Luvgegners empfindlich stören *(9.3 a)*. Man luve an, um ihn abzuquetschen, aber man sorge dafür, daß das Manöver schnell geschieht. Langsames Hochdrücken führt zu einer Verringerung der Geschwindigkeit, und andere Boote in Luv könnten beide überlaufen.

Um ein Boot in Lee zu „killen“, muß man frei und schnell segeln, um es in die Abdeckung zu bekommen, aber man muß vorsichtig dabei vorgehen! *Die Luvyacht muß sich freihalten.* Man warte also, bis man gerade frei von ihr ist (rote Linie), bevor man sehr sachte abzufallen beginnt *(9.4 b)*. Die Wirkung tritt sofort ein. Der Gegner fällt bedingt durch den gestörten Wind zurück und ist demoralisiert. Er wendet sicherlich, sobald er kann, um freizukommen, und man entscheidet dann, ob man selbst auch wenden will. Aber jetzt sollte man sich wieder auf die nächste Bahnmarke konzentrieren. Das hat Vorrang.

c) und d) sind potentiell schlecht. Für d) heißt die Taktik: wende, wenn möglich. In beiden Fällen aber muß man schnell und präzise handeln, und wenn das Schlimmste geschieht und man abgedeckt wird, muß man flüchten und bemüht sein, die verlorene Distanz wiederzugewinnen.

Die Verteidigung bei c) ist einfach: schnell und frei davonsegeln. Man muß auf jeden Fall freien Wind behalten *(9.4)*. Allerdings ist nicht immer genügend Raum, um frei wegzusegeln, da andere Boote in Lee den Weg einengen. Dann kann man nichts anderes tun, als zu hoffen, daß

9.3 ▼

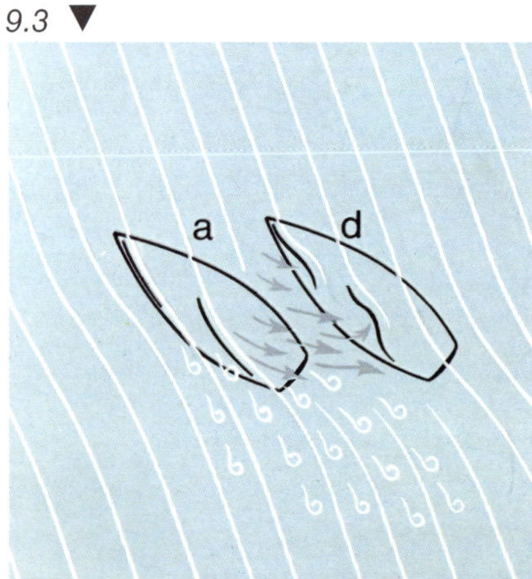

9.4 ▼

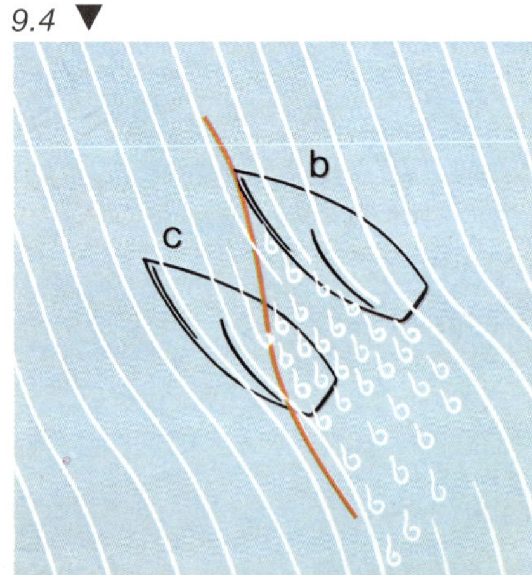

das Luvboot wegwenden wird. Die Trennlinie zwischen freiem Wind und der Abdeckungskante ist scharf (rote Linie). Der Wind nimmt nahe dieser Kante auch leicht zu und kommt gleichzeitig etwas mehr von voraus. Sei also darauf gefaßt, dichterzuholen und die Segel flacher zu machen, wenn das passiert. Aber nicht zuviel. Normalerweise neigt man im Start dazu, zu dicht zu fahren. Das Ergebnis ist, daß man die Geschwindigkeit in dem Moment abwürgt, wenn sie am meisten gebraucht wird.

Taktisch gibt es noch eine andere Alternative. Aber obgleich sich der Gegner damit ausstechen läßt, kann man sie nicht generell empfehlen, da sie Geschwindigkeit und Konzentration in einer kritischen Phase der Regatta empfindlich stört. Es sind hartes *Anluven* und der Versuch, das Luvboot zu berühren.

Luven, Mast querab, richtiger Kurs, Abfallen

An dieser Stelle muß die Regel über das *Luven* etwas ausführlicher erklärt werden. Hier spielen hinein der Ausdruck *richtiger Kurs* und der oft gehörte Ruf *„Mast querab!"* Sie führt weiter zu der Regel über das *Abfallen.*

Wir wissen, daß vor dem Überqueren der Startlinie eine Leeyacht nur langsam anluven darf. Nach dem Start darf ein Boot mit *Luvrecht* so hart und so plötzlich anluven, wie es will, und es ist berechtigt, das Luvboot zu berühren *(9.5 A).*

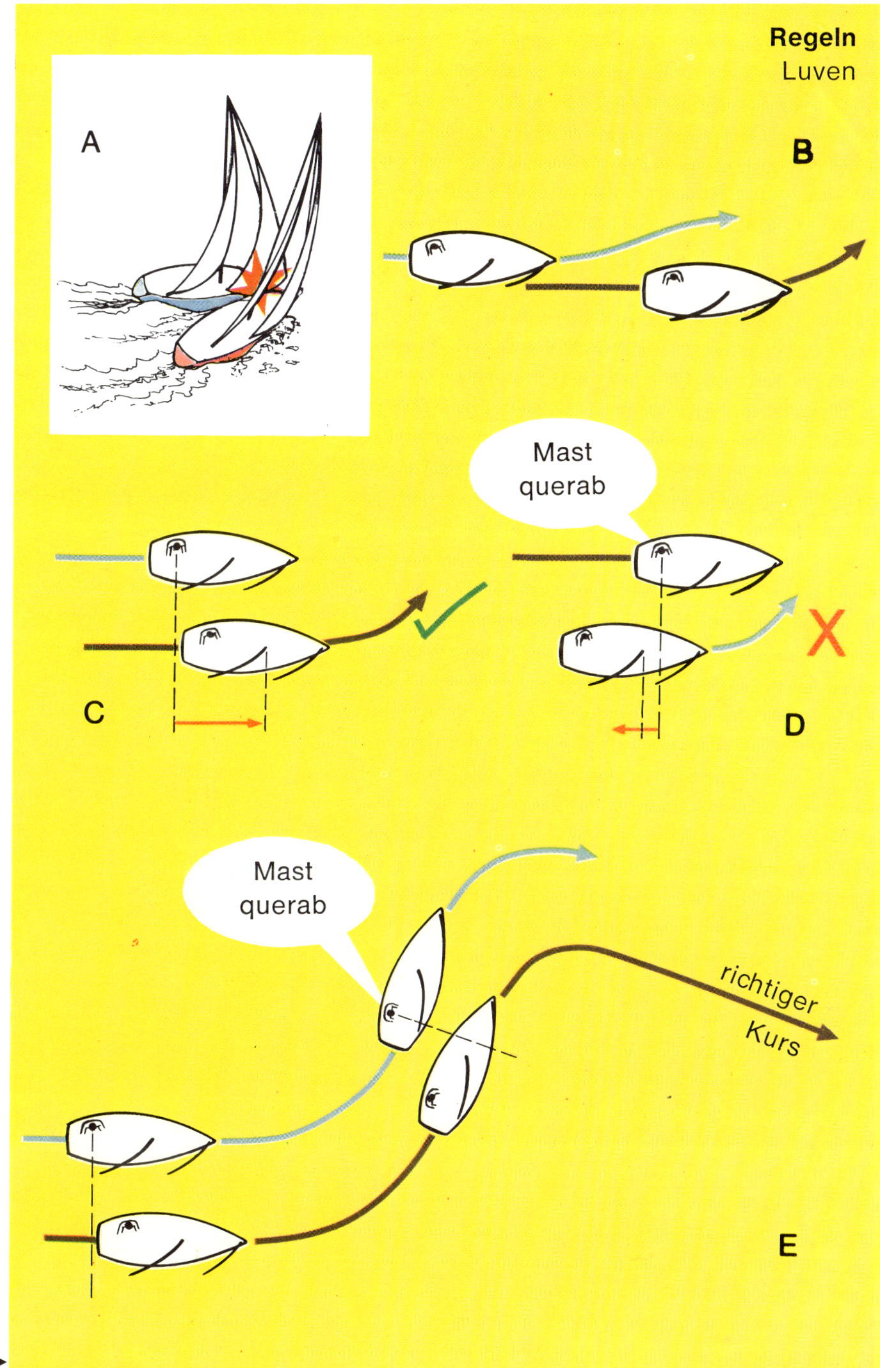

9.5 ▶

9.7 Diese drei Boote überlappen einander, aber das Leeboot hat kein Luvrecht gegenüber dem mittleren Boot.

Luvrecht hat eine Yacht, die klar vor einer anderen voraus ist *(B)*, oder eine Leeyacht, die so weit voraus ist, daß ihr Mast sich vor dem Steuermann der Luvyacht befindet *(C)*. Dies ist die kritische Mast-querab-Position, wo das Luvrecht aufhört zu existieren. Wenn der Luv-Steuermann diese Position erreicht, ruft er laut „Mast querab!", um eine neue Regelsituation herzustellen *(D)*. Wenn man anluvt, sogar langsam, und der Steuermann des Luvbootes ruft „Mast querab!", muß man sofort auf den „richtigen Kurs" zurückgehen *(E)*. Das Luvrecht ist zu Ende, soweit es diese besondere Situation betrifft, und man darf dieses Boot nicht erneut luven, selbst wenn man wieder mit dem Mast vor den Steuermann käme. Das Luvrecht kann erst dann von neuem errungen werden, wenn die *Überlappung* zwischen den Booten aufgehoben ist.

▼ *9.6*

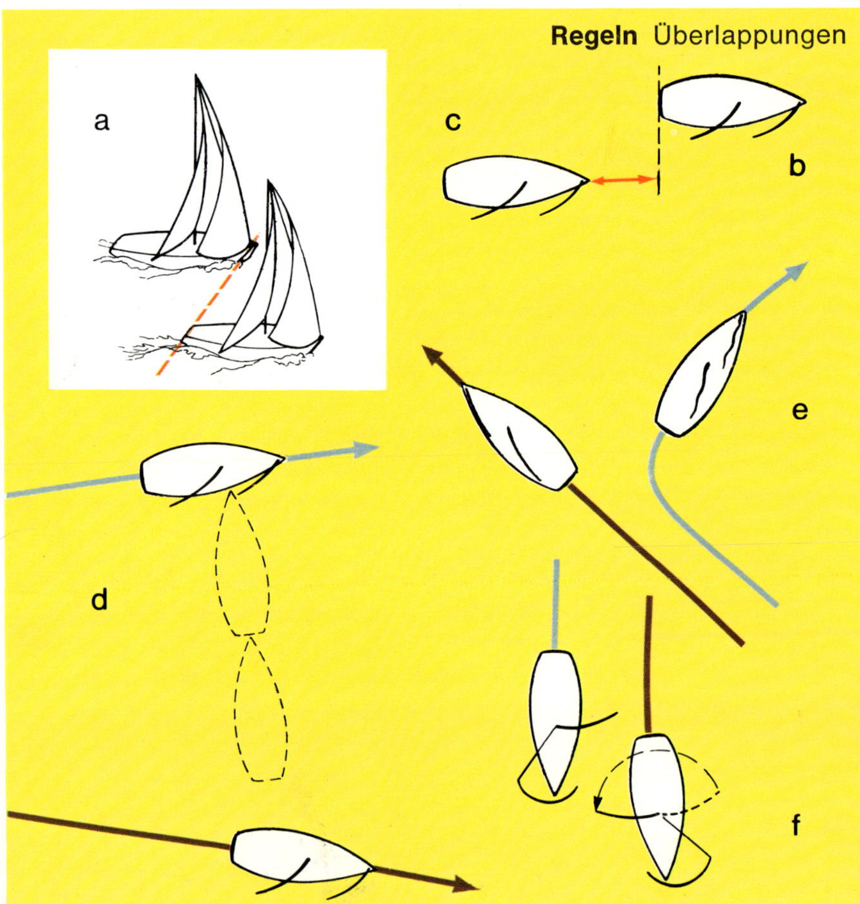

Überlappungen (9.6 a) auf entgegengesetztem Bug gibt es nur beim Runden von Bahnmarken oder Hindernissen. Alle anderen Überlappungsregeln gelten für Boote auf dem gleichen Bug. Sie werden wie folgt aufgehoben *(9.6)*:

b) Ein Boot zieht klar voraus.
c) Ein Boot fällt klar achteraus.
d) Die Boote laufen auseinander, bis mehr als zwei Bootslängen zwischen ihnen liegen.
e) Ein oder beide Boote wenden.
f) Ein oder beide Boote halsen.

Richtiger Kurs ist ein Begriff, der in mehreren Regeln angewandt wird, und seine Bedeutung muß klar erkannt werden. Die Definition in den Regeln sagt, daß es „jeder Kurs ist, den eine Yacht nach dem Startsignal in Abwesenheit der durch diesen Kurs betroffenen Yacht oder Yachten segeln würde, um so schnell wie möglich durchs Ziel zu gehen".

Folgendes ist also festzuhalten:

a) Man muß den richtigen Kurs nur segeln, wenn andere Boote betroffen sind und wenn die Regel über den richtigen Kurs angewendet wird.
b) Für jedes Boot gibt es eine Reihe von richtigen Kursen, die alle zu rechtfertigen sind.

c) Das Kriterium für den richtigen Kurs ist *nicht,* daß er sich *im nachhinein* als der schnellste Kurs erwies, sondern daß *im Augenblick* guter Grund zu der Annahme bestand, daß es der schnellste Kurs sei.

Wenn also jemand bezweifelt, daß du auf den wahren, richtigen Kurs zurückgefallen bist, nachdem du dein Luvrecht verloren hast, mußt du dir einen guten Grund ausdenken, um deinen Kurs zu rechtfertigen. Vielleicht wußtest du, daß der Strom unter Land günstiger war oder daß er sich unter einer Wolke eine Winddrehung näherte oder so etwas Ähnliches. In *9.8* können beide, der rote und der grüne Kurs, richtige Kurse sein.

Die Definition sagt darüber hinaus, daß es vor dem Startsignal keinen richtigen Kurs gibt. Gleichwohl gilt nach dem Startsignal und vor dem Überqueren der Startlinie die Regel *Luven der Wegerecht-Yacht vor dem Start* auch weiterhin:

a) Das Luven muß langsam erfolgen.
b) Selbst wenn eine Yacht hinter der Mast-querab-Position ist, kann sie eine Luvyacht immer noch zum Anluven bis zu einem Amwindkurs zwingen, aber nicht höher *(9.9).*

Dieser letzte Punkt ist taktisch sehr nützlich, wenn man einen einzelnen Gegner decken will. Denn man kann ihn frühzeitig über die Startlinie zwingen und dadurch einen großen Vorteil erlangen. Dies ist auch eine weitverbreitete Taktik beim Mannschaftssegeln.

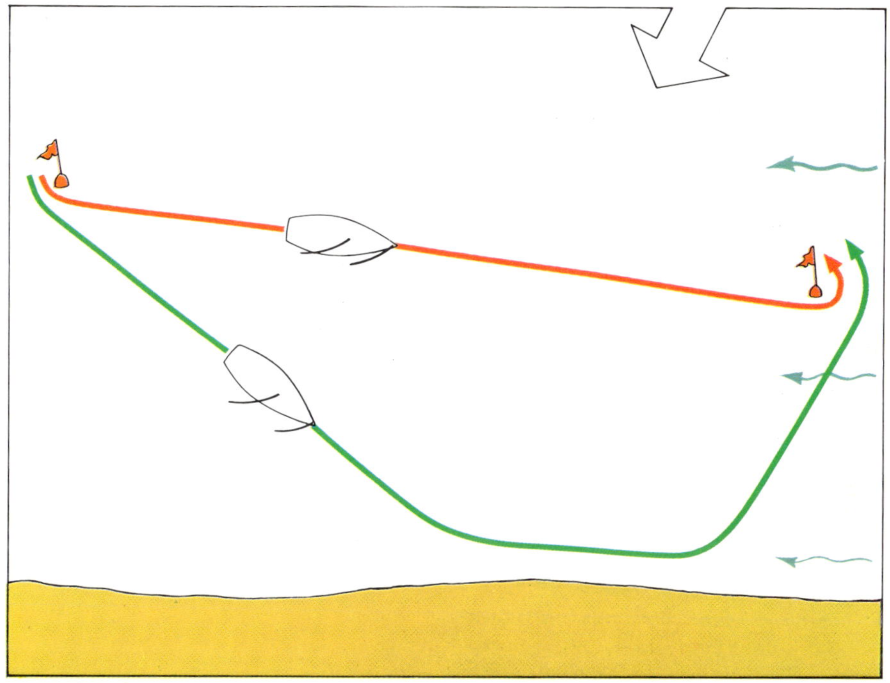

9.8 ▲

9.9 ▶

Zusammenfassung der Taktiken nach dem Start:

- Wenn du in Luv bist, rufe „Mast querab!", sobald der Steuermann auf der Höhe des Mastes vom Leeboot ist.
- Wenn du ein Luvboot luven willst, tue es hart und rechtzeitig. Zögerst du, wirst du in dem Augenblick dein Luvrecht verlieren, wo das Luven beginnt.
- Wenn du in Lee bist, falle ab auf den richtigen Kurs, sobald du den Ruf „Mast querab!" hörst. Protestiere später, wenn du ihn für unberechtigt hältst.

Schließlich das Gegenteil vom Luven: das *Abfallen. An der Kreuz* (das heißt auf einem Amwindkurs, auf dem das Boot wenden muß, um die nächste Bahnmarke zu erreichen) kann eine Yacht so voll segeln, wie sie will, aber sie darf eine Leeyacht nicht zur Kursänderung zwingen *(9.10).*

Das Problem liegt in der Abgrenzung zwischen „zwingen" und „überreden". Es ist einleuchtend, daß es nicht gut ist, im Windschatten eines anderen Bootes zu segeln. Deshalb soll ein Luvboot frei und schnell segeln, um sich direkt auf einen Gegner zu legen *(A).* Dann muß das Leeboot versuchen, sich freizusegeln *(B)* oder zu wenden, um ungestört zu sein. Aber wenn du so dicht auf eine andere Yacht abfällst, daß sie gezwungen ist, selbst abzufallen, um eine Berührung zu vermeiden, dann verstößt du gegen die Luv-Lee-Regel *(C).*

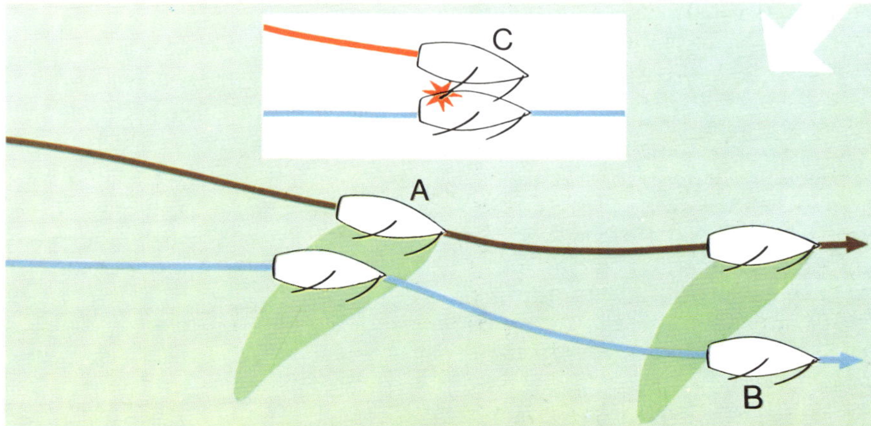

9.10 ▲

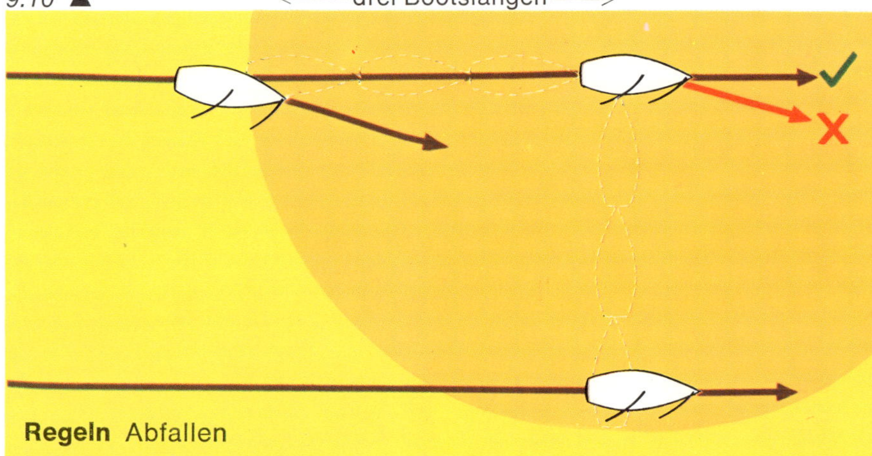

9.11 ▲

9.12 Hartes Verteidigen auf der Kreuz. ▶

Du hättest die Aktion verschuldet, die Beweispflicht läge bei dir. Daher wende diese Taktik mit Vorsicht an. Auf einem freien Bahnschenkel ist die Regelauslegung anders, und der richtige Kurs spielt mit hinein. Du darfst nicht über deinen richtigen Kurs hinaus abfallen, wenn eine andere Yacht sich jeweils innerhalb von drei Bootslängen in Lee oder achteraus befindet und wenn sie so steuert, daß sie in Lee passieren will *(9.11)*. Man vergißt diese Regel leicht, und wenn man auf einem Raumgang angerufen wird, kann es sehr gut aus diesem Grunde sein.

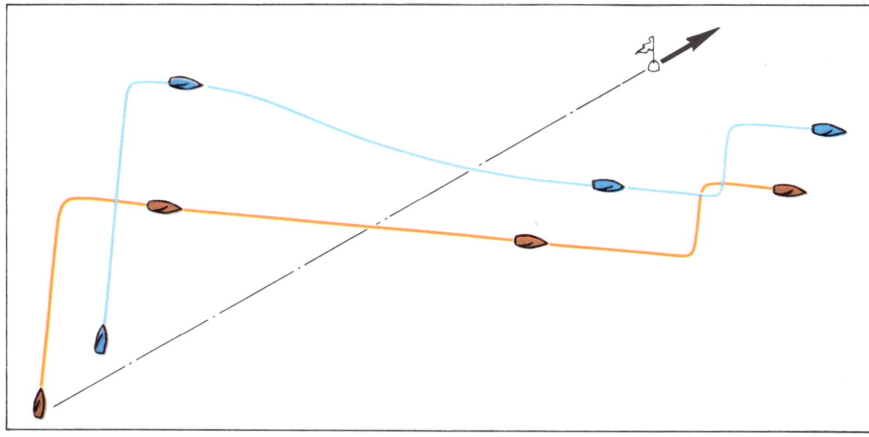

▲ *9.13*

▲ *9.14*

Taktiken für den gleichen Bug

Regeln sichern auch, zusammen mit der Luv-Lee-Regel, die Taktiken für Boote ab, die auf dem gleichen Bug segeln. Auf der Kreuz liegt der Vorteil meist bei dem Spitzenboot, und das gilt ganz besonders dann, wenn Boote auf dem gleichen Bug segeln *(9.12)*. Es gibt drei hauptsächliche taktische Varianten zur Verteidigung der Führungsposition:

1. Abdecken – aus einer Luvposition oder von voraus *(9.12 und 9.13)*.
2. Abwind – aus einer Position voraus und in Lee *(9.3)*.
3. Luven – aus einer Position in Lee oder voraus *(9.5)*.

Die ersten zwei nutzen die Störung der Windzufuhr für das andere Boot aus. Luven ist eine Maßnahme, um die andere Mannschaft unvorbereitet zu erwischen und Vorteil aus der Verwirrung zu ziehen, die man verursacht.

Abdecken

Unmittelbar nach dem Start heißt das oberste Gebot für die ersten Minuten: volle Geschwindigkeit und freier Wind. Wenn man Glück hat und eine Gruppe von Booten oder gar das ganze Feld anführt, muß man ans Abdecken denken.

Es gibt eine goldene Regel dafür, die häufig auf eigene Gefahr mißachtet wird:

- Halte dich zwischen deinem Gegner und der nächsten Marke.

Das bedeutet natürlich nicht, daß du dich sklavisch auf der Linie zwischen dir und dem nächsten hinter dir halten sollst und wendest, wenn er es tut. Es bedeutet nur, daß du dich ungefähr in der Gegend aufhältst, so daß er nicht zu einer Seite ausweichen kann mit der Möglichkeit, dort auf besseren Wind oder Strom zu treffen als du *(9.13)*.

Ein Boot zu decken, ist nicht allzu schwer. Aber man darf sich nicht sofort auf den Gegner packen, weil er dann gezwungen wird, wegzuwenden. Man sollte ihn also lediglich kontrollieren. Wenn du sogar möchtest, daß er den Kurs beibehält, lege deinen Windschatten leicht hinter ihn *(9.14 grün)*. Wenn er auf den anderen Bug gehen soll, erschwere ihm die Windzufuhr, indem du etwas vorausgesegelst *(gelb)*. Er kann sich nicht aus deiner Abdeckung befreien und wird durch deinen Abwind langsamer. Er wendet also. Er hat keine andere Wahl.

Verteidigen
Dieses Prinzip weitet das Abdecken aus, um mehrere Boote zur gleichen Zeit zu kontrollieren. Es kommt oft vor, daß es notwendig ist, mit der Verfolgergruppe in Tuchfühlung zu bleiben. Wenn man nur ein Boot deckt, könnten die anderen entwischen. Also dränge das zweite Boot in die gleiche Richtung, in die das dritte geht *(9.15 a+b)*. Wenn man die Schläge sorgfältig abstimmt *(c)* oder wenn man frei lossegelt, um den Windschatten genau zu placieren, kann man das zweite Boot dazu bringen, das dritte Boot zu decken. Das kann manchmal sogar noch weitergehen.

Dazu gehört auch, daß man sich früh auf ein kreuzendes Boot legt, wenn man möchte, daß es zurückwendet *(9.16)*, und daß man selbst spät wendet, wenn das andere Boot seinen Kurs fortsetzen soll *(9.17)*. Wenn man es leicht voraus aus der Abdekkung läßt, gibt man ihm das Gefühl, es könne klar ausbrechen. Diese Chance hat es natürlich nicht, denn du hältst es in dieser Position, indem du deine Geschwindigkeit und deine Höhe genau kontrollierst.

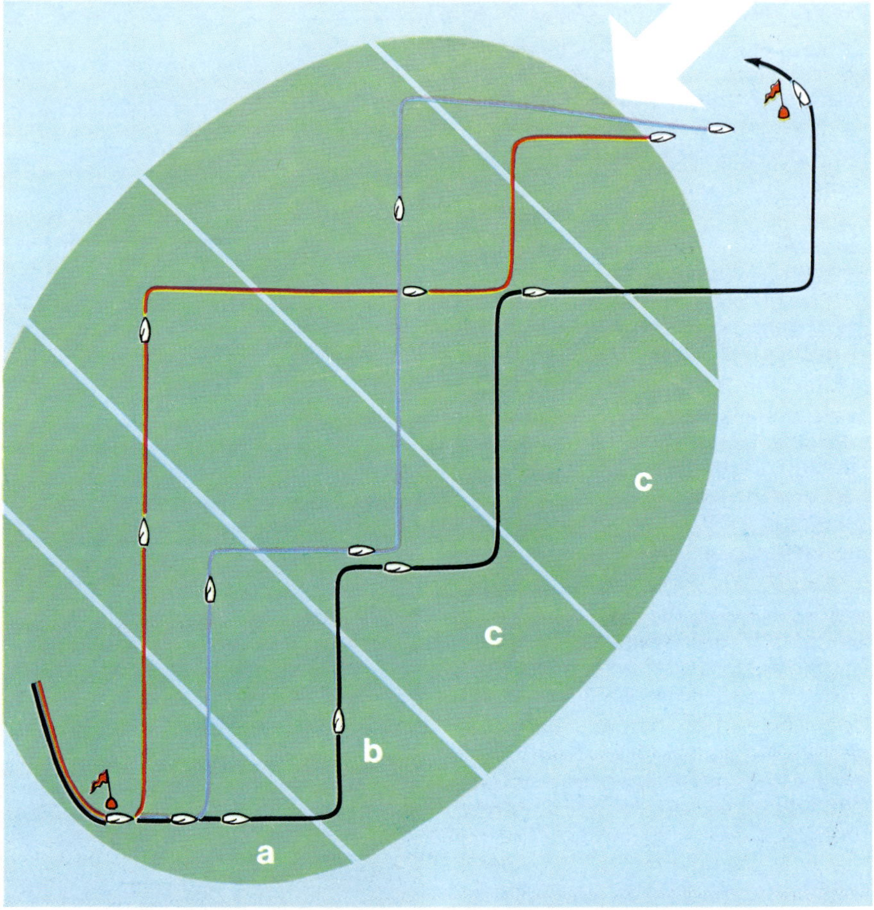

9.15 ▲

9.16 ▲

9.17 ▲

Man kann die Kontrolle selten sehr weit ausdehnen, aber besonders im späteren Stadium eines Rennens verursacht diese Taktik bei den anderen Steuerleuten einigen Ärger, weil sie ihnen wenige Möglichkeiten läßt, dich zu schlagen. Psychologisch ist dies eine exzellente Taktik, und die Opfer merken oft gar nicht, was mit ihnen geschieht.

Wie man die Abdeckung durchbricht

Nun versetze dich in die entgegengesetzte Lage. Eine Möglichkeit, die Abdeckung zu durchbrechen, besteht darin, durch ständige Manöver näher an das Führungsboot heranzukommen *(9.19)*. Diese Methode wendet man an, wenn man sehr eng gedeckt wird, und der Erfolg hängt davon ab, daß das Boot sehr sanft und fehlerlos gesegelt wird.

Du mußt dich im abgedeckten Boot in einem sehr engen Abdeckungsduell stets unter Kontrolle haben. Du kannst bei jedem Schraler wenden, indem du so fließend herumgehst, daß du kaum Fahrt verlierst *(9.19)*. Dein Gegner muß dir folgen, aber er kommt immer ein bißchen spät und wendet etwas schärfer, denn du gibst ja kein Zeichen, wann du wendest *(a)*. Du gewinnst bei jedem Schraler, und allmählich schließt du die Lücke. Dein Gegner wird nervöser, je näher du kommst; seine Technik verschlechtert sich, und er könnte gar einen falschen Schlag machen *(b)*. Schließlich bist du sehr nahe, kannst nach Lee unter ihm durchtauchen und unter seinem Leebug wieder hervorschießen, um ihn endgültig mit deinem Abwind fertigzumachen *(c)*.

Verliere bei dieser Taktik nicht die nächste Marke aus dem Auge. Es wäre zu ärgerlich, wenn du dich in

9.18 20302 wendet aus dem Abwind heraus. ▲

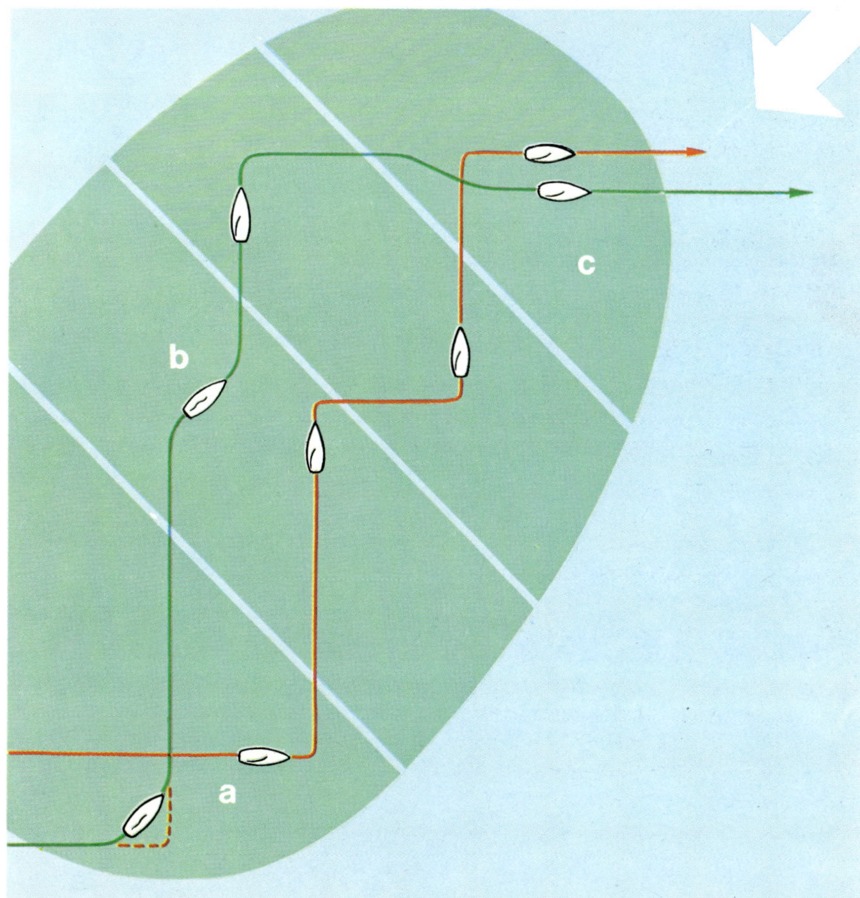

9.19 ▲

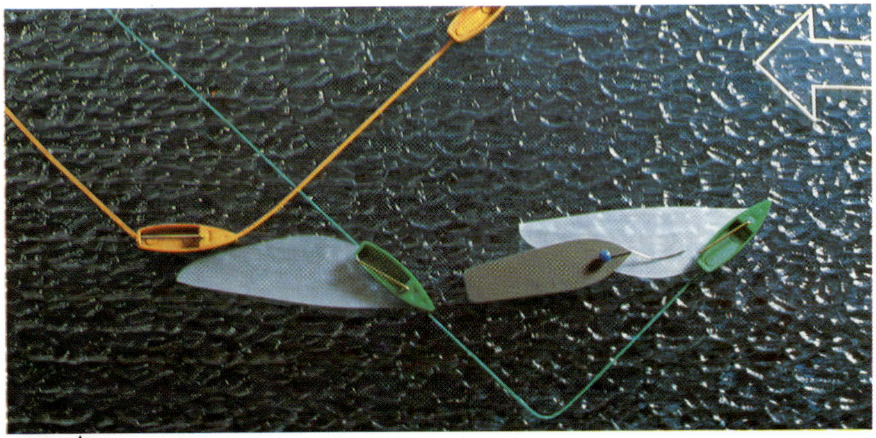

9.20 ▲

9.21 ▲

▼ 9.22

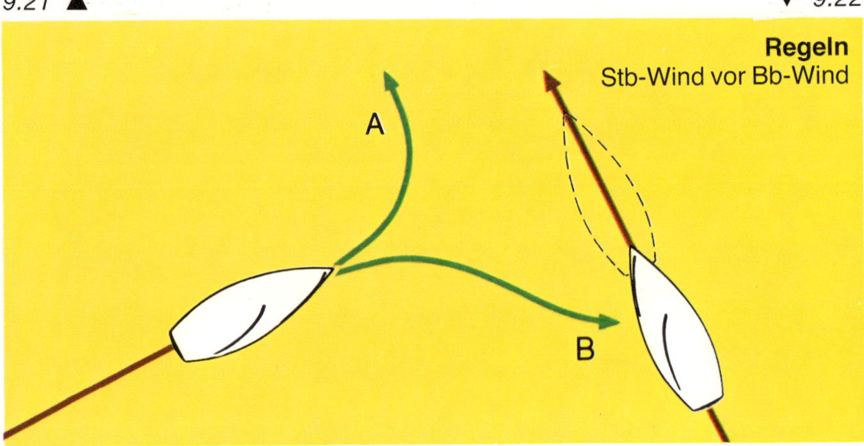

9.23 Der eine Laser wendet, um frei zu liegen, wird nun aber von einem anderen Boot abgedeckt. ▶

Luv der Peilung finden würdest und nun das dritte Boot vorn wäre!

Die andere klassische Methode, die Abdeckung zu durchbrechen, ist, ein Hindernis mit ins Spiel zu bringen. In ihrer einfachsten Form wartet man, bis das abdeckende Boot in Lee von einem Hindernis passiert, und wendet dann *(9.20).*
Wenn das Hindernis zu weit in Luv ist, muß man eine Reihe von Wenden fahren, um näher zu kommen. Der Verteidiger wird dir auf die Luvseite folgen, und du bestimmst die Schläge, um ihn genau in Lee des Hindernisses fahren zu lassen.

Auf offenen Revieren gibt es keine festen Hindernisse wie verankerte Boote, doch auch andere Yachten, Fähren oder Fischer können dazu benutzt werden. Gewöhnlich jedoch mußt du dich anderer Konkurrenten bedienen. Du planst deinen Durchbruch so, daß dein Gegner von einem anderen Boot gestört wird, wenn er dir folgt *(9.21 und 9.23).*

Backbord- und Steuerbordwind
Wenn sich Boote auf entgegengesetztem Bug einander nähern, sagen die Regeln, daß das Boot mit Stb-Wind Wegerecht hat. Dies ist die Grundregel Stb-Wind vor Bb-Wind. Es ist wichtig zu wissen, daß das Boot mit Bb-Wind immer zwei Möglichkeiten hat, sich freizuhalten: selbst zu wenden *(9.22 A)* oder abzufallen *(B)*. Wenn der plötzliche Ruf „Raum!“ von irgendwoher hinter einem Großsegel ertönt, ist die instinktive Reaktion, das Boot herumzuschmeißen, die einzige Möglichkeit in diesem späten Stadium.

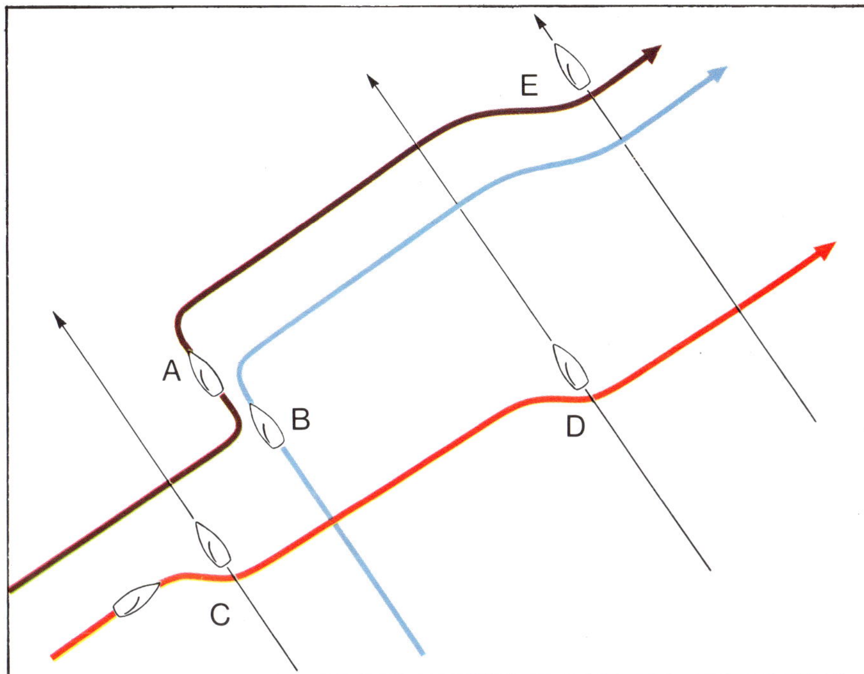

▲ 9.24

Halte also immer gut nach Lee Ausschau, denn abgesehen von einer möglichen Kollision kann es sich sehr nachteilig für die eigene Position auswirken, wenn man plötzlich wenden muß, nur um einer anderen Yacht auszuweichen. Genausowenig hat es Sinn, zu wenden, um aus einer Deckung herauszukommen, um sich dann in Lee eines anderen Bootes wiederzufinden *(9.23)*. Mit ein bißchen Vorausdenken und Voraussicht kann man so eine Falle vermeiden.

Der Steuermann oder Taktiker muß in der Lage sein, sich stets ein Gesamtbild machen zu können von allen Booten, den Bahnmarken, von Wind und Strom. Die Auswahl an Taktiken, die man auf der Kreuz anwenden kann, ist sehr groß, und alle hängen von der geometrischen Position der Boote ab, ebenso wie die Wege, auf denen man die Regattastrategie am besten ausführt.

Angenommen, die Strategie erfordert einen langen Bb-Wind-Schlag auf die Stb-Seite des Kurses, gefolgt von einem einzigen Stb-Wind-Schlag zur Tonne. Ideal ist dann der Start auf der Stb-Seite der Startlinie, mit sofortiger Wende auf Bb-Wind-Bug, und auf und davon ist man. Angenommen aber, dies ist unmöglich, so mußt du deinen Bb-Wind-Schlag durch eine Anzahl von Stb-Wind-Booten machen *(9.24)*. Wieder auf Stb-Wind-Bug zurückgezwungen zu werden, sollte man vermeiden. Zeichnung *9.24* zeigt einige Möglichkeiten und die richtigen Antworten; eine davon schließt eine kurze Periode auf Stb-Wind-Bug ein *(A)*, um ein anderes Boot zur Wende zu zwingen *(B)*.

Dies ist ein Manöver, das sehr sorgfältig beurteilt werden muß und reibungslose Mannschaftsarbeit erfordert. Dafür aber kann es Erfolg haben. Denke auch daran, daß jede Wende einen Verlust an Distanz bedeutet. Beim Abfallen nimmt die Geschwindigkeit zu, was zum Teil den Verlust an Höhe wettmacht *(C, D und E)*. Weiterhin gab es ja einen guten Grund, vorher auf Bb-Wind-Bug zu segeln. Deshalb kann man gemeinhin sagen, daß, wenn die Strategie nichts Gegenteiliges erfordert, es besser ist, abzufallen und hinter dem Heck eines kreuzenden Bootes durchzuschießen.

Die Leewende

Ist damit gemeint, daß ein Boot mit Bb-Wind auch dann abfallen soll, wenn es fast, aber nicht ganz von dem anderen Boot klarkommt? Ja, selbst dann zahlt es sich aus, denn

◀ *9.25 Unterwenden*

denn auf diese Weise gewinnt man di *Manövrierfähigkeit* zurück.

Wenn du das Boot auf Stb-Wind-Bu richtig unterwendest *(9.25),* kannst d es schnell in deinen Abwind bringe und es zur Wende zwingen *(9.24 A)* – eine angenehme Boot-gegen-Boot Taktik in einer Regatta mit zwei Boo ten. In einem normalen Feld freilich is es mehr als nur rachsüchtig. Di Manövrierfähigkeit kann sehr leicht ver lorengehen, weil ja auch die Takti leicht danebengehen kann. Schließlic verliert man durch die Wende a Distanz.

Das Boot mit Bb-Wind muß sein Wende sehr genau terminieren. Z früh, und er ist zu weit entfernt, um i gendeinen Abwindeffekt zu erzieler Zu spät, und er riskiert, wegen zu *dich ten Wendens* disqualifiziert zu werder Denke daran, daß die Wende ein „tote Sektor“ ist, in dem ein Boot kein Rechte hat. Das andere Boot, in die sem Fall das mit Stb-Wind, brauch nicht damit zu *beginnen,* sich freizuha ten, ehe nicht das Bb-Wind-Boot au seinem neuen Amwindkurs ist *(9.26).*

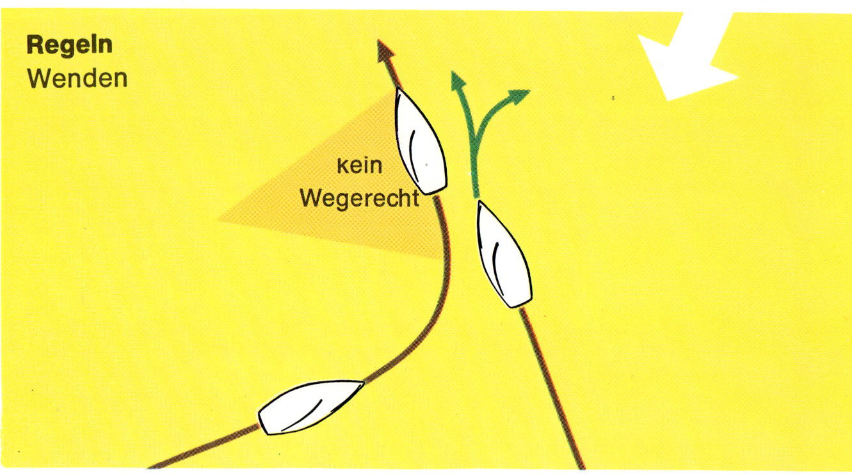

▲ *9.26*

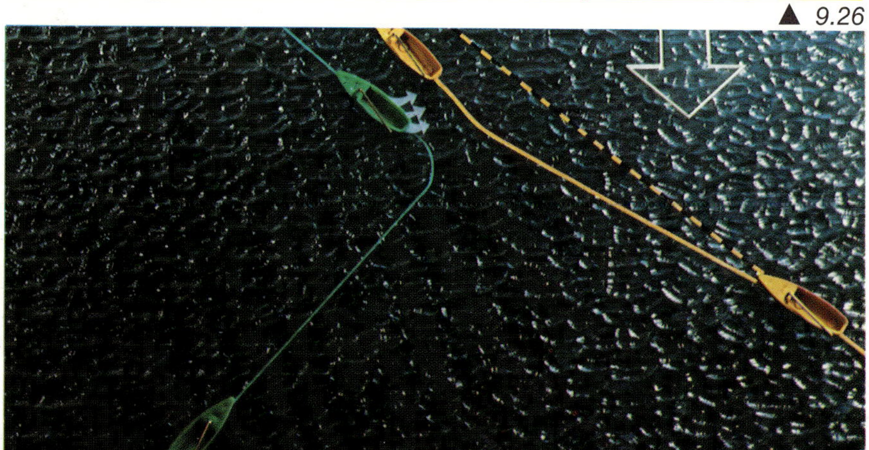

◀ *9.27*

9.28 Abfallen, um einem Stb-Wind-Boot Raum zu geben. ▶

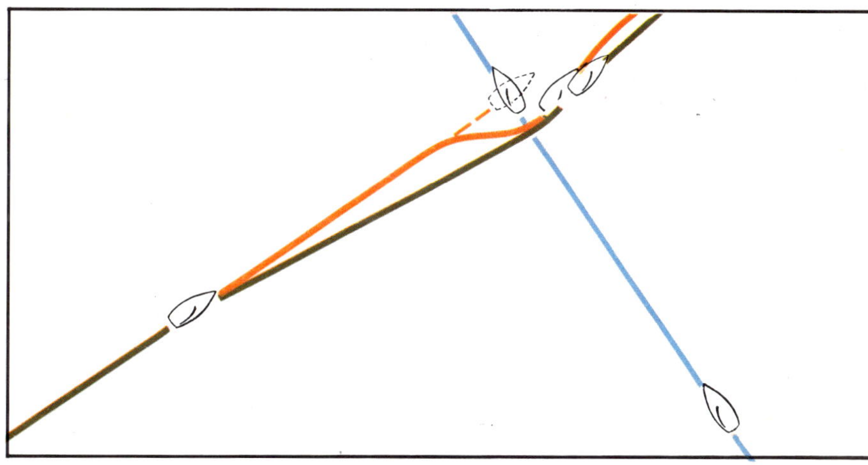

▲ *9.29*

Verteidigung gegen die Leewende

Versetze dich an die Stelle des Stb-Wind-Bootes. Wie würdest du dich gegen eine Leewende und den folgenden Abwind schützen?

Du siehst ein Boot sich nähern, das nicht klar vorbeikommt. Es muß entweder wenden oder abfallen. Sofort segelst du etwas voller *(9.27 orange)*. Achte darauf, daß du es früh genug tust. Wenn der Gegner schon angefangen hat, abzufallen, könnte er nämlich wegen Verletzung der Kursänderungsregel protestieren, indem er behauptet, du hättest ihn daran gehindert, sich freizuhalten.

Du brauchst nur ganz wenig voller zu fahren, nur so viel, daß er veranlaßt wird, seine Wende zum falschen Zeitpunkt zu fahren. Wenn sie beendet ist, luvst du wieder auf den Amwindkurs an. Dein Gegner liegt dann so weit hinter dir, daß er dich nicht mehr beeinflussen kann. Das Gute an dieser Gegenmaßnahme ist, daß der Steuermann des anderen Bootes selten merkt, was geschehen ist. Es ist einer der kleinen Tricks, den die Erfahrung lehrt und der dazu beiträgt, daß der Experte so gut dasteht.

Abfallen für eine Yacht auf Backbordbug

Nun denke noch einmal an das Bb-Wind-Boot zurück; wenn gut nach Lee Ausschau gehalten wird, kann es frühzeitig abzufallen beginnen *(9.29 braun)*. Die plötzliche Aktion in letzter Minute ist immer schlecht *(9.29)*, weil die zurückgelegte Strecke länger, der Bremseffekt des verstärkten Ruderlegens größer und die Einstellung des Trimms und der Schoten weniger genau ist *(9.29 rot)*.

Außerdem gibt es noch die Auswirkung auf den anderen Steuermann. Du möchtest ihm bei der Entscheidungsfindung helfen, so daß er mit Stb-Wind passiert und weiterfährt. Du willst verhindern, daß er nahe in Luv oder voraus wendet. Wenn du rechtzeitig abfällst, weiß er, daß du ihn gesehen hast *(9.29 braun)*, und er braucht nicht in allerletzter Minute eine Panikwende zu fahren. Wenn er dazu gezwungen wird, wird er sicherlich protestieren, und es wird dir schwerfallen, zu beweisen, daß du trotz allem klargekommen wärst.

◀ *9.30 Wenn das Boot mit Bb-Wind nicht sicher passieren kann, ist es besser, sich wie in 9.24 A zu verhalten.*

▼ 9.31

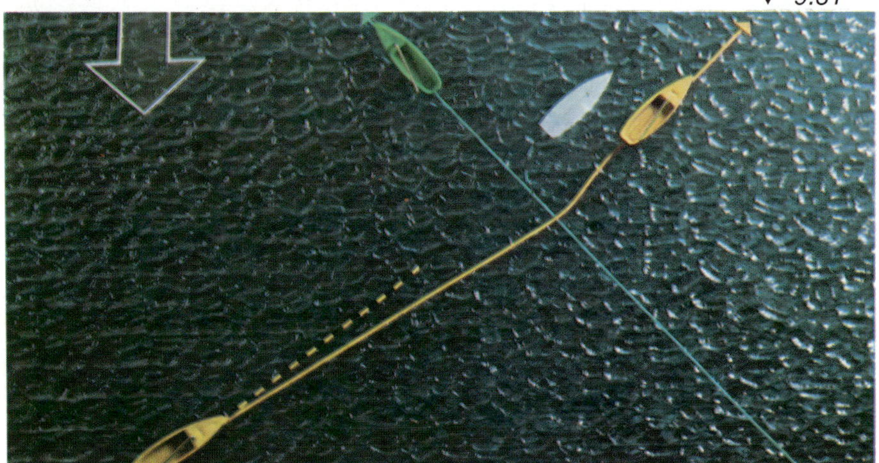

▼ 9.32

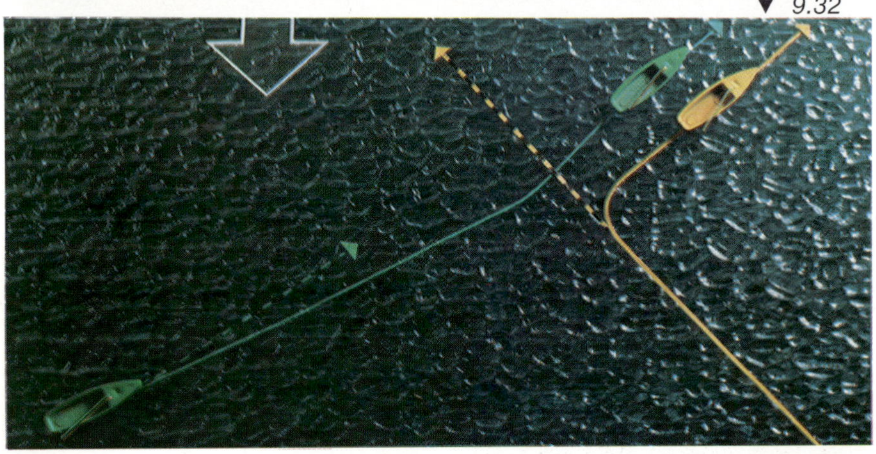

Er muß sich gut und überlegen vorkommen, während du, der du deine Planung sorgfältig ausgeführt hast, genau weißt, daß er auf dem falschen Schlag nach der weniger begünstigten Seite hin segelt. Also entmutigst du ihn, mit dir zu fahren, indem du es ihm erleichterst, weiterzusegeln. Du fällst sanft und früh genug ab und versicherst dich, daß er weiß, daß du ihn gesehen hast. Dann bemühst du dich, ganz dicht hinter seinem Heck durchzufahren, und luvst gleichmäßig bis zum Kurs hoch am Wind an oder sogar noch ein bißchen höher wegen des Raumers, der durch seinen Abwind verursacht wird *(9.31)*. Er hat keine Chance, sich auf dich zu legen. Wenn er doch wendet, wird sein Boot in Luv hinter dir liegen, und du wirst die klassische sichere Leestellung einnehmen. Eine sehr saubere Position!

Es gibt keinen richtigen Gegenschlag für diese Taktik, denn sie basiert auf den längeren Überlegungen des Steuermanns, der auf Bb-Wind-Bug segelt. Wenn jedoch das Stb-Wind-Boot diese Taktik ebenfalls kennt, dann muß es früh wenden, bevor das Bb-Wind-Boot sich beschweren kann, beim Freihalten behindert worden zu sein *(9.32)*. Leicht abzufallen, um für das Bb-Wind-Boot die frühe Leewende zu erschweren, verfängt in diesem Fall nicht. Aber wenn das Bb-Wind-Boot dich offensichtlich nicht gesehen hat, ist es schon gut, den Ruf nach Raum sehr spät ertönen zu lassen. So spät, daß er nicht mehr abfallen und nur noch eine überstürzte Wende fahren kann, um eine Kollision zu vermeiden. Dann stehst du ganz sicher als Herr der Situation da.

Aufeinandertreffen mehrerer Boote

Wenn zwei oder mehr Boote sich mit Stb-Wind nähern, wird die Entscheidung, Abfallen oder Wenden, erschwert. Dabei schließe die Möglichkeit nicht aus, hinter beider Heck abzufallen, statt zu wenden. Die Wende ist von großem Nachteil. Dennoch kann sie erforderlich werden. Dann muß sie zum richtigen Zeitpunkt erfolgen. Je weiter das Bb-Wind-Boot voraus ist *(9.33 orange)*, desto später kann es seine Wende einplanen, und desto größer ist die Chance, die sichere Leestellung zu erlangen und wenigstens ein Boot zu unterwenden. Grün könnte gezwungen werden, zu luven, was wiederum Gelb veranlassen könnte, wegzuwenden, gefolgt von Grün und schließlich Orange selbst. Aber Orange hält den Bb-Wind-Schlag für besser, und jetzt fahren die anderen beiden ebenfalls hierher. Das ist nicht das beste Resultat.

Auf alle Fälle muß Orange vermeiden, nach der ersten Wende überlaufen zu werden. Grün wird dies sicherlich versuchen, indem er ein bißchen voller läuft. Daher muß Orange nach der Wende ebenfalls etwas voller fahren, um schnell Höchstgeschwindigkeit zu laufen.

Wenn zwei oder mehr Boote auf Bb-Wind-Bug einander überlappen, gilt eine andere wichtige Regel, die früher schon erwähnt wurde, jetzt aber ausführlicher erörtert werden soll. Es ist das Prinzip, daß einem innenliegenden überlappenden Boot *zum Passieren eines Hindernisses Raum gegeben* werden muß.

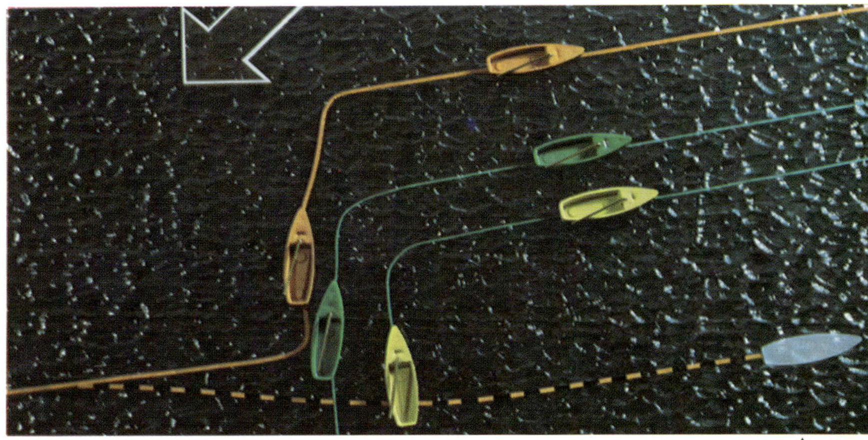

▲ 9.33

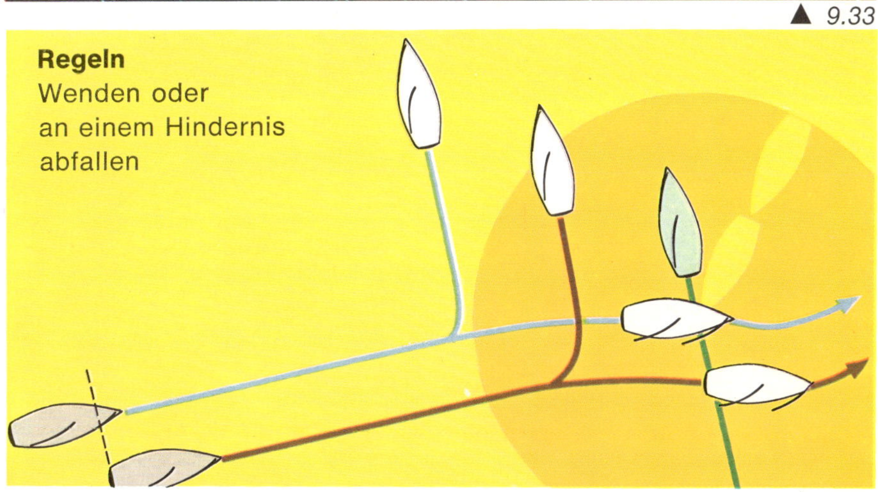

▲ 9.34

Ein typisches Beispiel veranschaulicht *9.34*. Das Leeboot mit Bb-Wind *(braun)* kann diktieren, was passieren soll. Es kann, wie vorher, wählen, ob es wendet, um dem sich nähernden Boot auszuweichen, oder es kann abfallen. Wenn es sich für das Abfallen entscheidet, ist es verpflichtet, Blau genügend Raum zu geben, um ebenfalls nach Lee passieren zu können.

Es gibt eine sehr wichtige Einschränkung dieser Regel, und zwar dann, wenn die Boote überlappen. Überlappung liegt in diesem Fall vor, wenn das führende Boot einen Punkt zwei Bootslängen vor dem Hindernis erreicht hat, egal, was mit der Überlappung danach geschieht. Diese Einschränkung ist allgemein als der *Zwei-Längen-Kreis (9.34)* bekannt, und wie wir sehen werden, wird sie bei fast allen Hindernissen und Bahnmarken angewandt, die zu passieren oder zu runden sind.

Wenden an einem Hindernis

Die andere Möglichkeit für Braun ist, zu wenden, aber auf offenem Wasser kann er das nicht tun, ohne mit der Regel 41 *(Wenden und Halsen)* oder mit der Regel 36 *(Stb-Wind vor Bb-Wind)* zu kollidieren. Es gibt daher eine andere Regel, die diesen Fall abdeckt und die auch für Situationen zutrifft, wenn Boote sich festen Hindernissen nähern wie Küsten, Untiefen und anderen Objekten, die bei sorgfältigem Navigieren eine Wende erfordern, um ihnen auszuweichen. Diese Regel, *Runden oder Passieren von Bahnmarken und Hindernissen,* besagt, daß Grün (in *9.35*) sich bemerkbar machen muß (im allgemeinen „Raum Land!"). Rot ist dann verpflichtet, sich freizuhalten, während Grün seine Wende fährt. Rot hat die Möglichkeit, ebenfalls zu wenden oder Grün zu signalisieren, daß er sich auf eine andere Art freihalten wird (gewöhnlich indem er ruft „Wenden Sie!").

Sobald Grün „Raum Land!" verlangt hat, setzt er eine Kettenreaktion in Gang, deren Ablauf korrekt eingehalten werden muß. Wenn Rot sich zur Wende entschließt, muß er das ohne Verzögerung tun *(b)*. Grün muß seine Wende beginnen, bevor Rot sie beendet hat, wie schnell auch immer *(c)*. Um natürliche Abwinde nach der Wende zu vermeiden, sollte Grün seine Wende so lange wie legal möglich aufschieben.

Wenn Rot Grün auf andere Weise ausweichen will *(9.36)*, muß Grün wenden, sobald er den Antwortruf von Rot hört. Rot ist dann verpflichtet, sich freizuhalten.

Die beste Taktik für Rot hängt ab von den relativen Positionen der Boote und der Art des Hindernisses. Wenn es eine feste Wand oder ein anderes Objekt ist, wird Grün gewöhnlich dicht heransegeln und Rot keine Möglichkeit lassen, hinter seinem Heck abzufallen. Wenn aber die Boote gegen den Strom entlang einer abschüssigen Küste kreuzen, könnte es eine Gelegenheit für Rot geben. Er kann versuchen, vorbeizukommen, indem er abfällt. In der Hoffnung, daß genügend tiefes Wasser vorhanden ist, kann er einige Längen näher unter die Küste gehen. Eine Jolle kann das Schwert ein bißchen hochziehen, um den Tiefgang zu vermindern, aber für ein Kielboot ist das Risiko, zu stranden, zu groß *(9.37)*. Der Lohn für ein erfolgreiches Manöver ist allerdings beträchtlich, denn die neuen Positionen der Boote verändern die Situation völlig.

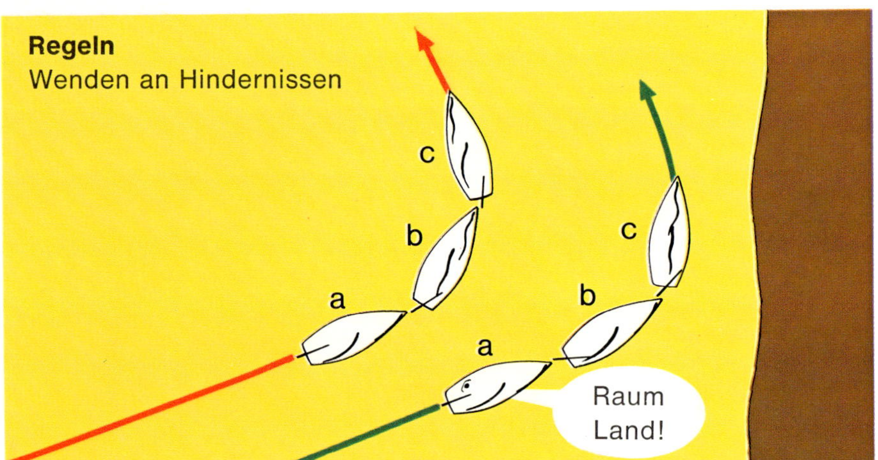

9.35 ▲

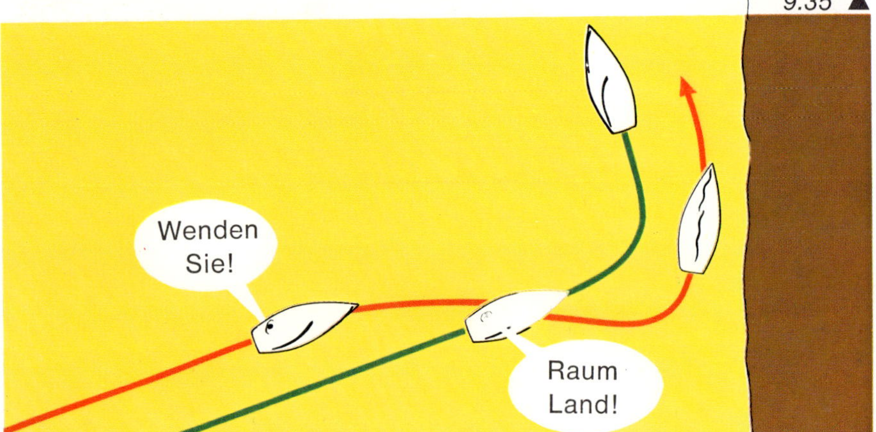

◀ *9.36*

9.37 Hochseeyachten kreuzen dicht unter der Küste, um dem gegenlaufenden Strom auszuweichen.

Es gibt eine Ausnahme zu dieser Regel, und zwar dann, wenn das Hindernis eine Tonne ist, ein Objekt also, das laut Segelanweisungen auf einer bestimmten Seite gerundet oder passiert werden muß. Wenn Rot (in *9.35*) von der Bahnmarke freikommt, ohne zu wenden, kann Grün nicht länger Raum zum Wenden verlangen. Taktisch gesehen ist diese Situation schwierig für Grün, der dies hätte voraussehen und entweder abfallen und halsen müssen oder abfallen, um genügend Raum für eine Wende zu gewinnen. Gewöhnlich ist das zweite vorzuziehen. Das erste ist nur möglich, wenn Grün überrumpelt wäre.

Kapitel 10

Die Luvtonne

Annäherung mit Stb-Wind
Die Annäherung an die Luvtonne sollte schon bei der Ausarbeitung der Regattastrategie berücksichtigt worden sein. Gewöhnlich sollte der letzte Schlag mit Stb-Wind erfolgen, denn das gibt Wegerecht an einem sehr überfüllten Punkt des Kurses *(10.1)*. Die erste allgemeine Regel lautet also: Versucht man, die Luvtonne aus einiger Entfernung auf Stb-Wind-Bug zu erreichen, so muß man sie genau anliegen oder ein bißchen darüberhalten, wenn man sie Bb rundet (der olympische Standardkurs) *(10.2)*.

Wenn die Luvtonne bei Annäherung mit Stb-Wind an Stb gelassen werden soll, sollte man sich ebenfalls bemühen, etwas über sie hinauszukommen, um sicher zu sein, daß man sie so nah wie möglich hat – selbst wenn ein anderes Boot deinen Kurs im letzten Augenblick kreuzt und über dir wendet *(10.3)*.

Es ist nicht leicht, eine Tonne aus der Ferne genau anzuliegen. Sind Boote voraus, peile entlang ihrer Kiellinie, um festzustellen, ob sie anliegen

◀ *10.1 Anlaufen der Tonne mit Wind von Bb (15682).*

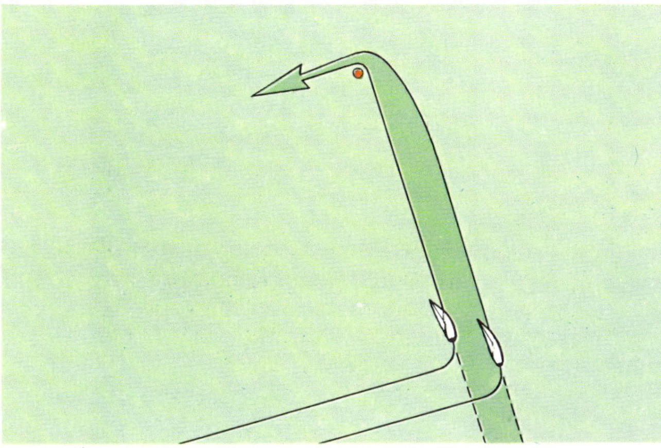

10.2 ▲

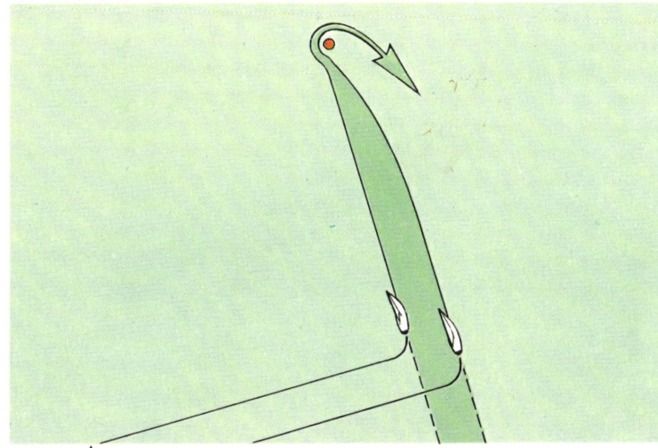

10.3 ▲

können *(10.4)*. Denke daran, die Abdrift zu berücksichtigen. Sobald du dich zur Wende entschlossen hast, solltest du eine rückwärtige Markierung finden, damit du deine Standlinie hast. Bist du zu weit gefahren, dann solltest du so früh wie möglich voller segeln, damit du gegenüber einem Boot, das anliegen kann, nicht zuviel verlierst.

Wenn du unter der Marke liegst, mache deinen Holer eher zu früh als zu spät *(10.5)*. Während du weitersegelst, werden sich andere Boote in die Schlange einreihen, und sie werden sicherlich registrieren, daß du die Linie nicht anliegen kannst. Sie werden sich in Luv von dir staffeln, bis du feststellst, daß du überhaupt nicht mehr wenden kannst, oder du mußt wenden und hinter mehrere Boote abfallen. Du mußt deine Position auf dem Anliegerkurs rechtzeitig einnehmen.

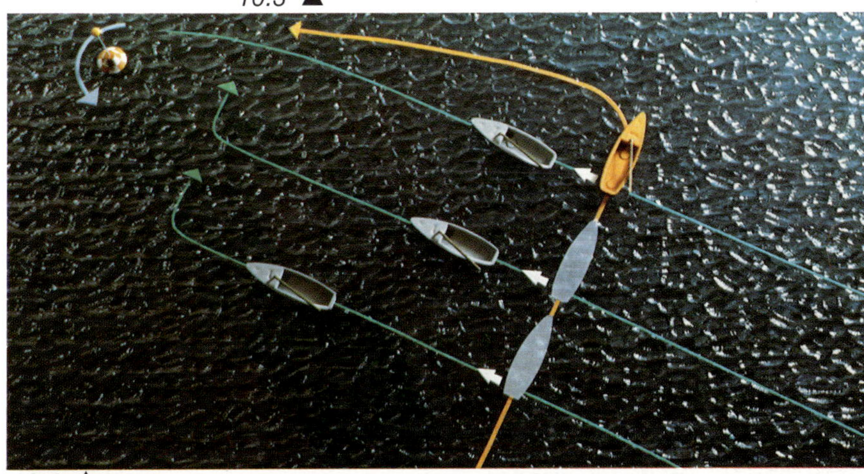

10.4 ▲

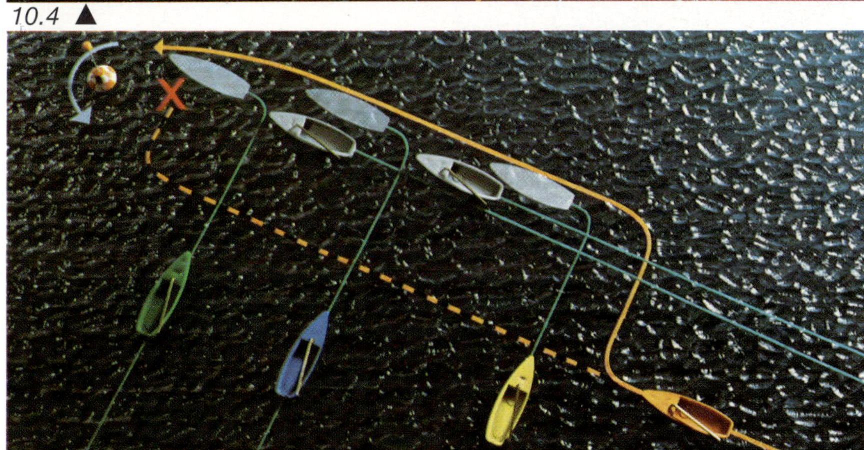

10.5 ▶

▲ *10.6*

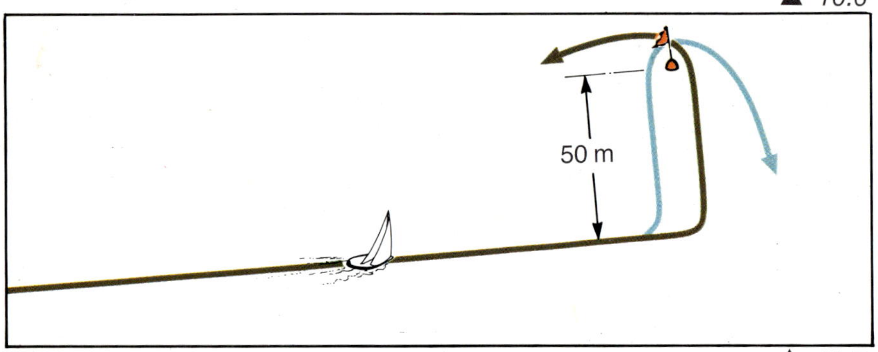

▲ *10.7*

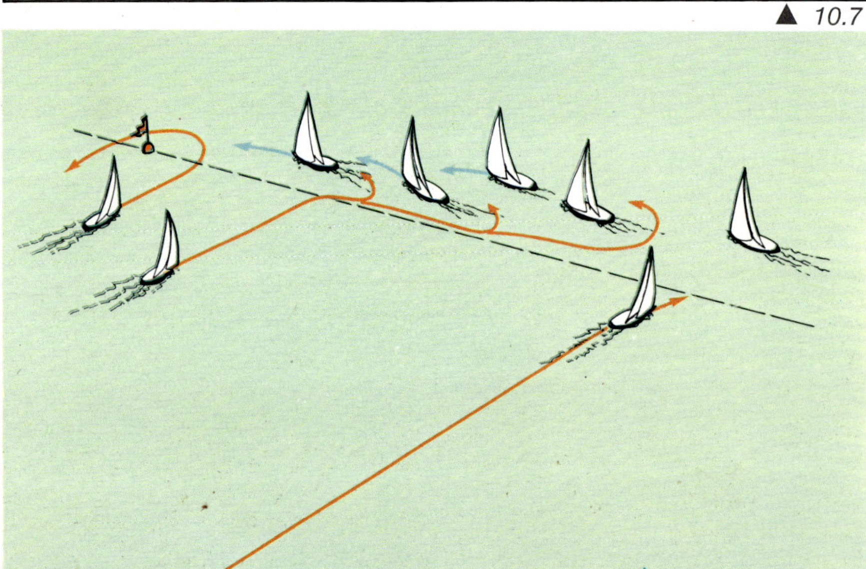

◀ *10.8*

Annäherung mit Bb-Wind

Näherst du dich von Ferne auf Bb-Wind-Bug, solltest du etwas tieferhalten, damit du wenden und die letzten 50 Meter auf Stb-Wind-Bug anliegen kannst, selbst wenn nach Stb gerundet wird *(10.7)*.

Den letzten Schlag auf Bb-Wind-Bug zu fahren, ist äußerst riskant *(10.6)*, aber mit etwas Glück kann es ungeheuer viel bringen. Die meisten Boote werden sich auf Stb-Wind-Bug nähern, und aufgrund der Abdeckungen und allgemeinen Störungen können sie einander nicht dicht im Kielwasser folgen. Jedes muß sich ein bißchen nach Luv des Vorgängers hin orientieren, damit es nicht in die Abdeckung gerät und so die Marke verfehlt. Also geht jedes nachfolgende Boot ein bißchen zu hoch und verliert gegenüber dem ersten. Der zusammengefaßte Verlust mehrerer Boote in einer Linie kann beträchtlich sein.

Daher ist die Versuchung groß, in eine Lücke in der Linie nahe der Tonne hineinzutauchen oder, wenn man nach Bb rundet, aus einem Bb-Wind-Schlag heraus direkt um die Tonne zu wenden, wobei man viele Plätze gewinnen könnte *(10.8)*. Ein wagemutiger Steuermann kann sich mit solch einem Manöver sehr oft retten, nicht nur weil ohnehin eine echte Lücke vorhanden ist, sondern auch aufgrund des unsauberen Steuerns der auf Stb-Wind-Bug ankommenden Boote oder weil sie zögern, ihre Rechte bis zuletzt wahrzunehmen. Aber ohne Zweifel ist es eine riskante Taktik.

Wegerecht an der Tonne

Im allgemeinen wird das Wegerecht an der Tonne durch die grundsätzliche Regel *Stb-Wind vor Bb-Wind* und die *Lee-vor-Luv-Regel* geregelt. Hinzu kommen noch die davon abhängigen Regeln, die für nach Luv segelnde Boote in offenem Wasser gelten.

Es ist offenkundig, daß bei Booten, die um einen Platz in der Linie kämpfen, die *Regeln 41 (Wenden und Halsen)* und *38 (Wegerecht-Yacht luvt nach dem Start)* häufig zu Protesten und Disqualifikationen führen.

Aber es gibt noch eine besondere Gruppe von zusätzlichen Regeln, die alle Situationen umfassen, die an *Tonnen oder Hindernissen* auftreten können und die sogar in einigen Fällen die Grundregeln außer Kraft setzen. Diese Regeln betreffen Boote, die das führende Boot *überlappen,* wenn es den *Zwei-Längen-Kreis* erreicht.

Der Zwei-Längen-Kreis ist eine äußerst wichtige und zu beachtende Grenze. Es ist ein imaginärer Kreis um jede Marke oder jedes Hindernis mit einem gleichmäßigen Durchmesser von zwei Längen über alles der betreffenden Boote. Wenn Boote auf *dem gleichen Bug* sich so einem Faß oder Hindernis nähern, ist es das taktische Bestreben eines zurückliegenden Bootes, eine innere Überlappung herzustellen. Das Bestreben des Bootes voraus ist, eine Überlappung rechtzeitig zu verhindern *(10.9).*

In der Praxis tritt der gewöhnliche Fall, ob ein Boot eine Überlappung rechtzeitig hergestellt hat oder nicht, an der Luvtonne selten auf – im Gegensatz zu Halsen- oder Vormwindtonnen, wo das dauernd passiert. Die Ursache dafür liegt in der Abdeckung und im Abwind begründet. Es ist schwierig für ein Boot, ein anderes aus einer Position zu überholen, in der eine innere Überlappung nur in dem kritischen Moment errichtet werden kann, wo die Windzufuhr abgeschnitten wird *(10.10).*

Aus diesem Grund bilden Boote, die sich aus der Ferne einer Tonne auf gleichem Bug nähern, eine Art Treppe, indem sich jedes Boot etwas nach Luv im Kielwasser des vorhergehenden einreiht. Die einzige Überholmöglichkeit bietet sich normalerweise in Luv, wenn das Boot voraus sich verkalkuliert hat und Höhe kneifen muß, um die Tonne zu erreichen, und daher an Fahrt verliert. Manchmal kann man in Lee eines vorauswendenden Bootes durchtauchen. Ehe man das tut, gilt es zu beurteilen, ob man a) durch den Windschatten hindurchkommt, bevor das andere Boot Fahrt aufnimmt, und ob man b) dabei nicht so weit nach Lee fällt, daß man nicht mehr die Tonne anliegen kann *(10.11).* Hierbei ist zu beachten,

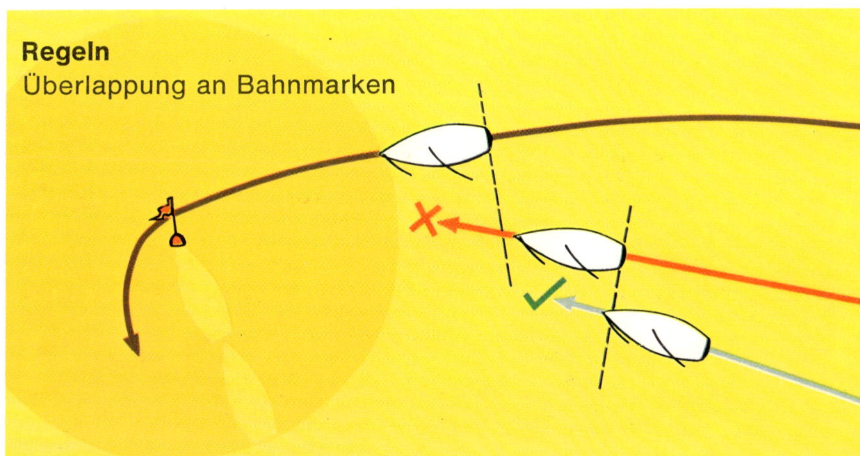

10.9 ▲

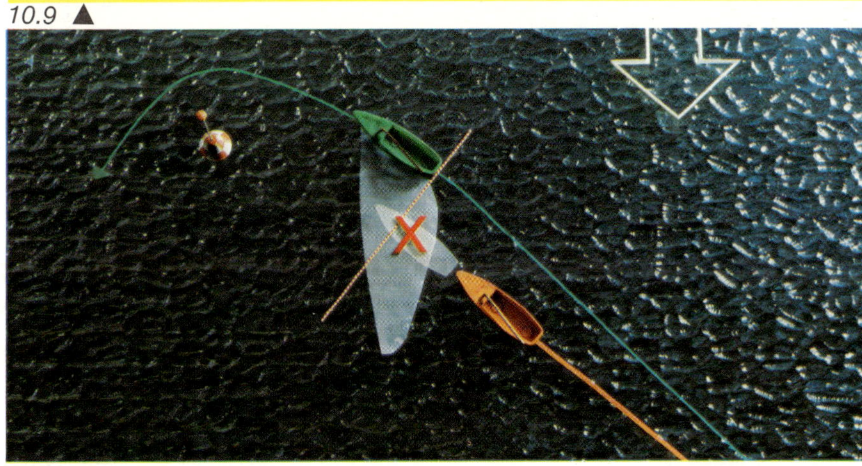

10.10 ▶

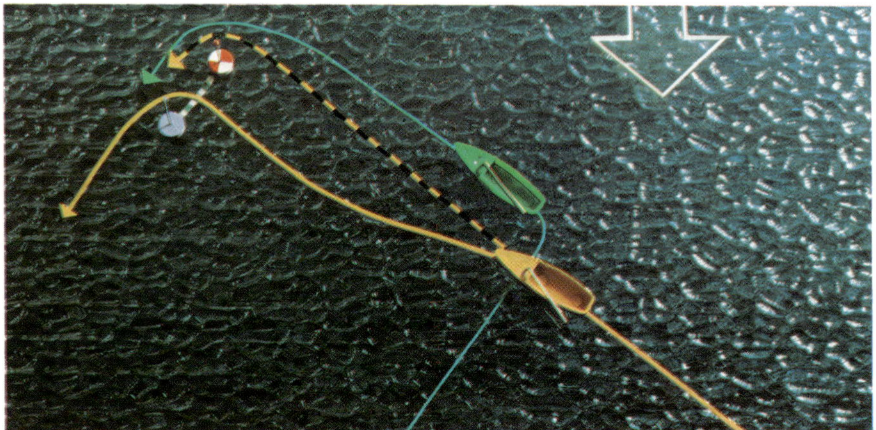

▲ 10.11

▲ 10.12 *In eine Innenüberlappung hineinwenden.*

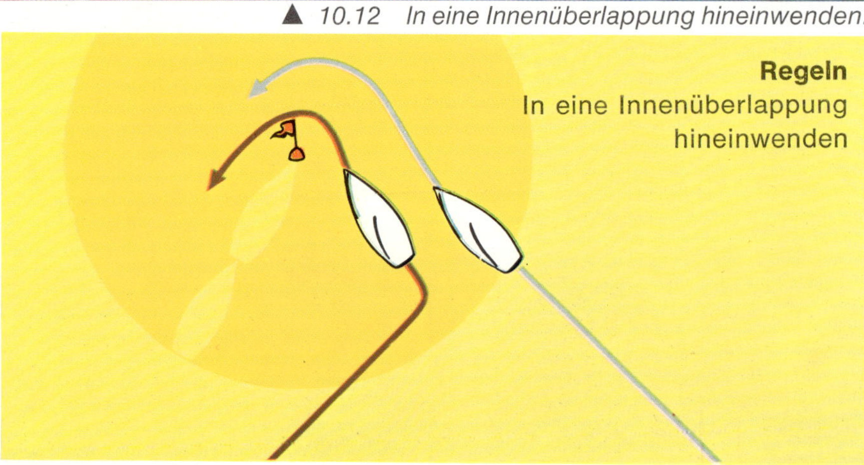

◀ 10.13

daß eine Überlappung nicht hergestellt ist, bis das wendende Boot seine Wende beendet hat. Während der Wende hat es keine Rechte *(9.26).*

In eine Innenüberlappung hineinwenden

Es gibt jedoch noch eine andere bedeutsame Methode, eine innere Überlappung herzustellen. Man unterwendet, um Wegerecht zu erhalten. Eine Ausnahme zu der Regel schließt gerade die gewöhnliche Anwendung aus, in so einem Fall eine innere Überlappung vor Erreichen des Zwei-Längen-Kreises herzustellen. So kann man, theoretisch zumindest, in Lee eines anderen Bootes direkt an der Tonne wenden und Raum verlangen *(10.12 und 10.13).*

In der Praxis geht das nicht so einseitig ab, da die *Regel 36* und die *Regel über zu dichtes Wenden* weiterhin in Kraft sind. Das bedeutet, daß in einem kritischen Moment des Manövers das wendende Boot keinerlei Rechte hat *(9.26).* Hinzu kommt, daß der Augenblick, wo es sein neues Wegerecht beansprucht, nicht klar definierbar ist. Und die Beweispflicht, zu zeigen, daß es dieses Recht tatsächlich beanspruchen kann, liegt bei *ihm (10.16 und 10.12).*

Als taktisches Manöver hat es nur Sinn, wenn die Wende sehr nahe an der Tonne gemacht wird, so nahe und so sauber, daß das Boot, wenn nötig, seinen Weg um die Tonne fortsetzen kann. Dies gehört zu dem notwendigen Repertoire von Booten, die sich der Luvtonne nähern. Sie streben alle danach, die Bahnmarke so scharf wie möglich zu runden. Aber in den letzten Sekunden verschwindet sie aus der Sicht des Steuermanns hinter dem Großsegel, und so muß er ein wenig mehr Raum geben, als er tatsächlich benötigt. Daher kann man nach einer Leewende im späten Stadium gewöhnlich sicher sein, daß man die Tonne auch wirklich erreicht.

Man beachte also die folgenden Punkte:

- Die Wende muß beendet sein. Das bedeutet, daß das Boot auf dem neuen Amwindkurs sein muß, bevor Wegerecht hergestellt ist.
- Das andere Boot darf nicht luven, bevor das nicht geschehen ist. Die Beweispflicht liegt bei dem wendenden Boot.

Und noch zwei Hinweise:

- Wenn Strom in derselben Richtung wie der Wind steht oder in dem Sektor nach Luv des wendenden Bootes, dann versuche so eine Wende nicht! Es wird mit Sicherheit schiefgehen, und du wirst die Marke berühren *(10.14)*.
- Steht der Strom gegen den Wind oder im Leesektor des wendenden Bootes, wäre es töricht, es nicht zu versuchen. Du wirst fast immer Erfolg damit haben und beträchtlich gewinnen *(10.15)*.

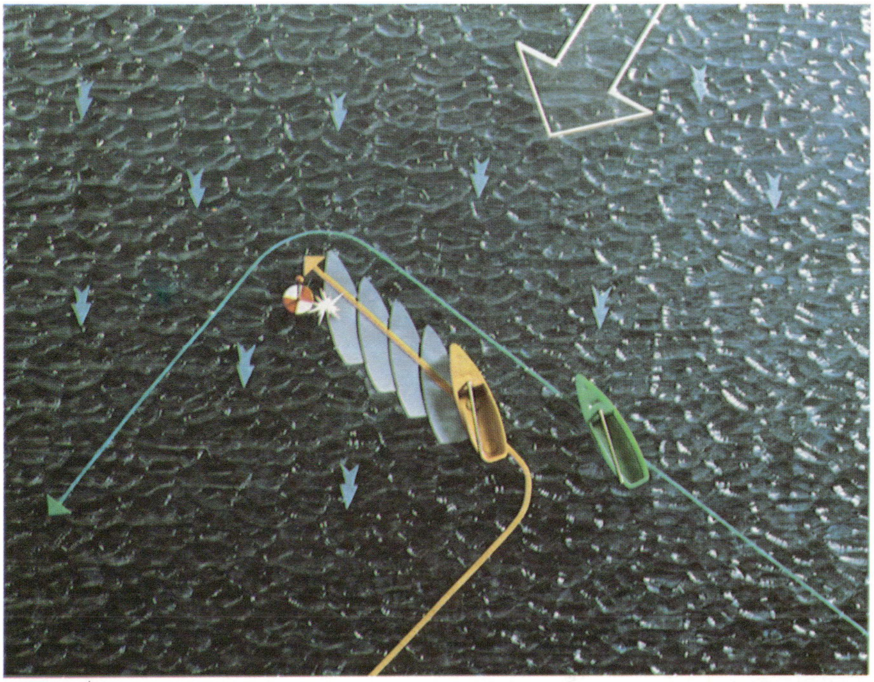

10.14 ▲

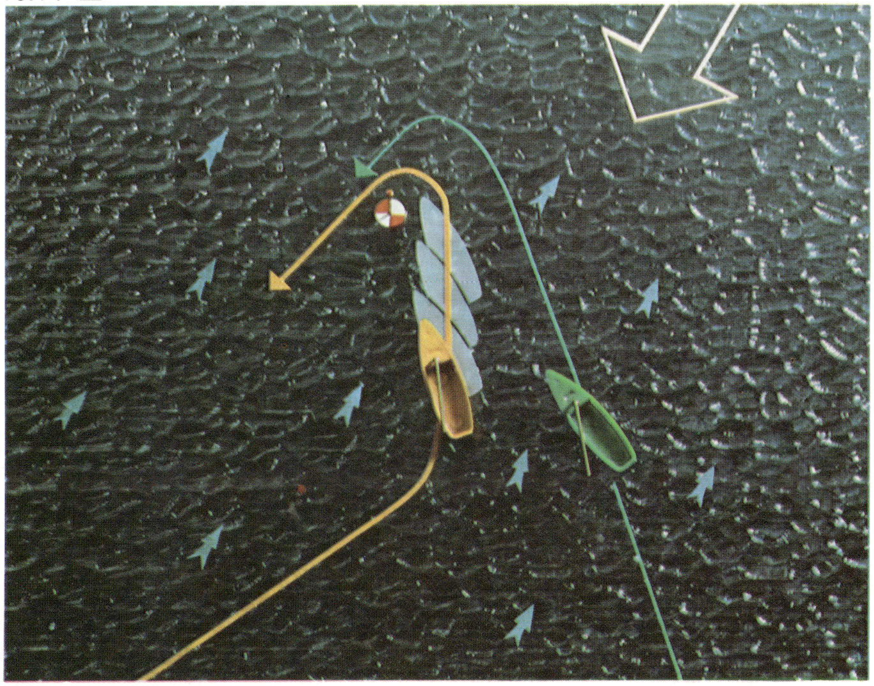

10.15 ▶

10.16 *Rennyachten strömen weg von der Luvmarke.*

Runden nach Steuerbord

Bei großen Feldern ist es heutzutage üblich, auf speziell ausgelegten Kursen die Tonnen an Bb zu lassen mit dem Ziel, Gedränge und Regelwidrigkeiten an der Luvtonne zu verhindern. Als Nebenwirkung wird eine lange Prozession von Stb-Wind-Yachten verursacht, die sich als Staffel der Tonne nähern, und konsequenterweise die Notwendigkeit für einige Boote, die ziemlich riskante, eben diskutierte Taktik zu versuchen. Außerdem werden die Boote davon abgehalten, im späteren Stadium die Bb-Seite der Kreuz zu benutzen *(10.17)*.

Bei Regatten, die nicht nach dem olympischen Muster verlaufen, wird man die Tonnen auch an Stb runden müssen, und die Taktik ist dann etwas anders *(10.18)*. Das Hauptziel ist nicht mehr, voraus zu liegen, sondern inneres Boot *(10.19)* an der Tonne oder Boot *direkt am Spiegel* des Vorreiters zu sein. Denn ein Boot dicht voraus darf nicht wenden, um nicht gegen die Regel 41 *(zu dichtes Wenden)* zu verstoßen. Nähern sich also Boote mit Stb-Wind der Tonne und wollen wenden, hat das eine am

10.17

10.18

Ende den Vorteil. Das Boot vorn wird vom Wenden abgehalten, bis das hintere herumgeht *(10.20)*.

Auf eine Falle muß man achten, wenn zwei Boote in Linie voraus sich einer Wendemarke nähern und sie runden. Sind sie zu hoch gelaufen und segeln mit leicht gefierten Schoten, was oft der Fall ist, dann wird das vordere dicht um die Tonne anluven, bevor es wendet. Es kann bis beinahe in den Wind gehen, wenn es möchte, und das andere hat keine andere Wahl, als hinter dem Heck nach Lee abzufallen und äußeres Boot zu werden *(10.21)*. Aber Regel 41 *(zu dichtes Wenden)* bleibt in Kraft, und das äußere Boot braucht dem vorderen nicht genügend Raum zum Wenden zu geben, einschließlich des Nach-außen-Schwingens des Hecks *(10.22)*. Sorgfältig fast in den Wind zu schießen, kann dennoch ein sauberes Gegenmanöver für das erste Boot an der Tonne sein.

Wenn die Boote daher auf dem gleichen Bug segeln, muß das hintere Boot vor Erreichen des Zwei-Längen-Kreises entweder eine innere Überlappung herstellen oder, wenn

10.21 Vor der Wende um die Boje herum schieße in den Wind, um das Boot hinter dir dazu zu zwingen, außen zu passieren.

10.19

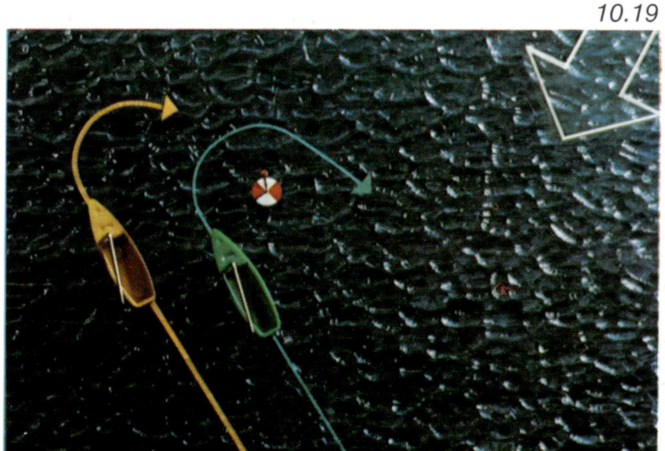

10.20

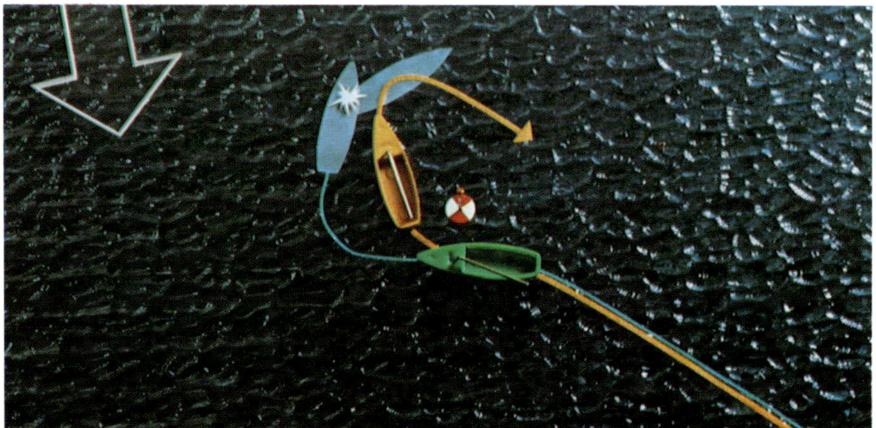

▲ 10.22

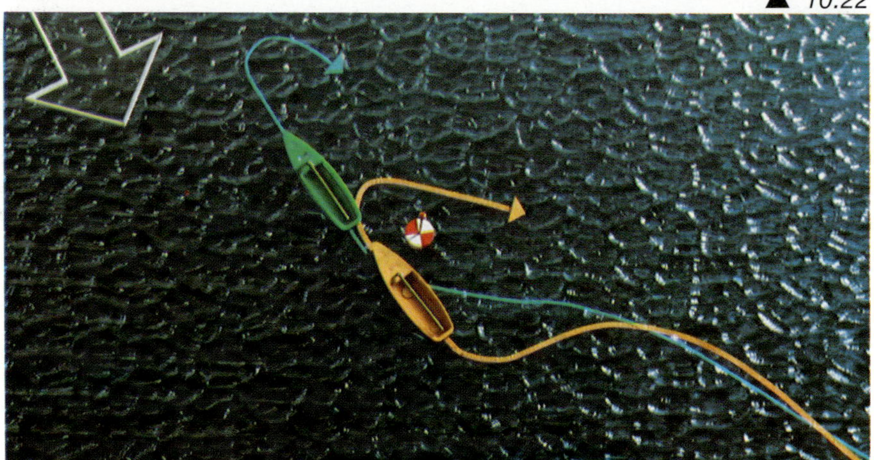

▲ 10.23

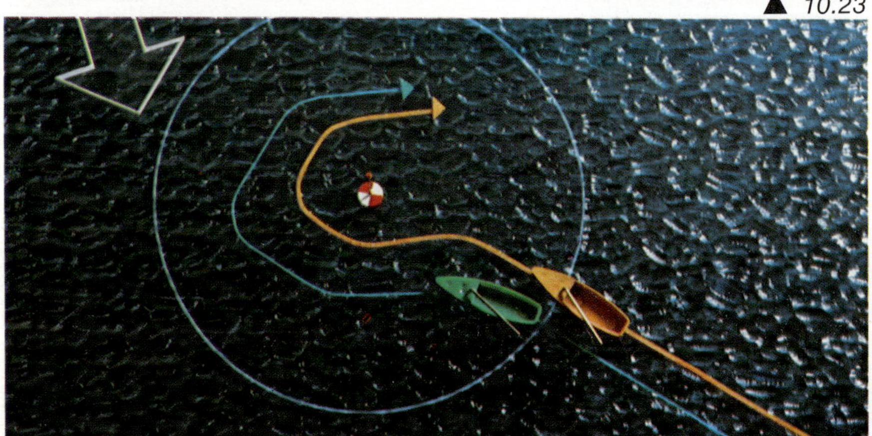

◀ 10.24

es dies versäumt, durch Fieren der Schoten die Fahrt verlangsamen oder einen Zickzackkurs segeln, so daß es genau im Kielwasser bleibt, wenn beide um die Tonne luven. Wenn es klar achteraus liegt, ist das andere Boot weiterhin an die Regel 41 *(zu dichtes Wenden)* gebunden und kann nicht wenden *(10.23)*. Dies ist ein interessanter und wichtiger Punkt, denn in allen anderen Fällen, in denen ein klar achteraus liegendes Boot versäumt, eine Überlappung rechtzeitig herzustellen, muß es sich bei den Manövern freihalten, die das Führungsboot beim Runden der Tonne macht, einschließlich Halsen und Ausweichen vor anderen Booten.

Manchmal ist eine Wende (oder Halse) „integrierender Bestandteil des Bojenmanövers“, dann nämlich, wenn sie nahe an der Wendemarke ausgeführt wird und das Boot danach nicht merkbare Zeit auf dem neuen Bug fährt, bevor das Manöver beendet ist. In diesem Fall muß ein außenliegendes *überlappendes* Boot zusätzlich Raum für die Wende (oder Halse) geben. Taktisch kommt es daher an Tonnen darauf an, ob eine Überlappung *rechtzeitig* hergestellt wurde oder nicht *(10.24)*. Die Regeln und die Möglichkeiten des Platztausches hängen in höchstem Maße von dieser Tatsache ab.

11.1 Nach der Luvtonne ist es schwierig, den einmal gefaßten und vorbereiteten Plan zu ändern. ▶

Kapitel 11

Die Raumschotskurse

Nach Luv oder nach Lee?
Die generelle Strategie für Raumwindkurse muß entschieden werden, wenn die Luvtonne gerundet ist. Sie hängt oft ab von der Position des Bootes im Feld und davon, ob Gruppen von Booten dicht voraus oder dicht achteraus sind.

Auch andere Faktoren können sie beeinflussen, beispielsweise ob das Boot einen Spinnaker fährt oder ob es gleitet und seine Geschwindigkeit gegenüber den anderen merklich vergrößern kann. Nicht zu vergessen auch, daß die Wetterstrategie des einzelnen auf die Taktik einwirken könnte, selbst auf einer so verhältnismäßig kurzen Strecke wie einem Raumschotsschenkel *(11.1).*

Die Tendenz aller Kielwasser auf einer Regattabahn ist es, nach Luv zu weisen, weil die führenden Boote versuchen, die Zufuhr freien Windes

▲ 11.2

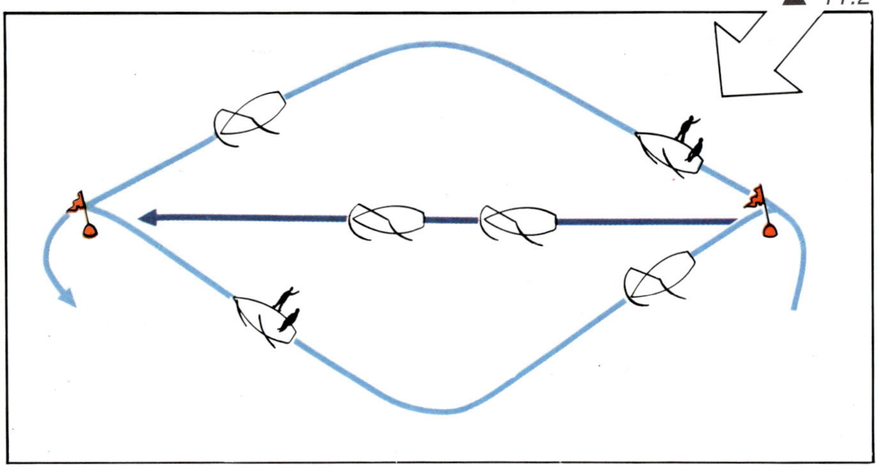

▲ 11.3

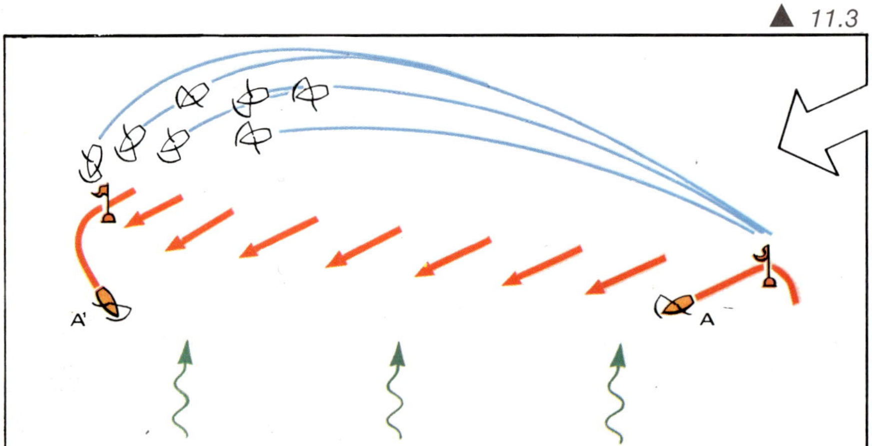

◀ 11.4

durch Luven zu sichern. Dies wird zunehmend schwieriger bei Annäherung an die nächste Tonne. Um sie zu erreichen, müssen sie abfallen, wobei sie dann auch noch bei Wind mehr von achtern langsamer werden.

Umgekehrt kann ein Boot, das zu Beginn vom direkten Kurs nach Lee abfällt, zum Ende des Schenkels nicht nur schneller werden, weil es in einem spitzeren Winkel zum Wind segelt, sondern es kann sogar an der nächsten Tonne eine innere Überlappung erreichen.

Angesichts dessen erscheint der direkte Kurs besser, aber der Haken ist, daß man sich dann im Windschatten der Boote in Luv befindet, dessen Auswirkungen ungefähr die sechsfache Mastlänge vor dem Wind beträgt. Dennoch kann auf dem anfangs achterlichen Kurs eventuell Spinnaker gesetzt werden, und wenn es achteraus eine Lücke gibt, kann man genug Raum nach Lee gewinnen, um aus dem Hauptwindschatten herauszukommen *(11.3)*.

Die andere Taktik ist, nach Luv zu gehen, indem man nur so viel abfällt, daß man absolute Höchstgeschwindigkeit erlangt. Dieser Geschwindigkeitsschub unmittelbar nach der Tonne kann das Boot gleich an mehreren anderen Booten vorbeibringen, die gerade im Begriff sind, sich ihre Positionen auszusuchen und noch in der Welleninterferenz der anderen Boote segeln. Man würde zwar in Luv außerhalb des direkten Kurses landen, aber das würde kompensiert werden durch das Fahren des Spinnakers in freiem Wind und auf den Wellen *(11.3)*. Wenn man sich in

11.5 Das Boot platt vorm Laken ist das „Luvboot".

einem Pulk von Booten befindet, zahlt sich der Kurs mitten hindurch fast nie aus. Aber die Entscheidung muß früh getroffen werden, und man muß sie bis zu Ende durchführen.

Strom auf der Bahn beeinflußt die Entscheidung. In neun von zehn Fällen wirst du selbst in erstklassigen Feldern sehen, daß ihr die einzige Mannschaft seid, die daran denkt und danach handelt. Du kannst auf dem ersten Raumgang viele Plätze gutmachen, während noch alle anderen dichtgedrängt beieinanderliegen *(11.4),* indem du kühn auf die eine oder andere Seite gehst *(A-A).* Im Strom wirkt sich die richtige Entscheidung gegen Ende des Schenkels um ein Vielfaches besser aus, aber dann ist es für die anderen Boote zu spät, um noch davon zu profitieren. Das ist häufig eine erfolgversprechende Rettungstaktik für ein Boot, das sich im hinteren Teil des Feldes befindet.

Abfallen auf einen Vormwindkurs
Wenn das nächste Bein ein Vormwindkurs ist – so bei der zweiten Runde im olympischen Dreieck –, wirst du nach dem Runden der Tonne auf eine Reihe von Booten treffen, die sich noch an der Kreuz befinden *(11.5).* Dies ist häufig eine Ursache für Zwischenfälle, da das Vormwindboot oft im Spinnaker-Manöver begriffen ist, so daß seine Manövrierfähigkeit und Sicht eingeschränkt sind.

11.5 ▲

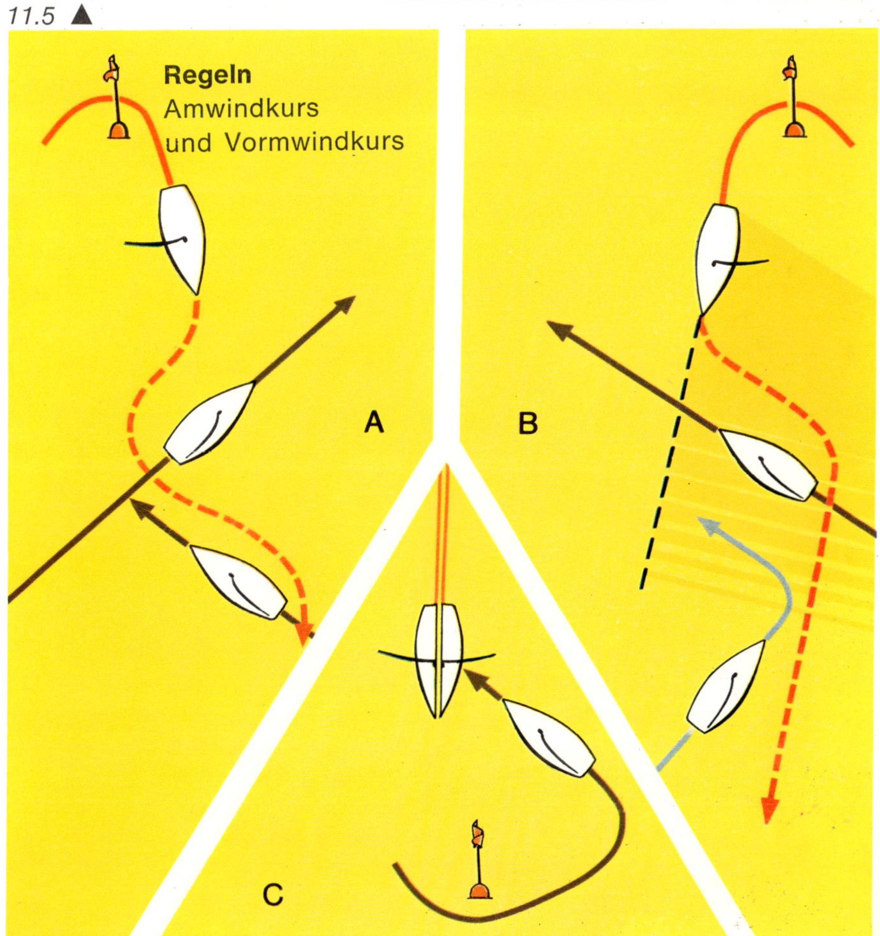

11.6 ▶

Denke immer daran:

- Ein Boot mit Bb-Wind auf Vormwindkurs muß sich von allen Booten mit dichten Schoten freihalten *(Regel 36)*, selbst von denen mit Bb-Wind *(Luv-Lee-Regel) (11.6 A)*.
- Ein Boot mit Stb-Wind auf Vormwindkurs muß sich von einem am Wind mit Stb-Wind segelnden Boot freihalten *(B)*.
- Bei Annäherung an die Leemarke muß man darauf gefaßt sein, Boote mit dichten Schoten anzutreffen, die die Marke schon gerundet haben und nun kreuzen. Wenn die Tonne an Stb gelassen werden soll, haben sie Wind von Stb, und man muß sich freihalten *(C)*.

Es ist taktisch richtig, immer hinter einem Boot hoch am Wind zu passieren *(11.7)*. Du wirst zwar etwas verlieren, aber wenn du versuchst, vorne durchzugehen, könntest du in eine Situation geraten, in der du dich überhaupt nicht mehr freihalten kannst *(11.8)*.

Bist du in so einem Fall selbst an der Kreuz, beachte die *Vorschriften über die Änderung des Kurses* für ein Wegerechtboot. Wenn das Vormwindboot den Kurs geändert hat, um hinter dir zu passieren, und du wendest, dann wärst du im Unrecht, wenn der andere nicht mehr in der Lage wäre, sich freizuhalten *(11.9 A)*.

Ähnliches gilt, wenn du wendest. Du mußt ihm dann Gelegenheit geben, darauf zu reagieren, und das kann ganz legal länger dauern, als du denkst, besonders wenn er dabei ist,

▼ *11.7*

▼ *11.8*

den Spinnaker zu setzen oder zu bergen *(B)*.

Der Halbwindkurs
Die Frage, ob zwei oder mehr Boote überlappen oder nicht, beherrscht den Halbwind- und Vormwindkurs in der gleichen Weise wie Stb und Bb die Kreuz. Um Plätze auf Halbwindkursen zu gewinnen, sind in erster Linie Geschwindigkeit und die dazu notwendige Bootsbeherrschung erforderlich *(11.10)*.

Die Hauptregeln, die beachtet werden müssen, sind *Luven, Segeln des richtigen Kurses, Luv/Lee, klar achteraus/klar voraus* und natürlich *Raum an Tonnen und Hindernissen.*

Die ersten drei werden in der gleichen Weise angewandt, wie schon früher erörtert. Erinnern wir uns: Dies ist ein freier Schenkel. Ein Boot darf nicht unter den richtigen Kurs abfallen, um ein Boot in Lee oder innerhalb von drei Bootslängen achteraus, das nach Lee passieren will, zu behindern *(9.10 und 9.11)*.

11.10 Geschwindigkeit und Überlappungen sind entscheidend auf Halbwindkursen. ▶

11.7 und 11.8 Versuche stets, hinter einem kreuzenden Boot zu passieren, das Wegerecht hat.
◀

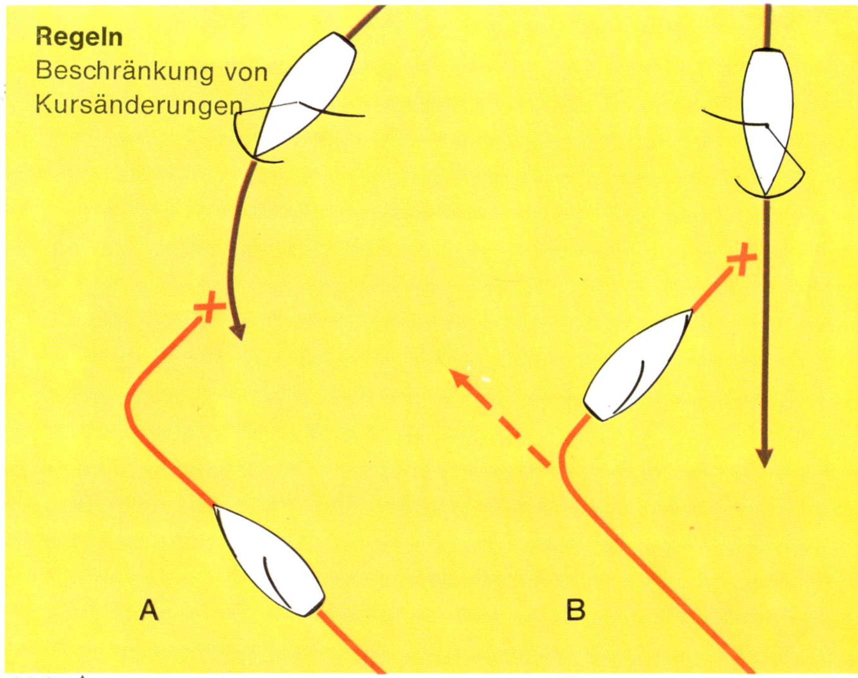

11.9 ▲

11.11 Ein „ständiges Hindernis".

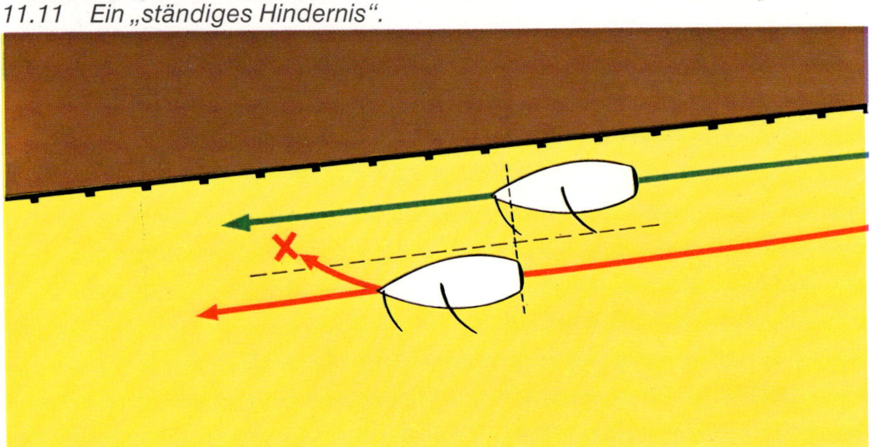

11.13 ▲

▼ 11.14

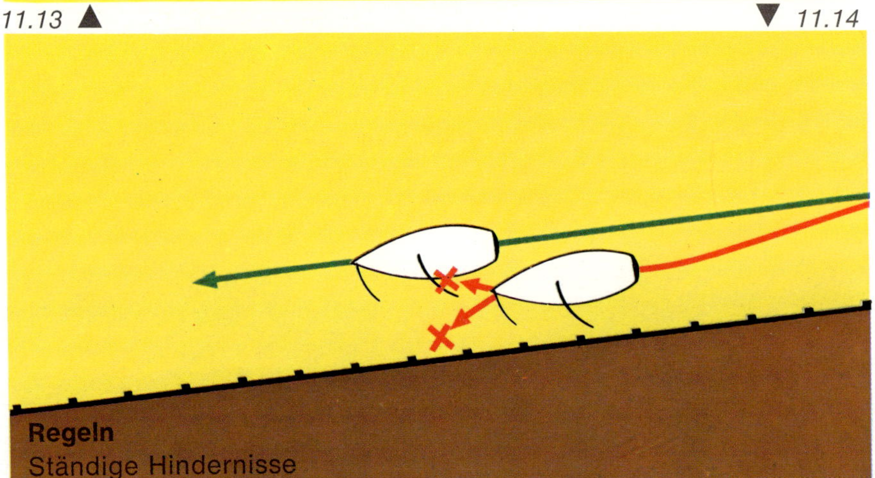

Regeln
Ständige Hindernisse

Ständige Hindernisse

Die Regeln über *Bahnmarken und Hindernisse* werden zum Teil streng angewandt, wie zum Beispiel bei *ständigen Hindernissen.* Das kann zum Beispiel ein Flußufer sein, eine schräg abfallende Küste, flaches Wasser, Ankerbojen, ein Schlepper mit einigen Schuten oder sogar andere Yachten in demselben Rennen. Kurz alles, was zum Passieren Zeit beansprucht und beim freien Manövrieren behindert *(11.11).*

Der Zwei-Längen-Kreis gilt nicht für Boote, die sich einem ständigen Hindernis nähern *(11.12 A und E),* im Gegensatz zur Bahnmarke. Ein Boot klar achteraus kann also eine innere Überlappung nur dann herstellen, wenn sich das sicher bewerkstelligen läßt *(C und E).* Die gegenwärtige Regelauslegung besagt, daß ein Boot achteraus nur dann eine innere Überlappung herstellen soll, wenn es zu der Zeit das voraus liegende Boot sicher überholen kann, ohne das Hindernis oder das Boot zu berühren oder auf Grund zu laufen *(11.13).* Sobald jedoch die Überlappung hergestellt ist, muß das Boot voraus seinen Kurs fortsetzen, ohne zum Hindernis anzuluven.

Zweifellos ist es für das überholende Boot gefährlich, innen zu passieren, wenn das Hindernis in Lee liegt *(11.14 und 11.12 H).* Wenn es jedoch klar querab und das Baumende vom Hindernis frei ist und es das andere Boot nicht berührt hat, dann es weiteren benötigten Raum begehren.

Das Boot achteraus verhält sich taktisch richtig, wenn es in einem günstigen Augenblick hineintaucht und gleichzieht *(11.12 C),* indem es beispielsweise eine Lücke am Hindernis ausnutzt oder bei einer schräg abfallenden Küste das Schwert ein Stück hochzieht. Das Boot voraus muß deshalb wachsam sein und so dicht wie möglich an das Hindernis heransegeln. Diese Regel wird zum Beispiel auch auf Boote vorm Wind angewandt, die andere Boote vorm Wind in derselben Wettfahrt überholen.

Das Boot im Pulk – das Sandwichboot
Raumschots oder vorm Wind geschieht es oft, daß ein Boot eine Gruppe von Yachten überholt. Was kann es tun? Soll es seinen Bug zwischen zwei Yachten stecken und Raum verlangen *(11.15)*? Es überholt sehr schnell und muß also irgendwohin. Jetzt tritt der Fall des *Sandwichbootes* ein. Im allgemeinen ist es gefährlich, seinen Bug zwischen zwei vorausfahrende Boote zu stecken, und es ist selten von Erfolg gekrönt, wenn sie sich geschickt verteidigen. Zuallererst muß sich das *überholende Boot freihalten;* daher hat es keinerlei Rechte, bis es die Überlappung tatsächlich hergestellt hat. – Dies jedoch nützt nur, wenn es sie als erstes gegenüber dem Luvboot erreicht hat.

Zweitens: Wenn die Überlappung hergestellt ist, darf es nicht höher als den richtigen Kurs segeln, oder es würde gegen die Luv-Regel verstoßen. Es kann dann jedoch Raum verlangen, vorausgesetzt, es gibt der Luvyacht *Raum und die Möglichkeit,* sich freizuhalten. Das könnte für das Luvboot freilich unmöglich sein, insbesondere dann, wenn sich andere Boote weiter in Luv befinden und sich alle einer Bahnmarke nähern. Wenn es also die Luvyacht berührt, müßte es die Beweislast tragen.

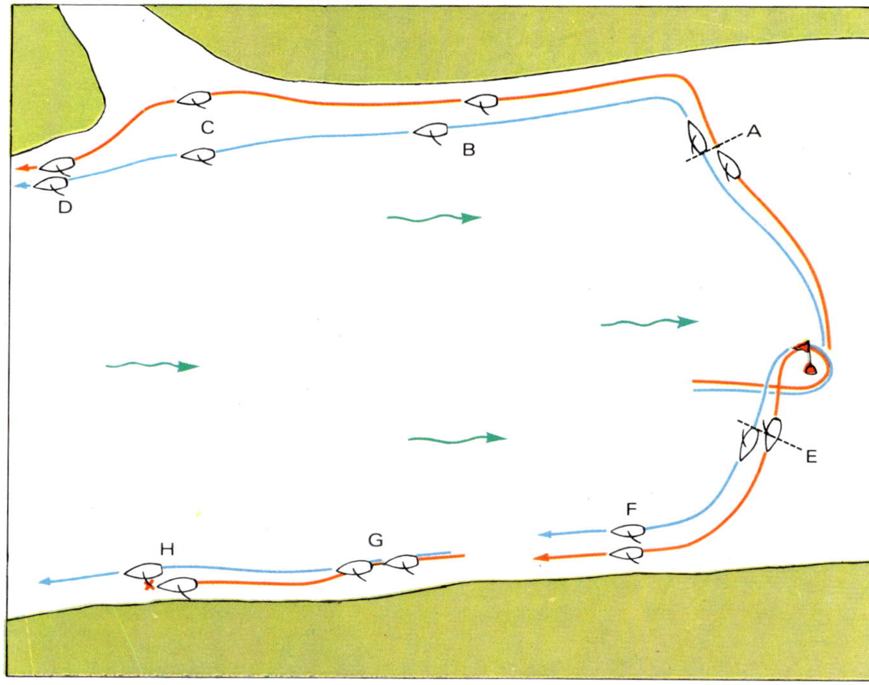

11.12 ▲

11.15 Das „Boot im Pulk" wird Schwierigkeiten haben. ▶

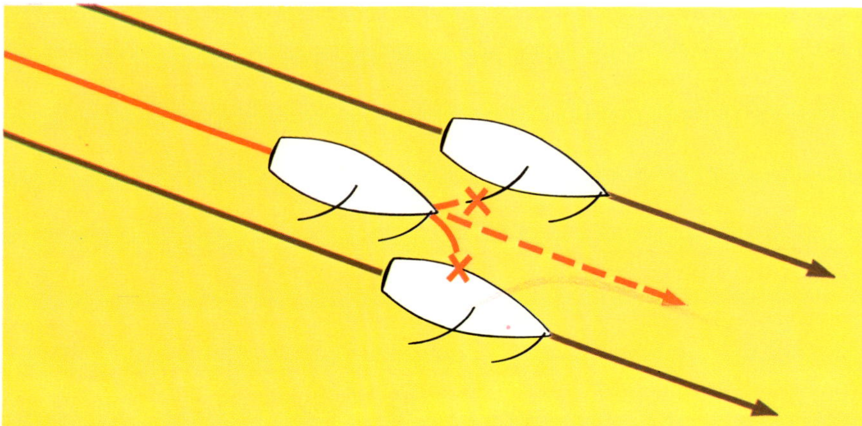

11.16 ▲

In jedem Fall würden ein oder beide Boote als dauernde Hindernisse gelten und fielen unter die vorstehenden Regeln. Schlimmer als das jedoch ist, daß es sich von dem Leeboot ebenfalls freihalten muß *(Luv-Lee-Regel).* Findet eine Berührung statt, ist es wiederum schuldig *(11.16).*

Wenn nur zwei Boote voraus sind, gibt es einige Erfolgsaussichten, wenn die Luvyacht als erste überlappt wird. Sie sind indessen gering, wenn die Leeyacht beschließt, den Überholer hinauszudrängen.

▼ *11.17 Hochseeyachten beim Halsen an der Tonne.*

Die Halsentonne

Bei Annäherung an die Halsen- oder Leetonne ist es gegenüber den Booten in nächster Umgebung unbedingt erforderlich, eine innere Überlappung herzustellen, so daß man die Tonne mit kürzestem Bogen runden kann und gleich danach frischen Wind hat.

Die Überlappung muß hergestellt sein, bevor das erste Schiff des beteiligten Pulks den Zwei-Längen-Kreis erreicht. Dies ist eine vergleichsweise einfache Regel, wenn nur zwei Boote darin verwickelt sind. Aber häufig gibt es eine Gruppe, in der alle um die Positionen kämpfen, und manch einer kommt von einem gänzlich anderen Kurs.

Zwei Hauptregeln sind zu beachten:

- Beginne deine Position zu den Nachbarn auszubauen, noch bevor der Kreis erreicht ist *(11.18).*
- Wenn du das versäumt hast, mußt du dich von jedem Boot vor dir freihalten, selbst wenn es halst. Das bedeutet, daß du außenherum segeln mußt.

Es hat keinen Zweck, im letztmöglichen Augenblick dazwischenzufahren und zu erwarten, daß ein Pulk unmittelbar vor einer komplizierten Halse nach außen weicht. Die Boote sind einfach nicht in der Lage, Raum zu geben, und die Einschränkung der Überlappungsregel bestätigt dies. Man könnte also trotz einer Überlappung schuldig sein. Dabei sind die Grundprinzipien zu beachten, besonders die Notwendigkeit, Booten Zeit für die

Reaktion auf eine neue Situation zu geben. Warne deine Nachbarn also rechtzeitig, so daß sie dir antworten, aber auch von ihren äußeren Nachbarn entsprechend Raum verlangen können.

Was passiert bei Überlappungen, wenn sich Boote von verschiedenen Kursen nähern? Auch in diesem Fall mache auf deine Rechte aufmerksam, indem du rechtzeitig rufst, damit die anderen reagieren *(11.19)*. Die Taktik im ersten Teil des Bojenmanövers ist also, die notwendige Innenposition zu erlangen. Für das Boot, das die Leetour versucht hat, heißt es anluven, was gewöhnlich einen Geschwindigkeitsvorteil gegenüber den Luvbooten bringt *(11.19 L)*. Das ist erforderlich, denn wenn man näher kommt, gerät man in den Bereich der Abdeckung. Es ist daher wichtig, die eigene Position zu sichern und Raum zu verlangen, sobald man in Rufnähe gerät.

Wenn ein Boot von Luv kommend weitersegelt, wird es außerhalb von jedem anderen runden. Oder es muß sich nach innen hindurchschlängeln *(11.20)*.

Ein Boot kann sich mit Stb-Wind *(11.21)* und Wegerecht der Tonne nähern, aber sobald der Zwei-Längen-Kreis erreicht ist, steht die *Bahnmarken- und Hindernis-Regel* über allen anderen. Wenn es allerdings beim Erreichen des Kreises klar voraus ist, müssen sich alle klar achteraus liegenden Konkurrenten freihalten, *selbst wenn es um die Tonne halst (11.22 A und 11.23)*. In allen übrigen Fällen hat ein Boot während der Halse keinerlei Rechte.

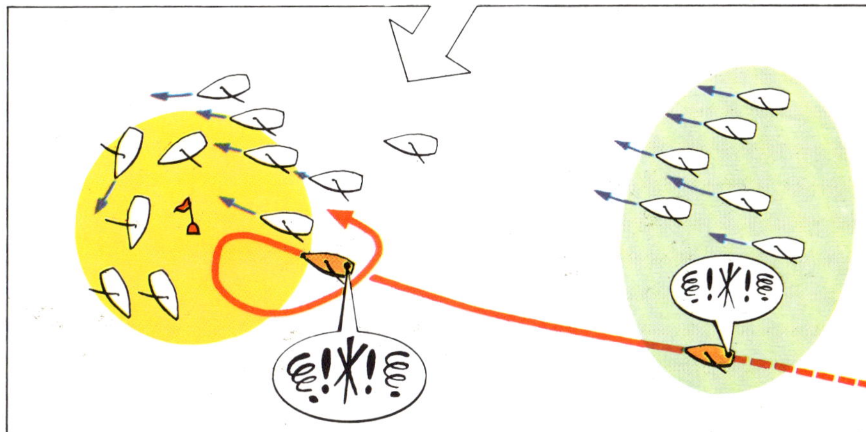

11.18 ▲

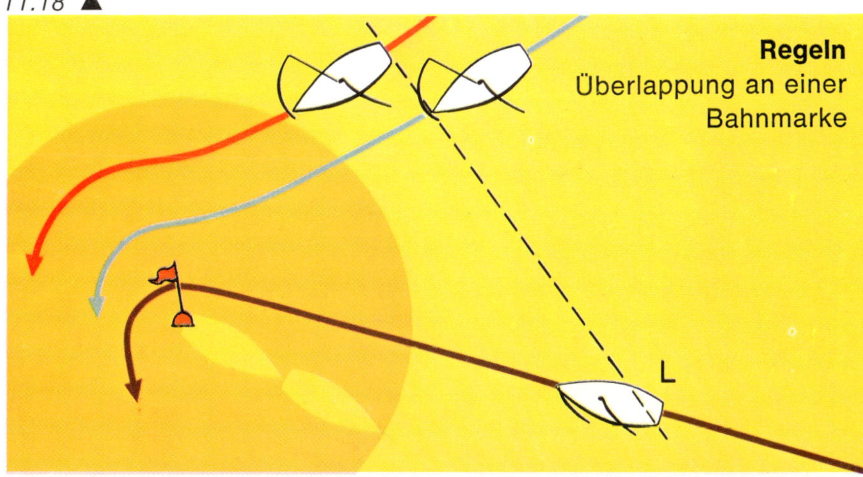

11.19 ▲

11.20 ▶

▲ *11.21*

Bemerkenswert ist, daß auch die *Luv-Lee-Regel* an der Tonne zeitweise überlagert wird. Nicht allein, daß ein Luvboot Raum verlangen kann *(11.22 B)* – wenn der Kurs zur nächsten Tonne eine Halse erfordert, ist das Leeboot *ohne Luvrecht* verpflichtet, zu halsen, sobald es genügend Raum hat *(11.22 C und 11.24)*. Es darf nicht geradeaus weitersegeln und die *Luv-Lee-Regel* beschwören. Diese wird durch die *Bahnmarken- und Hindernis-Regel* außer Kraft gesetzt, wenn der Kurs an der Tonne sich ändert.

Die Taktiken an der Halsentonne sind also von entscheidender Bedeutung. Man kann in einem großen Feld leicht zehn Plätze gewinnen oder verlieren. Denke also über die Halse nach, sobald du die Luvtonne gerundet hast – oder sogar schon vorher!

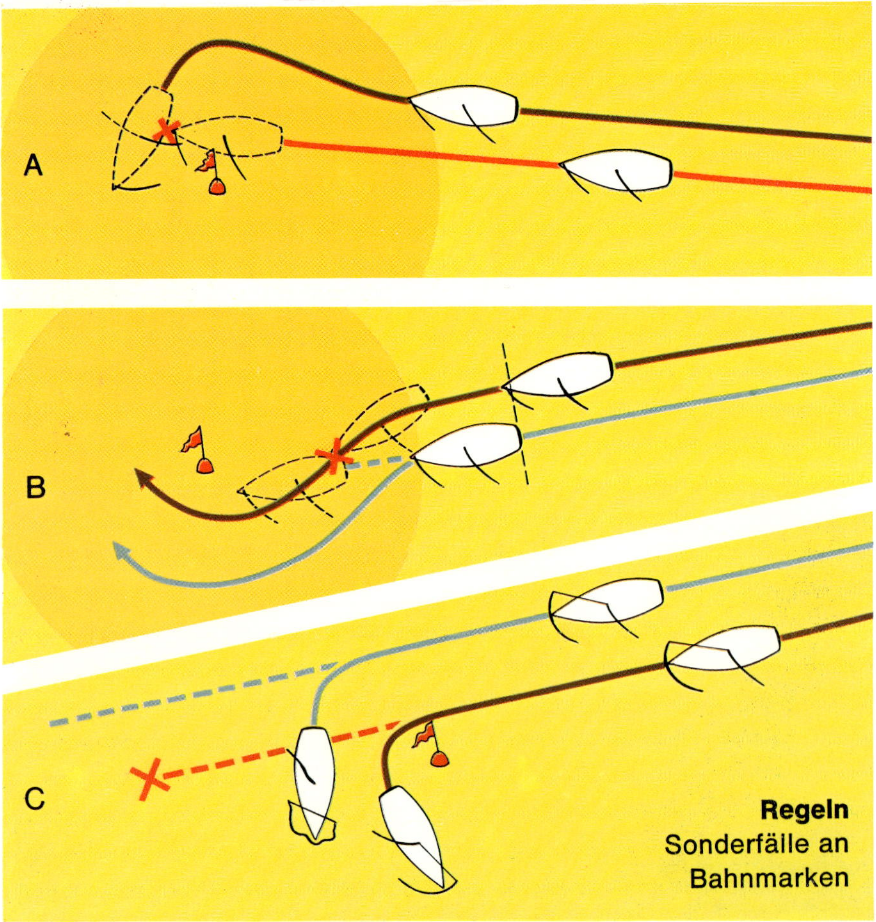

◀ *11.22*

11.23 Beim Runden halte dich von dem Boot voraus frei. ▶

Über die Tonne hinaus luven
Eine Möglichkeit gibt es, um eine Überlappung aufzuheben oder zu verhindern, bevor die Marke erreicht ist. Aber man sollte sie nur in einem Duell zwischen zwei Booten anwenden, wenn genügend Abstand zu den Booten hinten besteht, da sie mit einem erheblichen Distanzverlust verbunden ist.

Ein Boot mit Luvrechten darf luven und das überlappende Boot mit auf die falsche Seite der Bahnmarke nehmen. Ein Zuruf ist nicht erforderlich, und es gibt keinen Punkt, hinter den das luvende Boot das luvwärtige mitnehmen muß. Allerdings darf dabei die führende Yacht nicht „im Begriff sein zu runden", was im allgemeinen vom Zwei-Längen-Kreis an der Fall ist *(11.25)*.

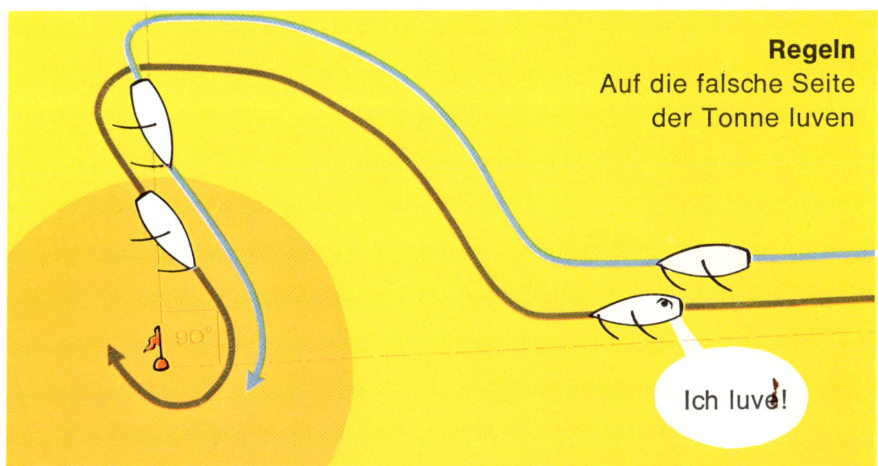

11.25 ▲

11.24 Der Kurs geht nach links. Das innere Boot muß jetzt halsen. ▶

11.26 Entschließe dich rechtzeitig, nach Luv oder nach Lee zu gehen.

▼ *11.27*

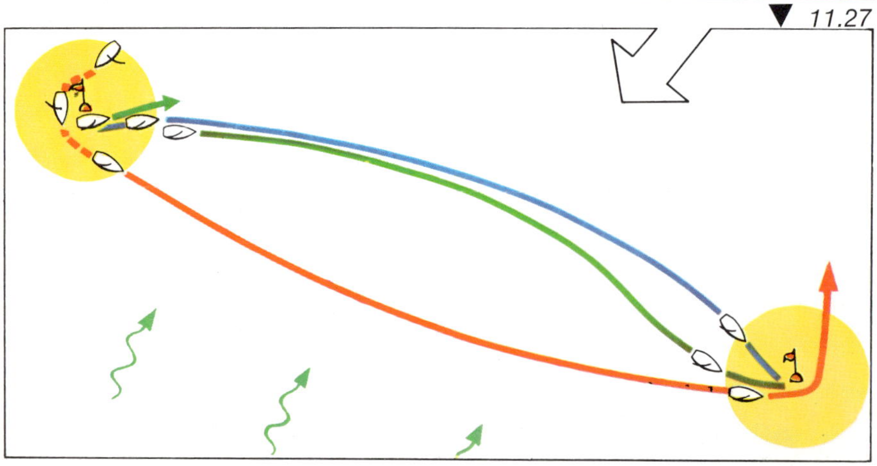

Der zweite Raumschenkel

Sogleich nach der Tonne muß man sich wieder für die Luv- oder die Leetour entscheiden *(11.26)*. Wenn du innerhalb der anderen Boote gerundet hast, liegt die Entscheidung klar auf der Hand, zumindest für den ersten Teil des Schenkels *(11.26 und 11.27 grün)*. Entweder wirst du von den Leebooten oder denen voraus nach Luv gezwungen, weil sie alle ihre Windzufuhr sichern und dich davon abhalten wollen, sie zu überlaufen, oder du mußt das gleiche wegen einiger Boote in Luv von dir tun. Auf keinen Fall entsteht ein großer Abstand zwischen den Booten, die nach Luv gefahren sind, und denen, die den gegensätzlichen Weg nach Lee gewählt haben, um freien Wind zu bekommen *(rot)*.

Aber es kann wichtig sein, bald zur einen oder anderen Seite hinüberzuwechseln. Schaffe dir eine Peilungslinie zu einem festen Punkt hinter der nächsten Marke und beobachte,

11.28 Es ist unmöglich, zu überholen, wenn die Windzufuhr abgeschnitten ist.

11.29 ►

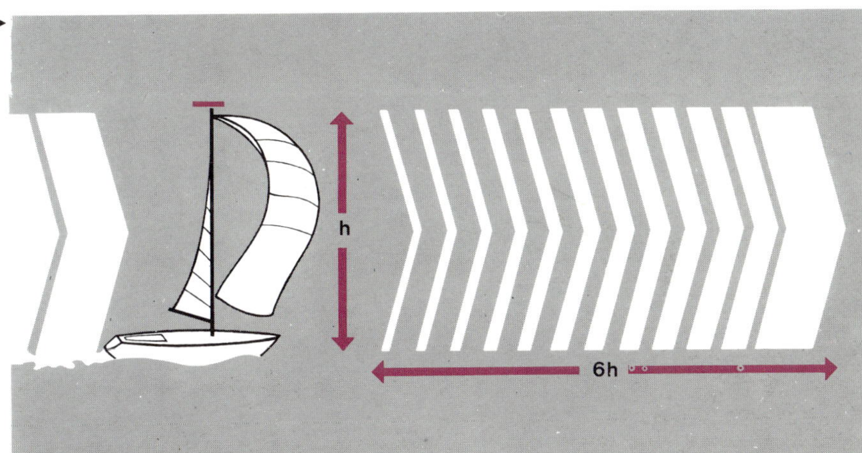

11.30 ▼

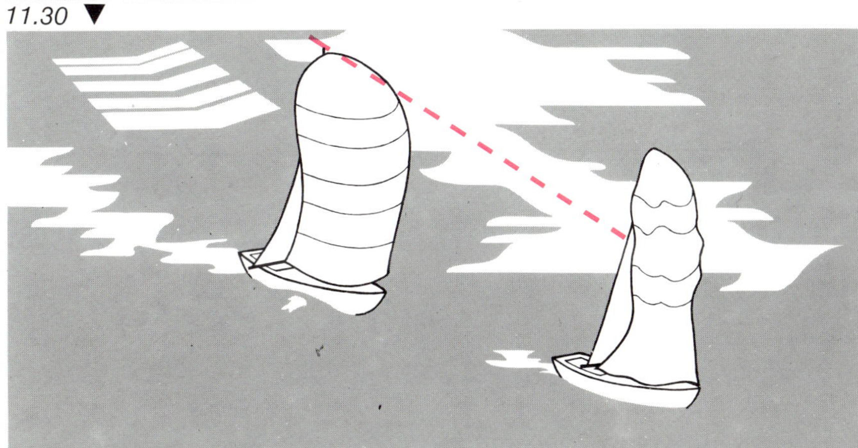

ob sie stehenbleibt. Gibt es Strom, der dich zur einen oder anderen Seite drückt? Durch schlechtes Steuern kann man auf diesem Kurs viele Plätze verlieren, und die Auswirkungen verschlimmern sich, je näher die nächste Tonne kommt.

Abdecken

Den Einfluß des Windschattens *(11.28)* kann man ungefähr sechs Mastlängen weit spüren. Auf größere Entfernung ist er jedoch relativ schwach, und der gestörte Streifen ist schmal *(11.29).*

Wenn du ein anderes Boot in Abwind legen willst, ist auf jedem Kurs allein der scheinbare Wind von Belang. Du brauchst nur so zu segeln, daß dein Verklicker genau auf oder leicht hinter das Boot zeigt, um sicher zu sein, daß es maximal im gestörten Wind liegt *(11.30).* Diese Taktik ist wirksam, um ein Boot vor dem Wind zu bremsen oder ein auf Halbwindkurs segelndes Boot zu hindern, nach Lee abzufallen.

▲ *11.31*

▲ *11.32*

Wenn du als Boot vor dem Wind die Abdeckung durchbrechen willst, bleibt dir nur, sauber zu halsen, wobei du den Angreifer überraschen mußt, so daß er versäumt, dir schnell genug zu folgen *(11.31)*.

Raumschots den Abwind zu durchbrechen, ist manchmal ganz leicht, besonders für Gleitjollen, wenn sie sich nahe des abdeckenden Bootes befinden. Dies erscheint zunächst seltsam, da die gestörte Zone hier am breitesten und intensivsten ist. Aber es gibt einige Gründe, warum es funktionieren kann. Vor allem, wenn die Reaktionen der Mannschaft gut koordiniert und sehr schnell erfolgen *(11.32)*.

Erstens hat die Zone in diesem Bereich scharfe Kanten. Auf der Vorderkante nimmt die Windgeschwindigkeit zu, und der Wind kommt weiter von vorn. Zweitens ist das Wellensystem des Bootes vor dir so aufgebaut, daß, wenn du abfällst und mit einer Bö beschleunigst, das Boot die Leewelle durchbrechen kann, um dann auf ihrer Vorderseite über den größten Teil des toten Streifens hinwegzugleiten und so den neuen und verstärkten Wind auf der Vorderseite im richtigen, vorteilhaften Winkel zu ergattern.

Im unteren Teil der gestörten Zone ist es schwer zu sagen, wo genau die Kante ist. Es gibt kein hilfreiches Wellensystem und keinen verstärkten Wind auf der anderen Seite. Mache also deinen Versuch entweder sehr dicht am anderen Boot, oder gehe gleich weit genug nach außen *(11.32)*.

◀ *11.33 Gute Seegangsbedingungen für einen erfolgreichen Leedurchbruch, obwohl das Boot ruhig etwas höher am Wind liegen sollte.*

11.34 Wie kann man die Lücke schließen?

Verfolgungsjagd

Oft wird die Regatta in ihrem späteren Stadium zu einer Verfolgungsjagd, und das Problem für das zweite Boot besteht dann darin, den Abstand zu dem führenden Boot zu verringern, um in eine aussichtsreiche Kampfentfernung zu gelangen *(11.34).* Unter diesen Bedingungen wird der Steuermann des Führungsbootes die Boote achteraus genau beobachten und vorwiegend mit der Verteidigung befaßt sein. Hier ist deine Chance. Du mußt seine Nervosität und Besorgnis steigern und ihn zu Fehlern veranlassen – eine simple Methode, aber es ist erstaunlich, wie erfolgreich sie sein kann *(11.35).*

11.35 ▼

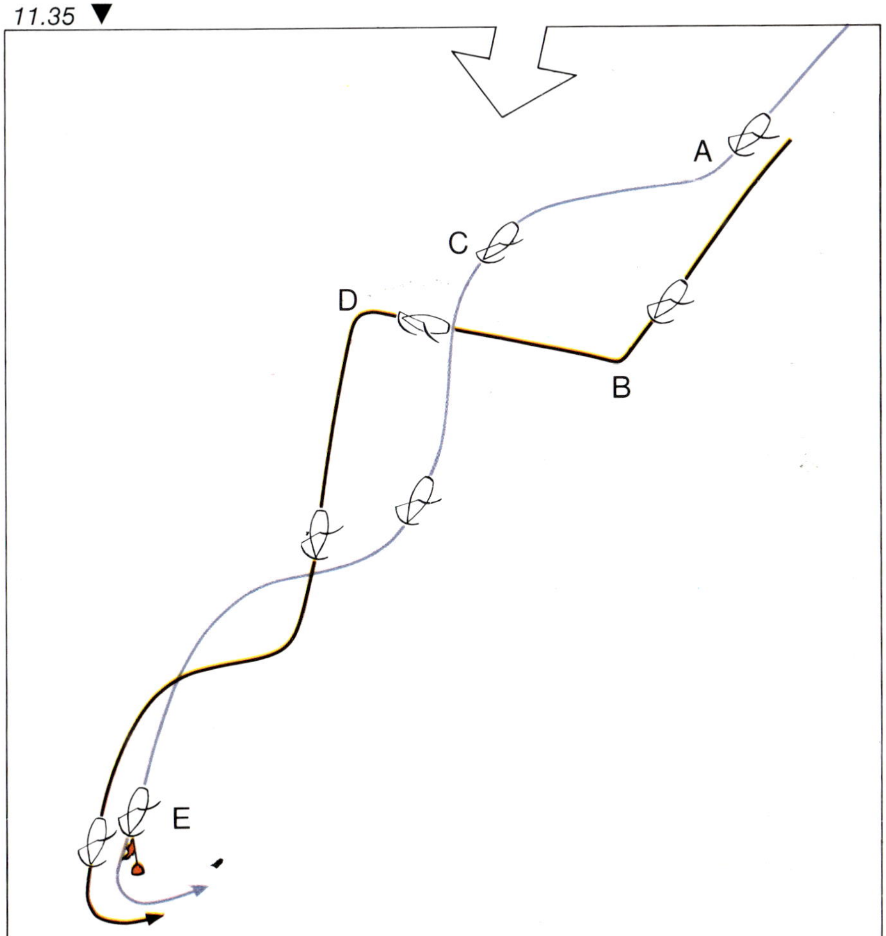

Du wartest auf eine leichte Zunahme des Windes und luvst dann ein ganz klein wenig an *(A).* Nicht so viel, daß er es sofort merkt, aber gerade so viel, daß du dich allmählich und mit leicht erhöhter Geschwindigkeit in Luv seines Kurses begibst.

Irgendwann wird er plötzlich registrieren, daß du dich da oben befindest, und er wird seinen Kurs ändern, um zu verteidigen *(B),* woraufhin du wiederum sehr sachte abfällst *(C).*

Je näher du kommst, um so besorgter wird er und desto wirkungsvoller ist diese Technik. Seine Kursänderung ist jedesmal ein bißchen schärfer als deine *(D).* Er zieht damit die Bremse an. Du kannst so den Abstand wesentlich verringern, obwohl du eventuell bis zur Tonne oder dem nächsten Schenkel warten mußt, bevor du versuchen kannst, vorbeizugehen *(E).*

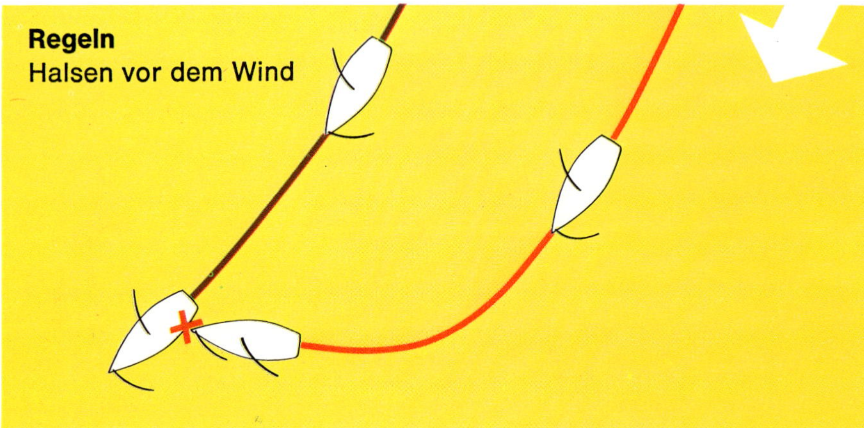

▲ *11.36*

Halsen vor dem Wind

Die *Regel über das Wenden und Halsen* gilt für das zu dichte Halsen ebenso wie für das zu dichte Wenden. Ein Boot hat keinerlei Rechte während der Halse, aber sie ist ja auch ein viel kürzeres Manöver als eine Wende. Dennoch kannst du, besonders bei schwerem Wetter, das Boot nach der Halse nur teilweise unter Kontrolle haben, und es wäre dein Verschulden, wenn ein Zwischenfall passierte, bevor ein anderes Boot eine Chance hätte, sich freizuhalten. Du darfst nicht auf Stb-Wind-Bug halsen und dann ein Boot mit Bb-Wind luven, ohne ihm ausreichend Zeit für eine Halse und zum Freihalten zu geben *(11.36)*.

Interessant ist, daß eine Halse eine Überlappung aufhebt und eine neue Überlappungssituation herstellen kann. Auf diese Weise können vorher verlorene Luvrechte (durch Zurückfallen hinter die Mast-querab-Position) zurückgewonnen werden, ohne daß man klar achteraus oder klar voraus oder mehr als drei Längen querab liegt, indem man zwei schnelle Halsen fährt.

Und noch eins: Man muß Booten, die außer Kontrolle geraten oder gekentert sind, in jedem Fall ausweichen. Sie zählen als *Hindernisse (11.37)*. Wenn dein Boot außer Kontrolle gerät und das nicht klar ersichtlich ist, solltest du die sich nähernden Boote warnen.

◀ *11.37 Nach den Regeln muß man Booten, die außer Kontrolle geraten sind, ausweichen.*

Kapitel 12

Die Leetonne und danach

12.1 470er nähern sich einer Bahnmarke.

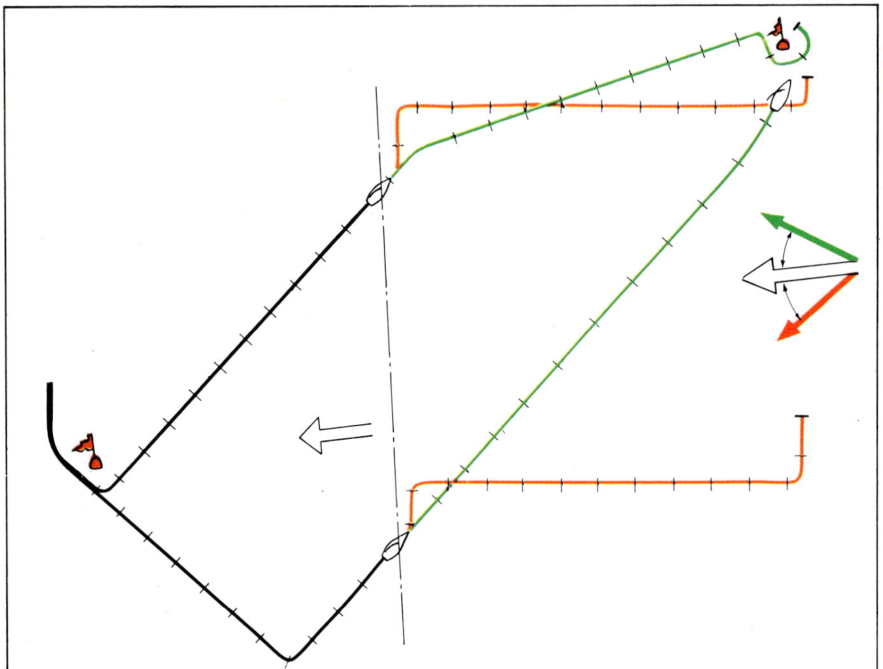

12.2 ▲

▼ 12.3

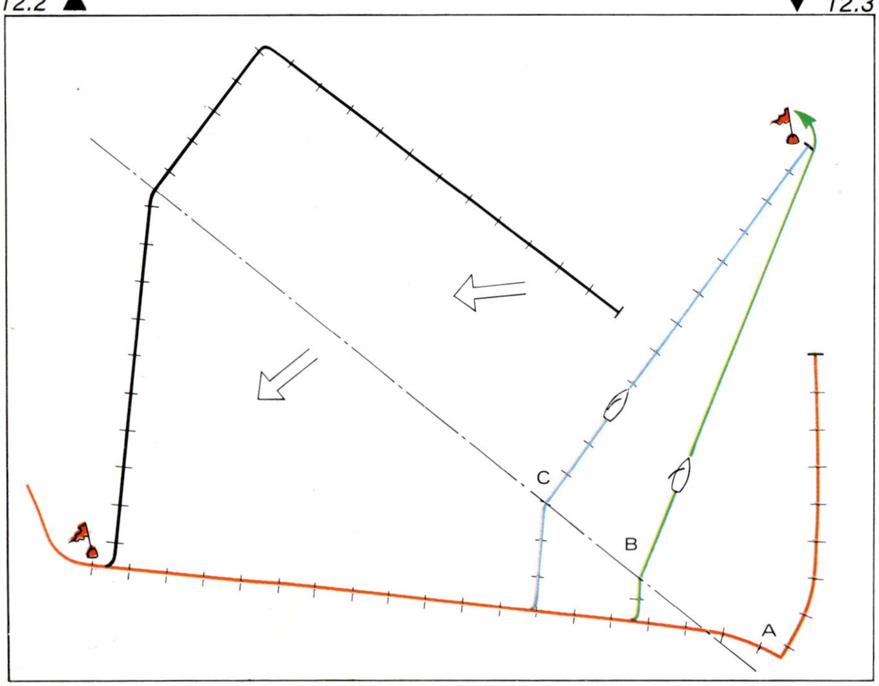

Den besten Schlag wählen
Wenn man sich der Leemarke nähert *(12.1),* entsteht nicht nur das Problem, eine Innenüberlappung herzustellen oder, wenn man führt, eine solche zu vermeiden, sondern auch, was nach dem Runden der Tonne zu tun ist. Die Windrichtung steht damit in direktem Zusammenhang. Hat der Wind seit der letzten Kreuz gedreht? Pendelt er noch immer rhythmisch, und wenn ja, welche Seite ist bevorzugt?

Die Grundregel ist, zunächst auf dem Schlag zu segeln, der dich der Tonne am nächsten bringt. Theoretisch ist das zwar nicht gut, denn wenn der Wind später auf diesem Bug raumt *(12.2 grün),* verschlechtert deine Position sich gegenüber anderen Booten. Aber die Probleme sind geringer, weil du ja der Tonne näher gekommen bist. Schralt der Wind dagegen *(rot)*, dann wende einfach, und du wirst immer der Tonne am nächsten sein.

Natürlich kannst du, wenn du *weißt,* wie der Wind drehen wird, einen viel genaueren Kurs planen, um daraus deine Vorteile zu ziehen. Wir haben diese Möglichkeit in Kapitel 5 erörtert. Zum Beispiel könnte der Seewind mit der Sonne drehen und diese Drehung beibehalten. Der Schlag auf Stb-Wind mag nun schon der längere sein,aber es zahlt sich dennoch aus, so bald wie möglich auf die Stb-Seite des Kurses zu gehen, um die nächste raume Drehung mitzukriegen *(12.3 A).* Denke daran, daß die Drehung diese Seite zuerst erreicht. Die Boote, die geringfügig zu weit gefahren sind, können etwas auffieren und somit schneller laufen. Deshalb ist es vorteilhaft, etwas weiter zu segeln *(B)* als den theoretisch kürzesten Kurs *(C).*

Die Regel dafür lautet:

- Segle zu der erwarteten Winddrehung hin.

Wenn du dir kein Konzept gemacht und daher nichts in den Händen hast, worauf du eine Entscheidung gründen kannst, solltest du zunächst den langen Schlag segeln, denn die Wahrscheinlichkeit ist groß, daß der Wind wieder in die alte Richtung drehen wird.

Im allgemeinen kann man die wahre Windrichtung auf dem Raumkurs nicht richtig einschätzen. Das hängt mit der Bootsgeschwindigkeit und den daraus resultierenden Auswirkungen auf den scheinbaren Wind zusammen. Allerdings läßt sich auf einem olympischen oder ähnlichen Kurs (Dreieck) einiges daraus erkennen, wie dicht die Raumkurse zum Wind liegen. Wenn der zweite Raumschenkel spitzer ist als der erste, dann ist der Schlag mit Stb-Wind der längere – vergiß jedoch nicht, den Strom zu berücksichtigen. Wenn man das weiß, so hilft das jedenfalls etwas. Es kann sehr bedeutsam werden, wenn die Windrichtung von der auf der ersten Kreuz erheblich abweicht.

Vor dem Wind benutzt man Kompaß und Verklicker, um die wahre Wind-

12.4 Die Position am Anfang der nächsten Kreuz hängt ab von der richtigen Annäherung an die Leemarke.

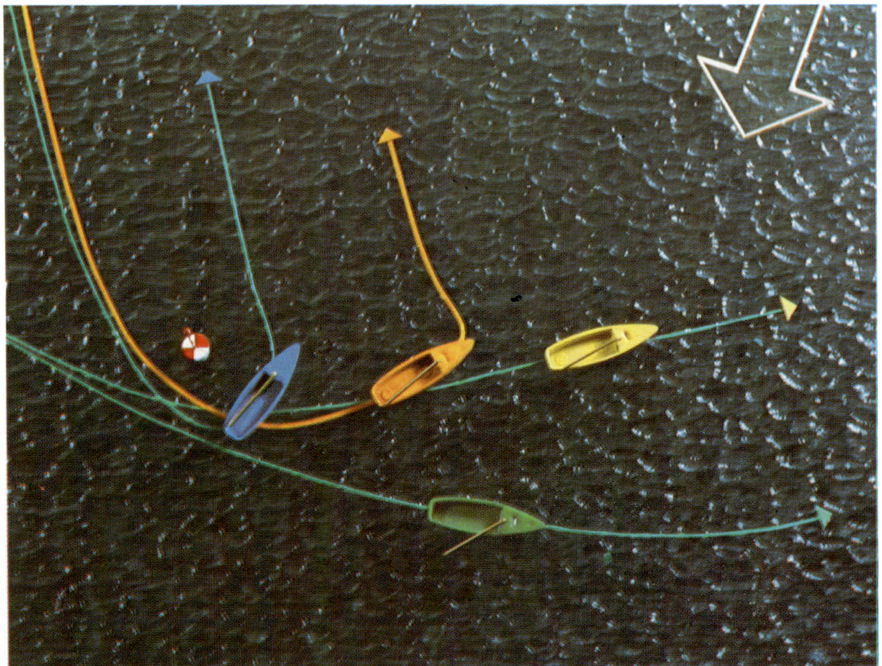

▲ 12.5

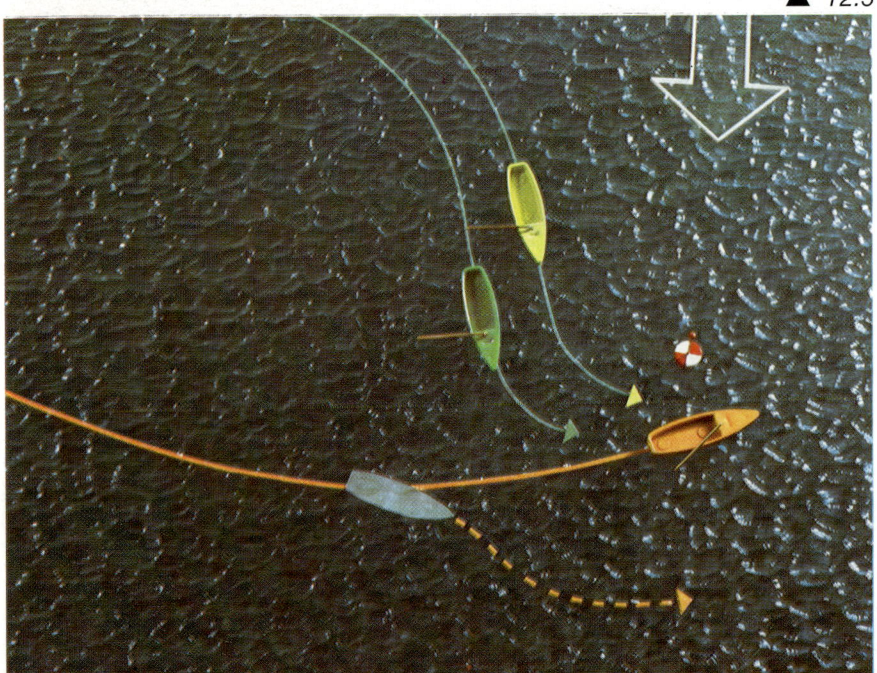

◀ 12.6

richtung und selbst rhythmisches Pendeln festzustellen. Das kann dann unmittelbar mit den vorher auf der Notiztafel festgehaltenen Werten verglichen werden.

Die Annäherung

Die Strategie auf der Kreuz beeinflußt auch die Annäherung an die Tonne *(12.4)*. Natürlich bedeutet die Überlappung eines Bootes voraus, daß dieses Boot so gut wie geschlagen ist, allerdings nur, wenn du nach dem Runden weit genug voraus kommst, um es in deinen Windschatten zu legen und so zu verhindern, daß es mit deiner Strategie kollidiert. Es könnte sonst passieren, daß es dich abquetscht und du zur Wende gezwungen wirst. Nichts ist schlimmer als zu kneifen, um sich aus dem Abwind eines anderen Bootes zu befreien, das selbst kneift *(12.5 orange)*. Du verlierst an Geschwindigkeit, und wenn du wenden mußt, stehst du erst einmal auf der Stelle, weil die Wellen völlig durcheinanderlaufen und der Wind von den anderen Booten gestört ist.

Die Frage ist also, ob man mit einem schnellen Bogen rundet und auf dem gleichen Bug schnell und frei weitersegelt, um klarzukommen *(grün)*, oder ob man unter allen Umständen dicht an die Tonne herangeht, so daß man fast gleich danach wenden kann *(blau)*.

Der schnellste Kurs zur Tonne ist die Annäherung von Lee *(12.6 orange)*. Boote, die auf dem Raumgang nach Luv gegangen sind, müssen sich, wenn sie sich der Tonne nähern, nach Luv hin verteidigen, indem sie anluven. Schließlich sind sie gezwungen, langsam und fast platt vor dem Laken zur Tonne zu segeln *(grün* und *gelb)*.

Auf der anderen Seite kann ein Leeboot trotz der Beschleunigung kurz vor der Tonne durch das Anluven selbst in die Abdeckung der Luvboote geraten und muß in diesem kritischen Moment auch noch den Booten mit Überlappungen Raum geben (gestrichelte Linie). Es kann also passieren, daß es sich am Anfang der nächsten Kreuz eine oder zwei Bootslängen nach Lee versetzt wiederfindet – in diesem Moment ein sicherlich großer Verlust.

Hier hat man die Chance, ein gutes Geschäft zu machen. Wenn ein Pulk von Booten nach Luv hin um Überlappungen kämpft, kann man sie mit einem schnellen Vorstoß nach Lee vielleicht alle packen *(12.7 A)*. Nach einer volleren Annäherung und dem zu scharfen Runden werden sie auf jeden Fall langsamer werden. Ein Leeboot könnte deshalb in Lee von ihnen direkt nach der Marke hindurchschießen, selbst wenn es sie noch hinter ihnen gerundet hat.

Wenn die Luvschlange etwas mehr auseinandergezogen ist, könnte es für das Leeboot möglich sein, sich unmittelbar vor der Tonne mit einem kühnen Manöver in einer Lücke in der Schlange einzureihen *(B)*.

Auf der anderen Seite kann ein Luvboot mit Wind von Stb halsen und so gegenüber jedermann Wegerecht beanspruchen, aber es sollte das rechtzeitig tun, sonst könnte ihm das Wegerecht überhaupt nichts nützen *(12.8)*. Es muß auch beachten, daß es sich, obwohl mit Wind von Stb, von Booten freihalten muß, die vorn runden und den Zwei-Längen-Kreis erreicht haben, denn die Regeln, die *Bahnmarken und Hindernisse* betref-

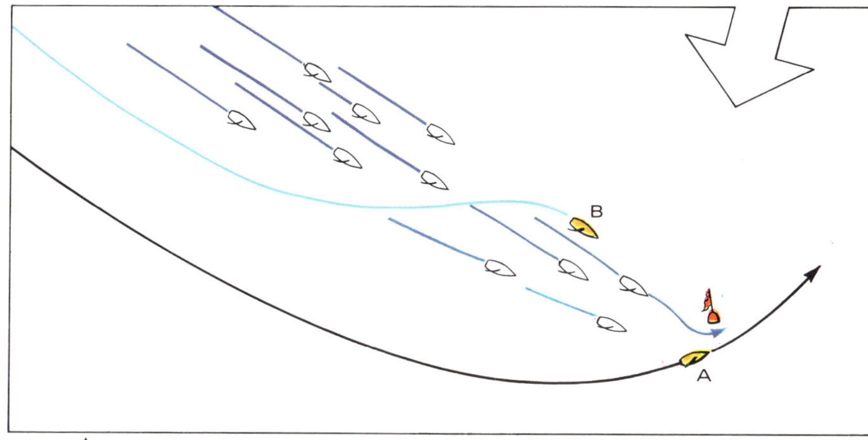

12.7 ▲

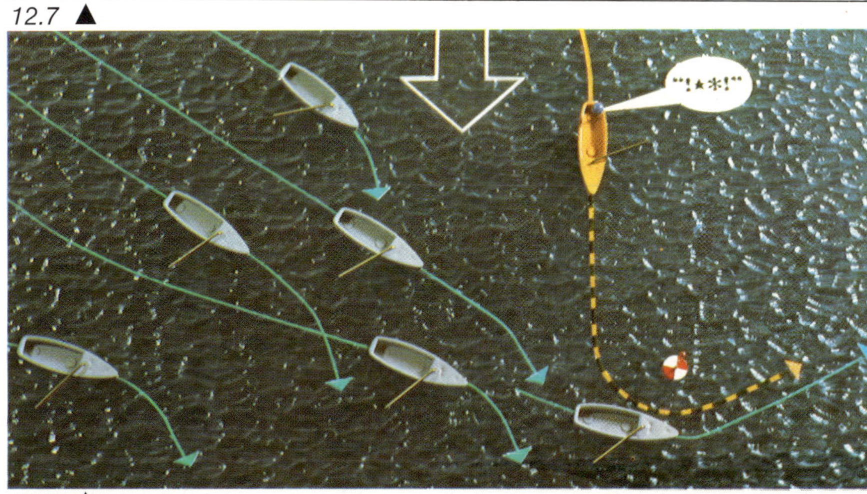

12.8 ▲

12.9 ▶

◀ *12.10 Admiral's-Cup-Wettfahrt.*

12.12 In ein Feld unter Spinnaker hineinzukreuzen, bringt Fahrtverlust. ▶

▼ *12.11*

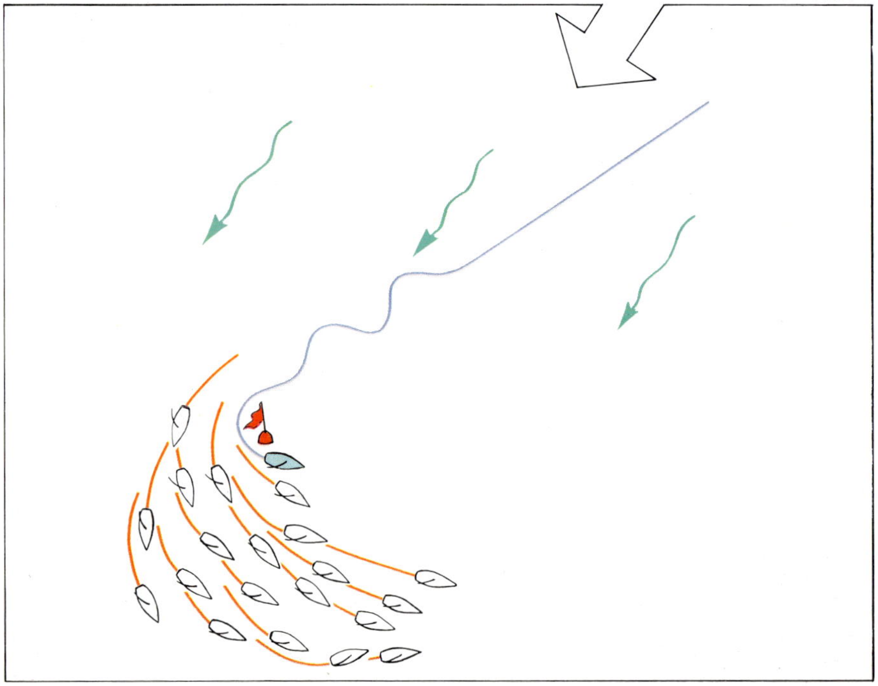

fen, haben in diesem Fall Vorrang vor der Regel Stb-Wind vor Bb-Wind.

Bei einer anderen gewinnbringenden Methode profitiert man von dem schlechten Bojenmanöver eines anderen, indem man sich zwischen ihn und die Tonne quetscht. Aber das ist verhältnismäßig gefährlich, weil das angreifende Boot keinerlei Rechte hat und noch dazu Luvboot ist. Am besten klappt das, wenn der Strom nach Lee setzt. In diesem Fall muß man es unbedingt versuchen *(12.9)*.

Achte auf Extremfälle, die zugleich kühne Aktionen erfordern. Einer davon: Ein Feld läuft mit dem Strom und muß die Leemarke runden. Es ist am besten, rechtzeitig die Fahrt zu vermindern und hinter der Gruppe anzukommen, um dann ganz eng die Tonne zu runden und schließlich von Luv alle anderen zu kontrollieren *(12.11)*.

Ein ähnlicher Fall liegt vor, wenn sich bei sehr leichtem Wind ein nahezu stationärer Pulk an der Marke oder einem Hindernis sammelt *(12.10)*. Behalte dann deine Geschwindigkeit bei und segle geradewegs außen um den Pulk herum.

Abdecken

Unmittelbares Wenden nach der Tonne hat zwei gravierende Nachteile. Zum einen verliert man in der Wende dringend benötigten Abstand nach hinten, zum zweiten wird man nach Lee versetzt, unter Umständen mitten hinein in ankommende Boote. Wenn das angreifende Boot mit Stb-Wind auch Wegerecht hat, so muß es

12.13 ▼

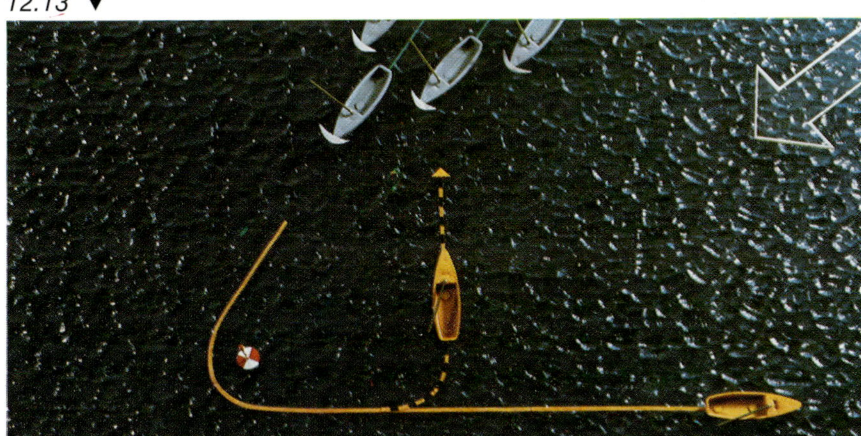

dennoch durch gestörten Wind segeln, und das geht meist zu Lasten der Konzentration des Steuermanns.

Aus diesem Grunde könnte es sich nachteilig auswirken, einen Gegner zu decken, der sofort wendet. Unter Umständen ist es besser, für einen Augenblick weiterzulaufen, um sich des frischen Windes zu versichern *(12.13)*. Es hängt davon ab, wie wichtig das Duell ist und wie viele Boote sich in gefährlichem Abstand aufhalten. So etwas passierte uns in einem entscheidenden Rennen um den Ein-

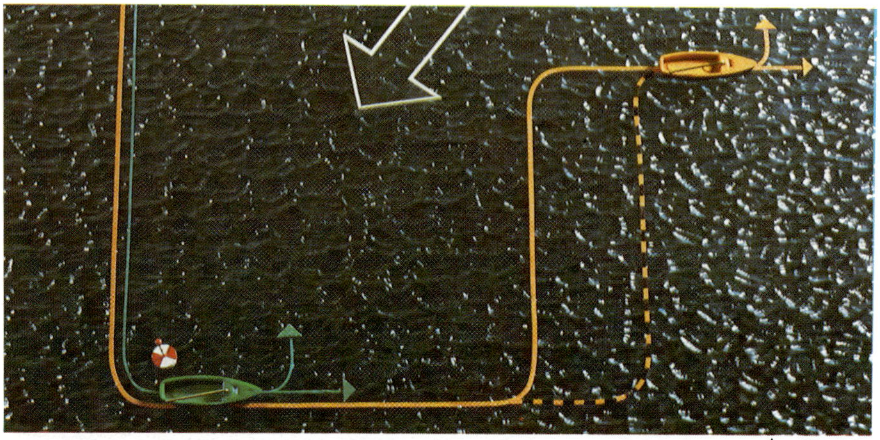

▲ *12.14*

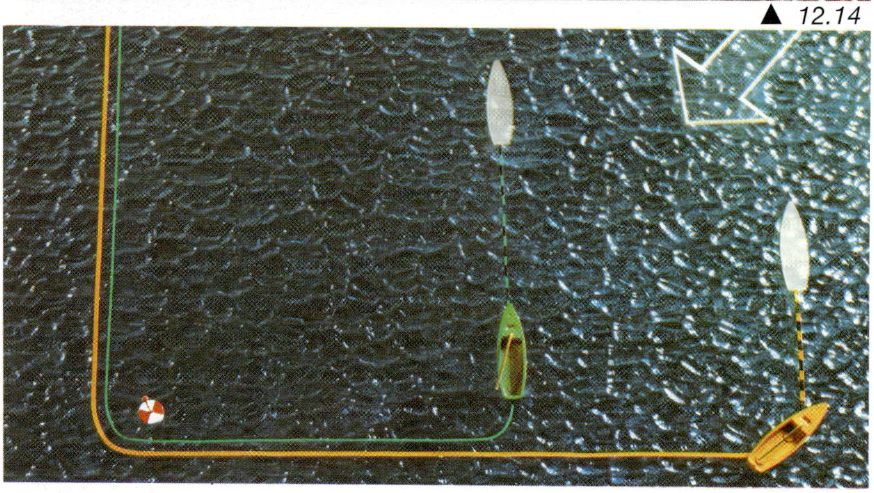

▲ *12.15*

◀ *12.18*

12.16 Abdecken nach der Leetonne. ▶

12.17 Die Abdeckung durchbrechen. ▶

tonner-Pokal, als unser Hauptrivale um den Sieg gleich nach der Leemarke wendete und hinter uns passierte. Es war eine harte Entscheidung, weiterzulaufen, denn die gesamte Mannschaft kannte die goldene Regel, daß man das nächst hinter einem liegende Boot decken muß.

Beim klassischen Verteidigungsmanöver an der Leemarke wendet man sofort und wendet zurück, bevor der Gegner die Tonne erreicht hat *(12.14).* Man liegt dann genau in Luv und hat die völlige Kontrolle, was immer er auch machen wird. Es wäre ein fataler Fehler, der gestrichelten Linie zu folgen und dann zu wenden, wenn er gerade die Tonne rundet. Dann kann er durchbrechen, und man steht dumm im Wasser herum.

Gewöhnlich wird man dafür aber nicht weit genug in Führung liegen. Dann muß man folgen, wenn der Gegner wendet. Er hat dann ein Kontrollmaß, wie wir es schon vorher erörtert haben *(12.15).*

12.19 ▶

Die Verteidigung durchbrechen
Die beste Zeit, um eine dichte Abdekkung *(12.17)* zu durchbrechen, ist bald nach dem Runden der Leemarke *(12.16)*. Die sicherste Taktik ist, gleich nach der Tonne zu wenden *(12.18 orange)*. Geht der Gegner mit, kann man ihn an einem der entgegenkommenden Boote, die vorm Wind segeln, „abstreifen". Mit anderen Worten: Man wendet zurück, wenn der Gegner nicht folgen kann, weil ein anderes Boot ihm im Wege ist.

Bei einer anderen Methode wendet man in eine Position hinein, in die er nicht folgen kann, ohne seinerseits von einem Boot gedeckt zu werden. Orange wendet, Grün folgt und findet sich selbst von Gelb gedeckt *(12.19)*.

Manchmal genügt auch eine Scheinwende, aber das ist ein Kampf mit Tricks zwischen den beiden Steuerleuten, und er hängt davon ab, wie genau sie einander beobachten *(12.20)*. Bei dem Bemühen, freien Wind zu erhalten und sich freizusegeln, darf man nicht die Boote hinter sich vergessen. Sie lauern nur auf eine Gelegenheit, an den vorderen vorbeizugehen.

▼ *12.20*

Kapitel 13

Das Ziel

Ob das Ziel sich wie bei Meisterschaftsregatten am Ende einer Kreuz oder an irgendeiner anderen Stelle befindet *(13.1)*, ist nicht so wichtig wie die Tatsache, daß der Steuermann erkennt, welches Ende der Ziellinie das nähere ist. Das wird erstaunlich oft außer acht gelassen.

Die Segelanweisungen mögen wohl angeben, wo die Linie liegt, aber viel häufiger wird man mit einem Zielschiff und einer Tonne in der Ferne konfrontiert, ohne daß klar ersichtlich ist, in welchem Winkel die Linie ausgelegt ist. Als goldene Regel gilt:

- Halte dich zwischen deinem Gegner und der nächsten Bahnmarke.

Das ist jedoch um so schwieriger, je mehr man sich dem Ziel nähert. Vor allem, wenn man nicht weiß, welches die nächste Marke, also das nähere Ende ist *(13.2)*. Das beste ist, alle Möglichkeiten so lange es irgend geht offenzuhalten. Beherzigt man das, kann man den Zielanlauf planen.

13.1 Ein knapper Zieldurchgang.

13.2 ▶

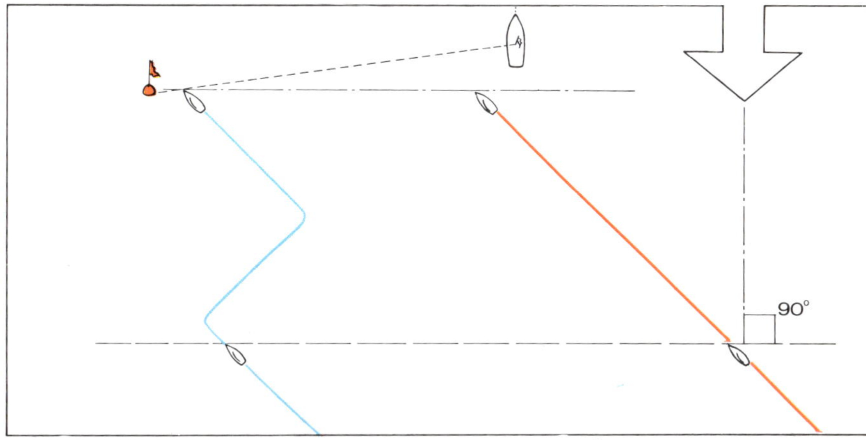

Es gibt zwei sichere Verlierer im Ziel. Der eine wird vom Zielschiff abgedeckt, wenn er zu dicht hinter ihm passiert *(13.3 grün)*. Der andere kann wegen eines Bootes in Luv nicht wenden, um die Linie anzuliegen *(gelb)*. Diese Fallen lassen sich durch Vorausdenken vermeiden.

Wenn das Zielschiff auf der Stb-Seite liegt, kann man ruhig auf dieser Seite mit Stb-Wind durchsegeln. Das ist im allgemeinen ungefährlich, weil man auf weniger Boote achten muß. Wenn man sich unbedingt von außerhalb des Zielschiffes nähern muß, sollte man den Kurs leicht nach Luv seines Hecks absetzen *(13.4 orange)* und dann abfallen, um so schnell wie möglich den Windschatten an seinem Heck zu passieren. Man kann dann auch Raum von überlappenden Booten in Lee verlangen und wäre zusätzlich in der Lage, ein Boot dicht am Heck abzuschütteln *(grün)*.

Wenn sich ein Boot achtern in Luv von dir befindet, mußt du eine Lücke öffnen, so daß du schnell und frei wenden kannst *(13.6 orange)*. Dann könntest du möglicherweise dicht vor ihm passieren oder unmittelbar hinter dem Heck von Grün durchtauchen und blitzschnell anluven. Ein Boot, das verteidigt, ist hier in einer sehr starken Position. Wenn es sauber wendet und sorgfältig gesteuert wird, kann es für das angreifende Boot nahezu unmöglich werden, durchzubrechen. Denn der freie Raum für Manöver wird immer begrenzter, je näher man der Linie kommt.

13.3 ▲

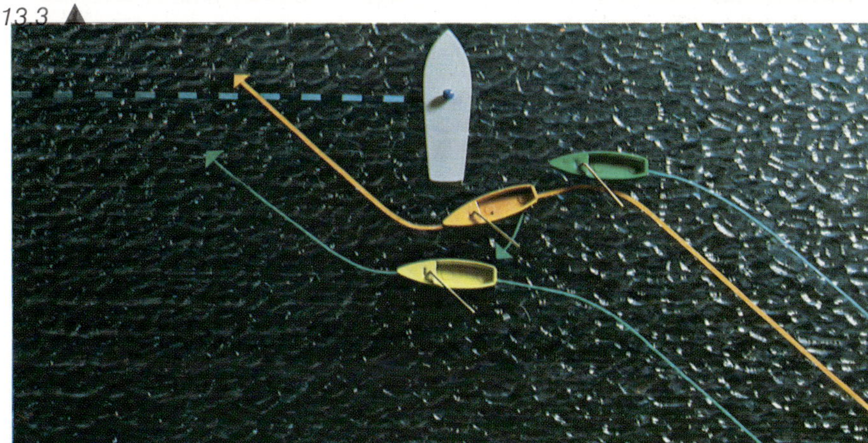

13.4 ▶

13.5 Die Soling im Hintergrund gewinnt, indem sie hinter dem Heck des mittleren Bootes durchsegelt. Das vordere Boot muß wenden, und es wird sich wahrscheinlich nicht mehr um die Tonne quetschen können.

Sorge dafür, daß du die genaue Definition der Ziellinie kennst. Sie unterscheidet sich oft von der Startlinie, besonders wenn diese durch eine stehende Peilung gebildet wurde. Die Ziellinie liegt gewöhnlich zwischen zwei Markierungen, von denen eine das Zielschiff ist – aber welcher Teil des Zielschiffes? Kläre das vorher. Ein Anluven in einem entscheidenden Moment kann einem die notwendigen 50 Zentimeter bringen, die man braucht, um das Boot in Luv zu schlagen *(13.5)*. Aber man muß wissen, wie die Linie liegt, um das richtig beurteilen zu können.

Der Zieldurchgang erfolgt, wenn irgendein Teil des Bootes die Ziellinie überquert, aber die Regeln gelten so lange, bis es die Linie ganz *passiert* hat *(13.7)*. Hat es die Zielbahnmarke berührt, muß es sich erst mit zwei 360°-Drehungen entlasten, bevor es erneut die Ziellinie durchsegelt *(13.8)*. Aber es hat die Wettfahrt nicht eher beendet, bis es ein zweites Mal die Linie durchsegelt.

Ich beobachtete einst eine dänische Mannschaft am Ende einer langen und nervenaufreibenden Weltmeisterschaftswettfahrt bei fast völliger Flaute. Sie machte eine Rollwende, um über die Linie zu gehen, und kenterte, bevor sie sie passierte. Sie wurde vom Strom auf die Tonne gesetzt – und verlor den Titel!

▲ *13.6*

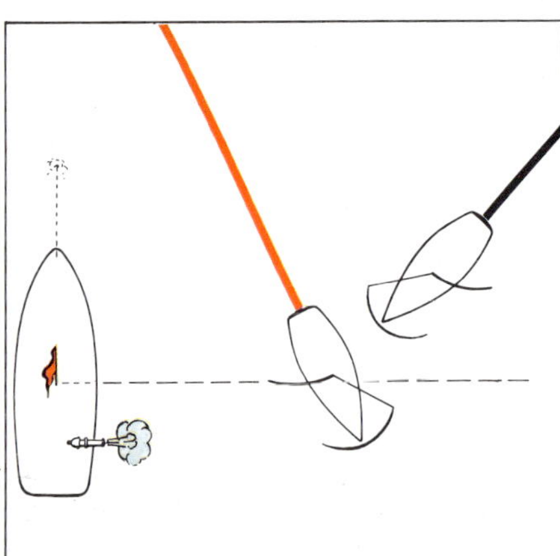

◀ *13.7 (ganz links)*

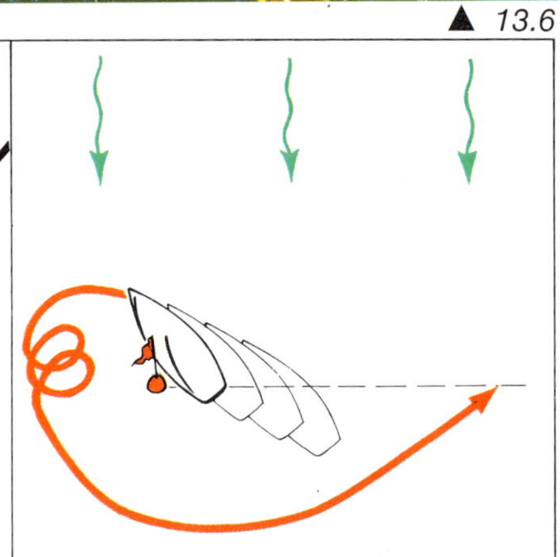

◀ *13.8*

Kapitel 14

Probleme und Proteste

Probleme

Es ist erst einige Jahre her, daß man wegen des kleinsten Regelverstoßes in einer Wettfahrt disqualifiziert wurde. Erkannte man den Fehler selbst, war man verpflichtet, sofort die Wettfahrt aufzugeben.

Wie stark die Regeln beachtet werden, variiert von Ort zu Ort und von Klasse zu Klasse. Gewöhnlich werden kleinere Verstöße übersehen, das Berühren einer Marke jedoch niemals. Gleichwohl werden die Regeln unter dem Druck des höher entwickelten Regattasegelns von heute, wo für manche Segler so viel mehr auf dem Spiel steht, zunehmend vernachlässigt oder gar ignoriert. Aus diesem Grunde hat der Weltseglerverband, die *International Yacht Racing Union* (IYRU), Alternativstrafen eingeführt, die es einem Boot ermöglichen, das Rennen mit einem Verlust an Punkten oder Plätzen fortzusetzen.

Die einzige Alternative, die in den Regeln selbst enthalten ist, ist die zweimalige 360°-Drehung nach einer Bahnmarkenberührung. Einige andere sind in den Anhängen zu den Wettsegelbestimmungen enthalten, während wieder andere Spezialregeln nur für bestimmte Fälle gelten. Dazu gehört die Zeitstrafe für Hochseeyachten, die vor dem Startsignal zu einem langen Rennen über die Linie gehen.

Die Alternativstrafen gelten dann, wenn ein Fehlverhalten anerkannt wird, und beinhalten zwei 360°-Kreise unmittelbar nach dem Vorfall oder die 50-Prozent-Strafe für die Wettfahrt. Es gibt Schwierigkeiten bei beiden Verfahren, und sie sind auch noch nicht allgemein gebräuchlich. Daher wird man also weiterhin, abgesehen vom 720er (zwei 360er), nach der Bahnmarkenberührung bei einem Regelverstoß die Disqualifikation zu erwarten haben. Aber zur Sicherheit sollte man doch die Segelanweisungen vorher sorgfältig studieren.

Anders als bei einem Unfall auf der Straße, wo die beschädigten Autos stehenbleiben können, bis die Polizei ihre Positionen markiert hat, treiben Boote weg oder segeln davon, und die Beteiligten haben nur noch eine verschwommene Erinnerung an die sich rasch wieder ändernde Situation. Und darin liegt der Grund für so harte Strafen bei der Regattasegelei.

Die Härte der Strafen sollte die Segler veranlassen, vorsichtiger zu segeln und Unfälle zu vermeiden. Doch die Realität heutzutage, insbesondere bei der Jollensegelei in großen Feldern, hat einen teilweisen Zusammenbruch der Regattadisziplin zur Folge. Daraus resultiert das Bestreben, Verbesserungen einzuführen.

Proteste

Wenn ein Zwischenfall nicht auf der Bahn aufzuklären ist oder wenn ein Dritter Zeuge eines Regelverstoßes wird, wird gegen ein oder mehrere Boote *protestiert.* Dies ist die formale Methode, die in den Wettsegelbestimmungen präzise niedergelegt ist und nach der ein Zwischenfall untersucht wird, um herauszufinden, wer der Schuldige ist. Als Strafe folgt meist die Disqualifikation. Und manchmal ist der Punktverlust für einen Zwischenfall, der verhandelt wurde, größer, als wenn er auf dem Wasser geklärt worden wäre.

Darüber hinaus können Proteste von Versicherungen (oder sogar vom Gericht) als Beweismaterial verlangt werden, um über Versicherungsstreitigkeiten wegen etwaiger Reparaturen oder bei Verlust des Bootes zu entscheiden.

Der Protest wird gewöhnlich unmittelbar nach der Wettfahrt vor einer Jury aus mindestens drei unabhängigen, von der Wettfahrtleitung benannten Leuten verhandelt. Das Protestergebnis beeinflußt die Regattaergebnisse und muß daher schnell vorliegen, besonders, wenn die Wettfahrt zu einer Punktserie gehört. Daher wird das Recht auf Berufung vor dem nationalen Verband in besonderen Fällen, so bei Meisterschaften, verweigert.

Proteste sind etwas Alltägliches und in Ermangelung von Schiedsrichterentscheidungen ad hoc auf dem Wasser auch notwendig. Man sollte deshalb nicht erschreckt oder gar beschämt sein, wenn man darin verwickelt ist, selbst wenn es während des Zwischenfalls zu einem erhitzten Meinungsaustausch gekommen ist. Jeder weiß, daß die Erinnerung trügen kann und daß sich die exakten Positionen der Boote während des Vorfalles nur in höchst unzulänglicher Weise rekonstruieren lassen. Die Jury sollte aus Leuten bestehen, die nicht nur Erfahrung in der Auslegung der Regeln haben, sondern die selbst noch aktiv Regatten segeln und die daher geduldig aus eigener Sachkenntnis herausfinden, was tatsächlich geschah.

Wie ein Protestverfahren abgewickelt wird

Die Abwicklung eines Protestverfahrens ist in den Wettsegelbestimmungen genau festgelegt und kann für den Protestierenden wie folgt zusammengefaßt werden:

- Nach einem Zwischenfall, von dem du meinst, daß du im Recht bist und daß das andere Boot dich oder deinen Platz beeinträchtigt hat, solltest du sofort eine *Protestflagge* im Rigg setzen *(3.11)*. Das allgemein anerkannte Signal ist die Flagge B, der rote Doppelstander, den man deshalb auch an Bord haben sollte. Das Schiedsgericht wird den Protest nicht verhandeln, wenn das Zielschiff nicht bestätigt, daß die Flagge gesetzt war; es sei denn, daß die Tatsachen, die zu einem Protest berechtigen, erst später bekanntgeworden sind.
- Unterrichte das andere Boot so schnell wie möglich davon, daß du protestierst, es sei denn, es gibt auf.
- Suche Zeugen zu deiner Unterstützung. Wenn du beweisen mußt, das Wegerecht rechtzeitig hergestellt zu haben (nach einer Wende zum Beispiel), brauchst du unbedingt einen außenstehenden Augenzeugen. Es wäre reine Zeitverschwendung, ohne einen solchen zu protestieren, und du würdest mit ziemlicher Sicherheit verlieren, *selbst wenn du tatsächlich im Recht gewesen bist.*
- Notiere die Einzelheiten des Protestes, und fertige eine kleine Skizze von den Positionen der Boote an. Halte auch die Regel fest, von der du annimmst, daß gegen sie verstoßen wurde. Wenn du die Situation falsch eingeschätzt oder eine falsche Regel angegeben hast, berührt das den Protest oder den Fall in keiner Weise *(14.1)*.
- Informiere die Wettfahrtleitung, reiche den Protest rechtzeitig schriftlich ein und entrichte die Protestgebühr, die an dich zurückgezahlt wird, wenn du den Protest gewinnst.
- Versammle deine Zeugen zur festgesetzten Zeit am richtigen Ort. Erscheinst du nicht, kann der Protest abgewiesen oder ohne dich verhandelt werden.

Die Verhandlung

- Protestführer und -gegner werden zunächst allein vernommen. Die Fakten des Zwischenfalls werden erarbeitet, indem der Protestführer und dann der Gegner anhand von Modellbooten auf einer Tafel die Positionen der Boote darstellen. Normalerweise treten hierbei Differenzen auf, die von der Jury kritisch zu klären sind, bevor sie die richtige Regel festlegen und den Protest entscheiden kann.
- In Anwesenheit der beiden Kontrahenten werden die Zeugen einer nach dem anderen aufgerufen, um ihre Versionen darzulegen und von dem Kontrahenten und von der Jury befragt zu werden.
- Die Jury kann jede andere Hilfe, die sie benötigt, anfordern. Wenn sie der Meinung ist, alle Tatsachen beieinander zu haben, zieht sie sich zurück, um den Fall zu beraten.
- Die Jury verkündet ihren Spruch den beiden Kontrahenten allein. Wenn gewünscht, wird er auch schriftlich übergeben. Die Berufungsmöglichkeit bezieht sich nur auf die Interpretation der Regeln, nicht jedoch auf die Tatsachenfeststellung. Die Protestgebühr wird zurückgezahlt und der schriftliche Protestentscheid der Wettfahrtleitung überstellt.

Wann man protestieren soll

Nach einer Kollision sollte ein Boot entweder protestieren oder aufgeben oder eine Ersatzstrafe auf sich nehmen (sofern eine derartige Regelung in den Segelanweisungen enthalten ist). Nach den Regeln gibt es keine andere Möglichkeit. Freiwillig indes gibt niemand auf, und niemand protestiert. Da die meisten Zwischenfälle nur geringfügig sind und die Positionen selten dadurch beeinflußt werden, erscheint das auch verständlich, aber das führt zu einer weitverbreiteten Nichtbeachtung der Regeln, was am Ende einen jeden trifft.

Proteste sind ermüdend und kosten wertvolle Zeit, insbesondere wenn die Wettfahrtleitung damit beschäftigt ist, die Resultate zu erstellen, und die Mannschaften sich umziehen oder die Boote einpacken, um heimzufahren. Niemand wünscht sie, und es hat Wettfahrtleitungen gegeben, die Mannschaften daran hinderten, Proteste einzulegen. Aber es ist wichtig zu wissen, daß ein drittes Boot, das Zeuge einer Kollision zwischen zwei anderen Booten wird, von denen keines aufgibt, auch hinterher noch protestieren kann. Es gibt eine Ausnahme in den Regeln, nach der die Jury einen Protest niederschlagen kann: wenn nämlich eine geringfügige Berührung unvermeidlich war. Dennoch hat diese Regel manchen veranlaßt, einen Protest einzureichen, wenn das auch dem gesunden Menschenverstand widersprach.

Aus taktischen Gründen sollte man jedoch bei einer Berührung protestieren, denn die Wettfahrtleitung oder ein anderes Boot könnten den Vorfall

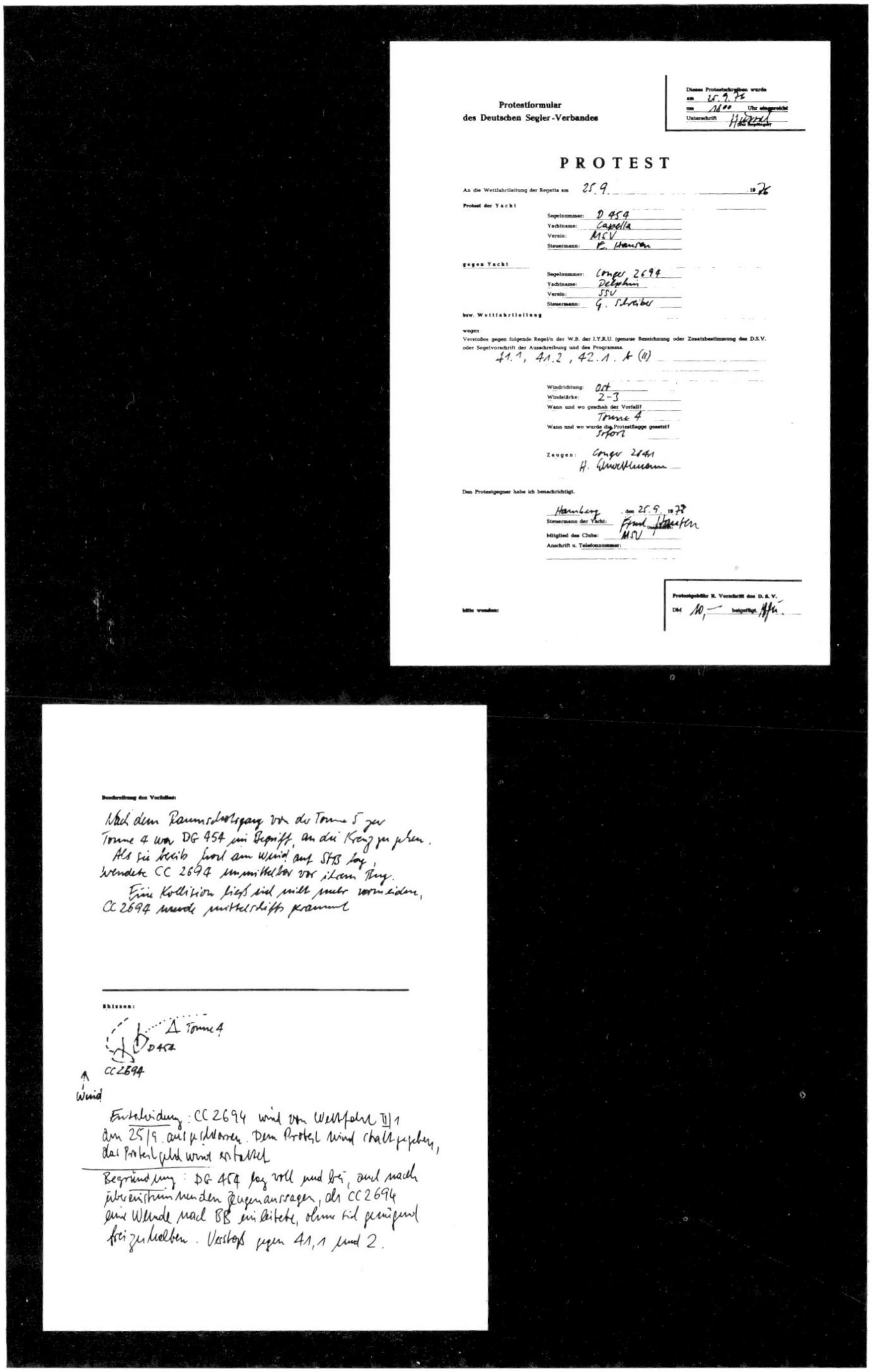

Protestformular
des Deutschen Segler-Verbandes

Dieses Protestschreiben wurde
am 25.9.76
um 18⁰⁰ Uhr eingereicht
Unterschrift

PROTEST

An die Wettfahrtleitung der Regatta am 25.9. 1976

Protest der Yacht
Segelnummer: D 454
Yachtname: Capella
Verein: MSV
Steuermann: F. Hansen

gegen Yacht
Segelnummer: Conger 2694
Yachtname: Delphin
Verein: SSV
Steuermann: G. Schreiber

bzw. Wettfahrtleitung

wegen
Verstoßes gegen folgende Regel/n der W.B. der I.Y.R.U. (genaue Bezeichnung oder Zusatzbestimmung des D.S.V. oder Segelvorschrift der Ausschreibung und des Programms.
41.1, 41.2, 42.1.A (ii)

Windrichtung: Ost
Windstärke: 2–3
Wann und wo geschah der Vorfall?
Tonne 4
Wann und wo wurde die Protestflagge gesetzt?
sofort

Zeugen: Conger 2841
H. [illegible]

Den Protestgegner habe ich benachrichtigt.

Hamburg, den 25.9.1976
Steuermann der Yacht: Fred Hansen
Mitglied des Clubs: MSV
Anschrift u. Telefonnummer:

bitte wenden!

Protestgebühr lt. Vorschrift des D.S.V.
DM 10,– beigefügt.

Beschreibung des Vorfalls:

Nach dem Raumschotsgang von der Tonne 5 zur Tonne 4 war DG 454 im Begriff, an die Kreuz zu gehen. Als sie bereits hoch am Wind auf StB lag, wendete CC 2694 unmittelbar vor ihrem Bug. Eine Kollision ließ sich nicht mehr vermeiden, CC 2694 wurde mittschiffs gerammt

Skizzen:

Tonne 4
D 454
CC 2694
Wind

Entscheidung: CC 2694 wird von Wettfahrt II/1 am 25/9. ausgeschlossen. Dem Protest wird stattgegeben, das Protestgeld wird erstattet

Begründung: DG 454 lag voll und bei, auch nach übereinstimmenden Zeugenaussagen, als CC 2694 eine Wende nach BB einleitete, ohne sich genügend freizuhalten. Verstoß gegen 41,1 und 2.

14.1 Ein ausgefülltes Protestformular. ▶

gesehen haben, und du fändest dich in einer Protestverhandlung wieder – ungenügend vorbereitet und einem Schiedsgericht gegenüber, das möglicherweise gegen dich voreingenommen ist.

Gleichwohl ist es fast immer unklug, einen Protest einzureichen, es sei denn, er ist unvermeidbar. Abgesehen davon, wertvolle Zeit damit zu verbringen, die Tatsachen zusammenzutragen, den Fall vorzubereiten und schließlich vor der Jury auszufechten, besteht auch immer noch die Möglichkeit, zu verlieren.

Es passiert häufig, daß ein anscheinend hundertprozentig sicherer Fall durch die zufällige Bemerkung eines Zeugen umgekehrt wird, so daß vollkommen andere Regeln angewandt werden. Die Auslegung der Regeln in Grenzfällen, besonders wo ein Wechsel des Wegerechts von einem Boot auf ein anderes stattfindet, ist so diffizil, daß das Ergebnis für die eine *oder* die andere Seite positiv sein kann. Es hängt dann von der Jury ab, sich in dem Dschungel einander widersprechender Aussagen zurechtzufinden und sich eine eigene Ansicht von den Tatsachen zu verschaffen.

Als Moral folgt für einen selbst und die Konkurrenten, daß man eine Haltung des Gebens und Nehmens einnimmt, ohne dabei die Regeln zu mißachten, daß man also ein Gleichgewicht herstellt, das auf dem Wunsch, fair zu gewinnen, und einer guten Kenntnis der Grundregeln und -taktiken basiert.

Die Taktik für den Protestführer

Nehmen wir einmal an, es ist zu einem Protestgrund gekommen. Ein Skipper entschließt sich, zu protestieren, und will natürlich das Beste aus der Situation machen und einen möglichst großen Vorteil daraus ziehen. Es gibt nichts, was den Protestierenden hindern könnte, mit verfälschten Fakten oder der Anzettelung eines psychologischen Krieges zur Verunsicherung oder Verwirrung der anderen Mannschaft zu gewinnen. Aber das erste wäre illegal und unfair, und das zweite, so meine ich, stände dem Geist des Segelsports diametral entgegen.

Dennoch muß man ein gewisses Maß an Kampfgeist einsetzen, um die eigenen Chancen zu vergrößern oder die Risiken zu verkleinern, ohne dabei die Unwahrheit zu sagen. Die Trennungslinie zwischen gewissenhafter Fairneß und irreführender Unehrlichkeit ist vage. Wer will sagen, wo sie liegt? Ich kann nur bestimmte Kriterien aufstellen, die, so hoffe ich, für die Mehrheit akzeptabel sind.

Zunächst sollte man sich darüber im klaren sein, daß man nicht aus Bösartigkeit oder Rachsucht protestiert. Ein Protest, der auf etwas anderem basiert als einem echten Fehler oder einer falschen Lagebeurteilung, wäre unfair und verstieße gegen den Sportgeist. Das bedeutet nicht, daß man die Regeln nicht auf taktische Art ausnutzen soll. Das Versäumnis der anderen Mannschaft, auf ein taktisches Manöver zu reagieren, wäre ein gerechter Grund für einen Protest, ob sie die Folgen des Manövers voll durchschaut hat oder nicht. Dennoch, sobald der Zwischenfall sich ereignet hat, kann der Protestierende gewisse Sofortmaßnahmen ergreifen, um die öffentliche Meinung für sich einzunehmen und den Gegner zu demoralisieren.

Dies ist für einen Protestführer der wichtigste Augenblick in einer Wettfahrt. Die Positionen der Boote müssen sich den nächsten Nachbarn einprägen *(14.2)*. Deshalb brülle laut, um die Aufmerksamkeit auf den Vorfall zu lenken, und setze betont deutlich die Protestflagge. Rufe die Crews der Nachbarboote an, damit sie sich merken, wie die Boote zueinander liegen, und bitte sie, später als Zeugen aufzutreten. Sie können das kaum ablehnen. Notiere ihre Nummer, dann segle weiter und konzentriere dich wieder auf das Rennen.

Du bist um einiges weiter und hast die dir durch die Regeln auferlegte Verpflichtung, den Protestgegner zu informieren, schon erfüllt. Beim Zieldurchgang zeige der Wettfahrtleitung deutlich an, daß und gegen wen du protestierst.

Wenn du an Land kommst, bleibe ruhig und gelassen. Formuliere den Protest, reiche ihn ein, informiere dich über den Zeitpunkt der Verhandlung und sammle dann deine Zeugen. Es versteht sich von selbst, daß ein Protestführer sich der Fakten sicher sein muß. Nimm nur solche Zeugen, die den Vorfall genauso beurteilen und die verläßlich und bestimmt in ihrer Aussage sind. Ein hilfloser Zeuge ist schlimmer als gar keiner. Denke auch an erfahrene Beobachter, besonders Mitglieder der Wettfahrtleitung, die den Vorfall gesehen haben könnten. Sie können dir wegen ihres überparteilichen und halboffiziellen Status' eine große Hilfe sein.

Vor der Verhandlung bereite den Fall gründlich vor, indem du die anzuwendenden Regeln genau studierst. Sage klar, kurz und bestimmt aus. Bringe die Modellboote von vornher-

14.2 „. . . die Positionen der Boote müssen sich den nächsten Nachbarn einprägen."

ein in die richtige Position. Hinterlasse den Eindruck, daß du genau weißt, was du tust.

Deine Taktik muß sein, alles zu bestreiten, was dein Gegner oder seine Zeugen vorbringen, aber unterbrich sie nicht; sprich immer nur dann, wenn dir das Wort erteilt wird. Versuche Gegner oder Zeugen in einander widersprechende Aussagen zu verwickeln, und wenn sie das tun, weise ruhig, aber bestimmt auf die Unterschiede hin. Versuche nachzuweisen, daß der Zeuge den Zwischenfall möglicherweise ger nicht richtig gesehen haben kann oder daß seine Beurteilung zum Beispiel einer Überlappung unmöglich oder unzuverlässig gewesen sein muß, weil er den Hergang gar nicht genau sehen konnte. Frage ihn nach der geltenden Regel. Er wird oft danebenliegen.

Du mußt versuchen, das Schiedsgericht mit deinem überlegenen Wissen und deinem Gefühl für Recht und Unrecht zu beeindrucken. Es hilft auch immer, wenn man sauber und ordentlich vor dem Schiedsgericht erscheint. Versetze dich in die Lage der Schiedsrichter, die klare Fakten sehen und eine Entscheidung fällen möchten. Hilf ihnen dabei, so gut du kannst.

Die Taktik für den Protestgegner
Wer einen Protest gegen sich laufen hat, wird beunruhigt und verunsichert sein. Mit etwas Geschick kann man die Sache jedoch häufig zu seinen Gunsten wenden und ins Gegenteil umkehren, so daß der Protestierende zum Schuldigen wird. Zum Glück für dich werden die Regeln häufig genug nur unvollständig verstanden, selbst von Wettfahrtleitungen.

Der Protestgegner muß ebenso wie der Protestführer als erstes mit den Crews in der Nähe Kontakt aufnehmen, damit sie sich an die Positionen der Boote zu dem betreffenden Zeitpunkt erinnern können. Du mußt ihre Segelnummern notieren, und du solltest ebenfalls eine Protestflagge setzen, selbst wenn du dir über deine Situation nicht auf Anhieb im klaren bist.

Versetze dich gegenüber deinem Gegner in eine Kampfstimmung. Das wird dich in die Lage versetzen, weiterzukommen und verlorene Zeit gutzumachen. Bis nach dem Zieldurchgang denke nicht mehr an den Vorfall. Dann aber mußt du mit der harten Arbeit beginnen.

Informiere die Wettfahrtleitung von deinem Protest und versuche auf dem Weg zum Liegeplatz und sobald du an Land bist, mit deinen Zeugen Kontakt aufzunehmen. Fertige eine Lageskizze an und lege den Fall möglichst zu deinen Gunsten aus.

Die Hauptsache ist, sich in eine Angriffsstimmung zu versetzen. Fühle dich nicht schuldig – wie dreist das Foul auch gewesen sein mag. Selbst ein ganz klarer Bb-/Stb-Wind-Fall kann durch andere Boote oder Hindernisse beeinflußt gewesen sein. Sehr gut zum Angriff eignet sich die Regel *Wegerecht-Yacht ändert den Kurs.* Wenn du beweisen kannst, daß dein Gegner dich behindert hat bei dem Versuch, dich freizuhalten, oder daß er dich durch seine Aktionen irregeführt hat, hast du seine Argumente schon halbwegs umgekehrt, oder der Protest wird niedergeschlagen.

In der Verhandlung gilt für Protestgegner wie Protestführer das gleiche Prinzip: sauber, ordentlich und hilfsbereit zu sein und den Fall knapp und klar vorzutragen. Sei in deinen Behauptungen und deiner Argumentation absolut sicher. Das setzt voraus, daß du dich vorher gründlich vorbereitet hast. Du mußt die Regeln kennen, die zugrunde gelegt werden, und du mußt wissen, wie sie angewandt werden.

Du hast Pech, wenn du auf einen kompetenten Protestführer triffst. Wenn der jedoch geschwätzig oder unsicher erscheint, nutze das aus und versuche, seine Verwirrung noch zu vergrößern. Mit etwas Glück wird das Schiedsgericht den Protest zumindest niederschlagen.

Ich hoffe, dieses Buch hat dir einen Einblick in die Spielregeln und ihre Anwendung gegeben. Die Taktik ist das Produkt der Regeln. Nutze sie, um Spaß zu haben – und zu gewinnen.

Anhang – Verzeichnis der Wettsegelbestimmungen

Aus diesem Verzeichnis ist ersichtlich, an welcher Textstelle auf welche Wettsegelbestimmungen Bezug genommen wird. Die Hauptbezüge sind fettgedruckt, die Nummern der Illustrationen stehen in Klammern.

Textstelle	Seite	Regel-Nr.	Titel
Faires Segeln	9, **24,** 99	**Grund-regel C**	Faires Segeln
Unfaire Vortriebsmittel Vortriebsmittel	**24,** 85, (6.28), 110, (8.11)	**54**	Vortrieb
Zeit zu reagieren Raum und Gelegenheit	**24,** 113, (8.20), 127, 144, 147, 148, 149, 156		in mehreren Regeln enthalten wie 32.2, 35, 37.3, 40, 41, 42.1, 42.2, 42.3, 43, 44.1
Beweislast	**24,** 121, 128, 136, 137, 170		in mehreren Regeln enthalten oder erläutert wie 41.3, 43.2
Anrufen	**25,** 117, 118, 149, 151, 156, 161, (12.8)	**32.2**	Zuruf auch 38.2, 40, 42.1, 43, 46, 68.2
Beschränkungen bei der Kursänderung Irreführen, Behindern	**25,** 126, 127, 129, 145, (11.9), 174	**35**	Einschränkungen von Kursänderungen
Luven	**26, (2.7), 117, (9.5),** 118, 119, 120, 121, 135, 145, 148, 150, 151, (11.25), 156	**Definition Luven** **38**	 Gleicher Bug – Luven nach Durchsegeln der Startlinie
Luven vor dem Start	**109,** (8.11), 111, (8.15), 114, (8.22), 117, 119, (9.9)	**40**	Gleicher Bug – Luven vor dem Durchsegeln der Startlinie

Textstelle	Seite	Regel-Nr.	Titel
Abfallen	**26, (2.7),** 117, **120, (9.11)**	**39**	Gleicher Bug – nach dem Start voller segeln als den richtigen Kurs
Mast querab!	**117, (9.5),** 118	**38.2**	Gleicher Bug – Luven nach Durchsegeln der Startlinie: Einschränkungen
Luv/Lee	**27, (2.9),** 89, 109, (6.33), (8.11), 112, 116, 120, 121, 135, 143, (11.6), 144, 145, 148, 150	**37**	Gleicher Bug – Grundsätzliches
Backbord/Steuerbord	14, 16, **27, (2.10),** 62, (2.10), 109, (8.11), 113, (8.20), 125, (9.22), 130, 132, 135, 136, 143, 144, (11.6), 161, 88, (6.31)	**36**	Entgegengesetzter Bug – Grundsätzliches
Überlappung	**28, (2.11),** 135, 145, 146, 147, 149, 151, (11.25), 156, (11.19), 118	**Definition Überlappen**	
Überholer hält sich frei Überholen	24, **28, (2.11),** 109, (8.11), 110, (8.12), 112, 147, 148	**37**	Gleicher Bug – Grundsätzliches
Raum an Bahnmarken oder Hindernissen	15, 28, **29, (2.12),** 89, (6.33), 129, (9.34), **135,**	**42**	Runden oder Passieren von Bahnmarken und Hindernissen
Überlappungen an Bahnmarken oder Hindernissen	**(10.9),** 139, 140, 145, 149, 150, 151, 161, 167	**42.1** **42.2**	Bei Überlappung Ohne Überlappung
Wenden an Bahnmarken oder Hindernissen	(6.33), 89, 129, (9.34), **130 (9.35), (9.36),** (10.12), **(10.13),** 140	**42.1**	Runden oder Passieren von Bahnmarken und Hindernisssen: bei Überlappung
Zwei-Längen-Kreis	15, **129, (9.34),** 130, **135,** 139, 140, 150, 151, (12.8), 161, **(10.9)**	**42.3**	Einschränkungen
Ständige Hindernisse	**146,** (11.12), (11.13), (11.14)	**42.3**	Einschränkungen
„Sandwichboot“	146, **147,** 148, (11.16)	**42.3**	Einschränkungen
Absegeln der Bahn	**84,** (6.22), (6.25), (6.27)	**51**	Absegeln der Bahn

Textstelle	Seite	Regel-Nr.	Titel
Bahnmarken	**85,** (6.27)	**Definition Bahnmarke**	
Start-Bahnmarken	82, (6.17), **83,** (6.20), 87, **(8.11),** 110	**51**	Absegeln der Bahn
Ein-Minuten-Regel	**79**	**51.1**	Absegeln der Bahn
Runden der Start-Bahnmarken	**79,** 80, (6.12)	**51.1**	Absegeln der Bahn
Berühren einer Bahnmarke	83, (6.21), **84,** (6.23–6.26), 169	**52**	Berührung einer Bahnmarke
Drängeln beim Start	87, 109, **(8.11),** 111	**42.4**	An einer Start-Bahnmarke, die von schiffbarem Wasser umgeben ist
Nochmaliges Runden	**84,** (6.24), (6.26), 169	**45**	Freihalten nach Berühren einer Bahnmarke
Richtiger Kurs	109, (8.11), **117,** 118, 119, **(9.8),** 120, 121, 150	**Definition Richtiger Kurs**	
Rückkehren zum nochmaligen Start	109, **(8.11),** 110	**44**	Rückkehr zum Start
Klar achteraus Klar voraus	**28,** (2.11), 145	**Definition klar achteraus und klar voraus – Überlappung**	
Wenden und Halsen Zu nahes Wenden Zu nahes Halsen	89, **126,** (9.26), 127, 130, 135, 136, 137, 138, 139, 150, 156, **(11.36)**	**41**	Bugwechsel – Wenden oder Halsen
Außer Kontrolle Gekentert	**156,** (11.37)	**46**	Mann über Bord, vor Anker, auf Grund oder gekentert
Proteste	**169–174,** (14.1)	**68–78**	Proteste, Disqualifikationen und Berufungen